北京高等教育精品教材
BEIJING GAODENG JIAOYU JINGPIN JIAOCAI

新编21世纪新闻传播学系列教材
传播学系列

传播学纲要

第3版

陈力丹　胡易容　著

Outline of Communication

中国人民大学出版社
·北京·

内容简介

自《传播学纲要》2007年初版以来十几年间，传播技术及国内外传播形势都发生了巨大变化。结合这些新的现实，本版修订有几个特点：一是突出时代性，尤其是人工智能等新技术对传播的影响；二是重视引入中国文化元素和案例作为传播学理论的例证；三是在提供理论介绍的基础上，引入不同流派和观点以提供启发性思考。

总体而言，本书是一部以介绍基础理论为主要任务的教程，广泛适用于新闻传播类本科生，也可供对传播理论有兴趣的学习者和研究者参阅。

作者简介

陈力丹 四川大学讲席教授，中国人民大学荣誉一级教授。1993年起享受国务院特殊津贴。1976年毕业于北京大学中文系，1981年毕业于中国社会科学院研究生院新闻系。曾任第六届国务院学位委员会新闻传播学学科评议组成员、《国际新闻界》主编等职。截至2025年2月11日，中国引文数据库收录“陈力丹”（没有重名）文献2 659篇（部），其中独著、第一署名著作、独编著57本，总被引30 657次。传播学方面的著作除了《传播学纲要》外，还有《精神交往论：马克思恩格斯的传播观》（1993）、《传播学是什么》（2007）、《传播学关键词》（2009）、《传播学入门》（2011）等。

胡易容 四川大学文学与新闻学院（新闻学院、出版学院）教授，符号学-传媒学研究所所长，《符号与传媒》（CSSCI）主编，全国新闻与传播专业学位研究生教育指导委员会委员，主要从事符号学（传播理论、数字人文、品牌形象）研究。近年主持国家社科基金冷门绝学专项课题“巴蜀图语符号谱系整理分析与数字人文传播研究”等国家级课题多项，主编“传播符号学书系·国际视野”“中国符号学丛书”，出版《文化传播符号学论纲》《符号学-传媒学词典》等专、编、译著十余部，围绕“文化·符号·传播”发表学术论文近百篇。

总序

中国人民大学出版社策划出版的“新编 21 世纪新闻传播学系列教材”，是一套在新闻传播学领域内密切联系新闻传播工作的实际，广泛吸收新闻传播学的最新研究成果，高掲遐揽，取精用宏，供 21 世纪的高等院校新闻传播院系教学使用的系列教材。

20 世纪初以来的 120 年，是世界新闻传播事业飞速发展的 120 年。这一百多年来，随着科学技术的不断发展，继报纸、期刊、通讯社之后，广播、电视、网络、自媒体等多种新媒体相继问世，新闻传播的媒介日趋多元化，新闻传播的手段日趋现代化，“地球村”变得越来越小，新闻传播事业对世界政治、经济和文化的影响则变得越来越大。

这 120 年，也是中国新闻事业飞速发展的 120 年。尤其是中国改革开放以来的 45 年，发展进入快车道。

21 世纪以后，中国新闻事业发展的势头更为迅猛。报纸、期刊、通讯社、广播电台、电视台的数量在宏观调控下，虽无大变化，但软硬件的实力都有了很大的提高。进入新时代，媒体融合发展有序进行。据 2022 年 5 月中国记协发布的《中国新闻事业发展报告》和 2023 年 2 月国家新闻出版署发布的《2021 年新闻出版产业分析报告》的最新统计数字，2021 年全国共出版报纸 1 752 种，总印数 283.0 亿份。共出版期刊 10 185 种，总印数 20.1 亿册。全国共有广播电视播出机构 2 542 家，地市级以上广播电视播出机构开办的广播电视频率频道 2 366 套，其中广播频率 1 166 套、电视频道 1 200 套，另有各级教育电视台开办的 38 套教育教学类频道，中央广播电视总台和全国 25 家省级电视频道基本实现高清化，全国地市级台电视频道已有 73%实现高清化。

另外 2023 年 3 月中国互联网络信息中心（CNNIC）发布的《第 51 次中国互联

网络发展状况统计报告》显示，截至2022年12月，中国网民规模已达到10.67亿，互联网普及率达到75.6%。其中，手机网民数量为10.65亿，网民中使用手机上网的比例为99.8%。网络新闻用户规模达7.83亿，占网民整体的73.4%，短视频、生活平台、“两微一端”成为网民获取新闻信息的重要渠道，抖音、快手、小红书等应用逐渐从娱乐、生活、社交平台转变为具有新闻属性的信息平台，成为网民获取新闻信息的重要渠道。2022年上半年，新华社、中央广播电视总台、《人民日报》等八家主要央媒机构累计生产1.5万篇爆款短视频内容，“央视新闻”微博开设党的二十大相关话题，总阅读量突破147亿。网民个人、自媒体等也纷纷利用短视频、生活平台等跟进舆论热点，传播新闻信息，为人民群众及时获取热点资讯创造了条件。

这样大的发展规模，这样快的发展速度，在世界和中国新闻事业史上都是空前的。回顾既往，盱衡未来，新闻传播事业在新时期还将保持旺盛的发展势头。新闻传播，作为上层建筑中意识形态的一个重要组成部分，在全面准确地宣传党的基本理论、基本路线和基本方针以及各项决策，反映人民群众的伟大业绩和精神风貌，以及推动改革开放和社会主义现代化建设等方面，必将继续发挥重要的作用。

与新闻传播事业的发展相配合，这120年来，为中国的新闻战线培养和输送人才的中国新闻教育，也有了相应的发展。中国的新闻教育起始于20世纪初，迄今有110年的历史。中华人民共和国成立前的30年，虽然先后在个别院校中设立了新闻系或新闻专科，但规模都不大，设备也不够完善，在校学生人数，最多的时候不超过400人，30年间累计培养出来的毕业生还不到3 000人。中华人民共和国成立后，为了给新闻事业培养人才，新闻教育有了新的发展，但到20世纪60年代中期为止，全国的新闻教育机构也还只有14家。当时全国只有343家报社、78座广播电台和13家电视台，革命老区来的新闻工作骨干正当盛年，足以支撑大局，新闻系和新闻专业的学生统招统分，基本上能够满足中央和省市以上新闻单位梯队建设方面的需要。“文化大革命”爆发后，新闻事业进入低谷，新闻人才的培养也被迫中辍。拨乱反正之后，新闻事业有了飞速的发展，但新闻工作的人才却出现了断层，明显供不应求，因而极大地推动了新闻教育的发展。中国的新闻教育得以重整旗鼓并得到空前迅猛的发展，主要是改革开放以来的这40多年的事情。40多年来，中国新闻教育和中国新闻事业同步发展。根据教育部数据，截至2021年，全国设有新闻传播学类院、系、专业的高校已由改革开放之初的两三所增加到727所，本科专业布点在全国共计1 439个，覆盖以下10个专业：新闻学、广播电视学、广告学、传播学、编辑出版学、网络与新媒体、数字出版、时尚传播、国际新闻与传播、会展（交叉专业）。新闻专业的教学已从单一的大学本科教育，发展到博士生、硕士生、本科生、大专生、成人教育、函授教育等多层次的格局，不少院系还设置了新闻传播学方向的博士后流动站。改革开放之初，全国在校新闻系科学生总共只有500来人，现在仅在校本科生就有14万人左右，硕士和博士研究生4万人左右，办学层次、办学规模、办学水平都有了很大的提升。进入21世纪以后，随着新闻传播事业的加速发展和新闻战线人才需求的不断增加，中国的新闻教育将由规模扩张迈向高质量发展。

一般说来，新闻教育质量的高低，起决定作用的主要是两个因素：一个是师资，一个是教材。两者之间，教材的作用更大。这是因为，师资的多少和良窳，往往受办学主客观条件的限制，而教材一旦完成，就可以直接嘉惠于学子，风行四海，无远弗届。进一步说，一部好的教材，不仅可以满足教学的需要，培养出一大批人才，而且还可以同时拥有一定的学术含量，推动新闻传播学研究的发展。1919 年出版的徐宝璜的《新闻学》，1927 年出版的戈公振的《中国报学史》，就是这方面的很好的例子。这两本书都是作者在高等学校从事新闻学理论和新闻史教学时作为教材编写出来的，出版之后，立即引起世人的关注和推崇，一再重版，历久不衰，至今仍然是公认的新闻学理论和新闻史方面的传世之作和经典之作。正因为这样，新闻教育的前辈们，历来十分重视教材的建设。中华人民共和国成立初期的十来年，坊间出版的新闻学方面的书籍，绝大部分是教材。改革开放以后，新闻传播学研究空前繁荣，新闻学方面的书籍大量问世，但教材仍然在其中占了很大的比重。这些教材，覆盖了新闻传播学的方方面面，经过出版家和众多作者的长期努力，门类和品种基本配套齐全，曾经为同时期的新闻教学做出过重要的贡献。但是，随着时间的推移和新闻工作实际的飞速发展，这些教材的体例日显陈旧，观点和内容也亟待调整和更新。一些属于学科前沿和科技含量较高的新开课程的教材尚付阙如，使现有的教材出现了不少缺口。在 21 世纪已经到来之际，集聚力量，重新编写出一套体系完整，门类齐全，能够为 21 世纪的新闻教育和新闻人才培养服务的新闻传播学的系列教材，已经成为人们的共识和新闻业界与新闻教育界的迫切需求。

呈现在读者面前的，就是应这样的需求产生的一套系列教材，它将涵盖新闻学、传播学两个二级学科的方方面面内容，满足新闻、广播、电视、广告、媒体经济、新媒体等多个专业的教学需要。负责这些教材编写工作的，是中国人民大学、复旦大学、北京大学、清华大学、中国传媒大学等多所著名院校长期从事新闻传播学方面教学与研究工作的专家学者，其中有相当大的一部分编写者是相关学科的国家级的学术带头人，堪称一时之选。收入本系列的教材中，既有国家级重点教材，也有部级重点教材，其他的也是经过严格筛选的精品，所以，本套系列教材的质量是有保证的，其权威性也将得到社会的认同。

21 世纪是一个高度信息化的时代，是信息经济和知识经济占主导地位的时代。信息经济和知识经济有两大支柱，一是以高科技为代表的传播技术产业，二是从事新闻和信息产品生产的媒体产业。新闻传播学作为将这两大领域有机联结的桥梁，在今后的国家建设和社会发展中必将发挥越来越重要的作用。中国人民大学出版社经过精心策划，隆重推出这套系列教材，是具有高度的前瞻性和战略眼光的。在这里，我谨代表编委会和全体作者向中国人民大学出版社表示由衷的感谢。

这套系列教材开始策划于 20 世纪的最后一年，21 世纪初起陆续问世，迄今已编写出版了 180 余种。在体例和内容的创新和开拓等方面，远远超过同时期出版的同类教材。其中有些教材，还根据整个新闻传播理论与实践的发展和新闻传播学教学与研究的发展，陆续做了必要的补充和修订，重新出版，实现了内容的与时俱进。

这批教材的问世，将会为新闻传播事业和新闻教育事业的发展和繁荣、为 21 世纪新闻传播人才的培养做出它应有的贡献。这是出版者和全体作者共同的一点希望。是为序。

方汉奇
2023 年 7 月
于中国人民大学宜园

第3版前言

《传播学纲要》第 3 版完成修订距第 2 版出版已经 10 年。这期间全世界发生了许多影响人类的传播技术革命，网络信息从图文为主向视频为主转化，人工智能异军突起。此前所有传播技术改变的是传播中的“时空关系”，解决的是传播效能和形式问题，现在似乎要讨论对“传播主体”的重新界定了。不论发生何种传播技术的变化，诸如现在的生成式人工智能，目的都是“解放”人，而不是“取代”人。在这里，马克思的论述值得温习：“人的感性是一个媒介，通过这个媒介，犹如通过一个焦点，自然的种种过程得到反映，燃烧起来形成现象之光。”

本版的修订，主要围绕“中国话语”和“时代性”两个关键词展开。例如第一章突出了马克思主义传播观对“传播”的解读以及“传播”在我国历史中的表现形态。第二章介绍了传播学派的新发展。第三章从《论语》“三省吾身”引出“自我传播”话题，并引入“艾宾浩斯遗忘曲线”等知识，以加强科学性和趣味性。第四章酌情强化了人际传播在社交媒体时代的新特点。第五章的标题修订为“群体与组织传播”，增加“网络中的人际传播”内容。第六章将原第五节标题改为“大众传播的转型”，以统摄当今大众传播的转型。第七章在结构上将广义的艺术起源作为开篇知识；新增“表达介质与当代艺术”一节。第八章增加汤因比、亨廷顿等对文明形态划分的多种观点。第九章增补了大数据、人脸识别、人工智能等新技术的传播控制形式。第十章增补了德波《景观社会》对当今传播现象的批判视角介绍。本版重新梳理了全书的附图，受益于现在的新传播技术，不少更新的附图是借助人工智能平台辅助绘制的。传播技术的突破性发展，对原有的传播理论提出了新的问题。作为本科生的教材，本书无法一一直接回应，但保持一种开放的姿态，在梳理基础理论的同时，通过案例和对新传播现象的介绍，力图为读者指引思考的方向。

目前国际范围内的传播学论文所引用的传播学、其他社会科学和非社会科学论文的比例大体为1∶2∶2；传播学被其他学科引用和自我引用的比例为1∶1。这说明传播学对各学科的引用分布广泛、均衡，其他学科对传播学的引用来源也多元、均衡。传播学没有走偏锋、走极端。如果说有什么问题，那么显然是“没有特色”。科学不是艺术，科学不追求特色，科学追求的是接近真相，接近客观；对本学科来说，就是知识体系的平衡、多元和适度。我国传播学研究的视野尚不够广阔，目前也没有这样的总体统计，估计会有些偏差。对照本学科整体和我国局部的研究，在很多方面我们还需努力。

本教材于2007年初版，除了闫伊默重点参与外，还有曾庆香、周俊、刘自雄、刘宁洁等。2014年的第2版，除了陈俊妮重点参与外，时任《中国教育报》编辑常晶承担了文字校订工作。本次修订是在前两版扎实工作基础上的延续，他们理应是本教材的共同作者。

本次再版，由陈力丹提出修改构思，胡易容负责第一稿和完稿修订，陈力丹进行修改写作和终稿审阅，马翾昂、袁文杰全程参与了本版书稿修订，母棱、何璐君主要负责图例的替换和重绘，刘娜试读书稿并提出了修改意见，许春红提供了部分图例拍摄或版权联络，安芬、黄合、许镔杰、钟金洋亦有参与和贡献。此外，本书部分图例还得到了故宫博物院数字与信息部的支持，在此一并致谢！

陈力丹　胡易容

2024年6月12日

目录

第四章
人际传播

第五章
群体与组织传播

第六章
大众传播

第七章
文艺传播

第八章
跨文化传播

第一章

传播学的基本概念

任何生命形式都建立在信息交换的基础上，人类也不例外。不仅如此，作为具有复杂形式的高级生命，人类特别擅长创造新的传播形式。正如帕洛阿尔托学派所指出的那样，"人类不能不传播"①。只不过，对人们而言，传播就像空气和水那样随处可见，因此人们反而视而不见了。但传播却在无形中参与构筑着人类社会不同的生存方式。随着社会不断发展，人类传播活动的形式也更加多样而复杂，从原始的肢体语言到借助工具的传播，组成了人类媒介发展史。正是媒介技术的凸显，使人们意识到传播对于社会生活的重要意义。关于信息传播的学科应运而生。

本章主要对传播、符号、媒介等传播学的基本概念、模型进行阐述。

第一节　传播的概念与传播模式

什么是传播？什么是传播学？对此类基本概念和问题的厘清，是传播学的逻辑起点。

一、传播的概念

"传播"（communication）有很多定义。在中文的日常语境中，"传播"这个词常常被理解为信息从 A 转移到 B 的过程。但无论是日常用法还是学理内涵，communication 的复杂性都远远超出这种单向转移的意思。

从词源学来看，"传播"可追溯的最早词源为拉丁文 communis，意为"普遍"。"传播"在印欧语系中源自古希腊的两个词根：一个是 com，指与别人建立一种关系；另一个是 munus，指效用、产品、作品、利益、服务等。两个词根合起来，意为"共有""共享"。古罗马的著名演说家西塞罗（Cicero，前 106—前 43），将 communication 定义为与别人建立一种联系或把握一件事情。据雷蒙・威廉斯（Raymond Williams，1921—1988）的考证，到 17 世纪末，communication 有一个新的重

① WATZLAWICK P，BAVELAS J B，JACKSON D D. Pragmatics of human communication：a study of interactional patterns，pathologies，and paradoxes［M］. New York：W. W. Norton & Company，1967：72.

要引申意涵——“传播媒介，通信工具”。在道路、运河、铁路普遍发展时期，communication 作为一个抽象名词，普遍地指代这些设施。在20世纪，随着媒介和其他传递信息与维系社会联系的通信工具不断发展，communication 也可用来指涉这些媒介。[①] 由此，传播学也顺理成章地将自身与现代媒介的发展联系在一起，尤其是与这个学科兴起时的“大众传媒”联系在一起。

在马克思（见图1-1）和恩格斯（见图1-2）的著作，特别是政治经济学方面的著作里，“传播”一词的所指更为广泛，包括物质交换、交通运输、信件传递和精神交流，甚至还包括男女间的性爱。在许多情况下，物质交换与精神交流、信息传播很难完全分开，交往的手段常常既是精神的又是物质的。恩格斯在谈到人的交往需要时写道：“他的这种欲望要求同外部世界打交道，要求有得到满足的手段：食物、异性、书籍、娱乐、辩论、活动、消费和加工的对象。”[②]

图1-1　马克思

图1-2　恩格斯

在古代汉语中，“传播”一词并不多见，通常意为“广泛流传”。《宋史·列传第二百二·文苑五·贺铸》云：“铸所为词章，往往传播在人口。”在这里，传播的意思同“传扬”。及至近代，“传播”一词随着西学东渐而逐渐有使用增多的趋势。例如，1915年《清华学报》[后更名为《清华大学学报（自然科学版）》]第一期第二号开篇《小引》中说：“学报者，交换知识之渊薮也。清华学子以学报有益于学业者甚大，特于课余之暇译述欧西有用之书报传播学术。”[③] 这里传播的意思当做“广为扩散”解。1917年刊出的严继光的论文《法国大哲学家柏格森学说概略》中说：“伯氏（伯格森）学说之传播所以能如此之广且速者……”[④] 若按照传播学的子门类来划分，

① 威廉斯．关键词：文化与社会的词汇［M］．刘建基，译．北京：生活·读书·新知三联书店，2005：73.

② 马克思，恩格斯．马克思恩格斯全集：第28卷［M］．2版．北京：人民出版社，2018：346.

③ 小引［J］．清华大学学报（自然科学版），1915（1）：1.

④ 严继光．法国大哲学家柏格森学说概略［J］．清华大学学报（自然科学版），1917（3）：21-35.

这里的传播属于“知识传播”。同一时期，还有《私立无锡小麦试验场推广良种报告》中提到“……育成良种，传播农村”[①]，这里的传播则是典型的创新扩散的“科技传播”。又如，陈寅恪在《三国志曹冲华佗传与佛教故事》中说：“夫三国志之成书，距佛教入中土犹不甚久，而印度神话之传播已若是之广，社会之受影响已若是之深……”[②] 这里的传播则可以被归入“文化传播”之类了。值得注意的是，在医学领域，疾病、生物等传播的用法与西方科技术语用法基本相同。如《传染病之讨论》中的用法“生殖传播”[③]，即对西方生物医学术语的引述。

从五四时期不同学科学者对“传播”一词的使用来看，中文“传播”一词的意涵已受到西方学术用语的影响，同时连通了古代汉语的基本意思。再往后，语言学家王力将“传播”与“途径”连用，以描述方言与人口社会流动的情形。[④] 这时，“传播”一词的意思已经基本接近当前日常所用。不过，在信息科学与传播学被引进之前，“传播”一词未作为现代汉语规范用词被普遍接受——从 20 世纪初编撰、20 世纪 80 年代修订完成的大型辞书《辞海》当时未收录该词可见一斑。这种情形确实因信息、传媒等相关学科的引入而发生了改变。

纵观古今中外，传播的定义非常多，但无论怎么变化，共享都是传播的基本内涵，而且它的本义是双向的、互动的，是信息、知识在时间和空间中的流动和变化。要在传播学科领域把握传播的基本内涵，可以将对它的理解限定在人类社会中，将之理解为一种“寻求信息和意义共享的现象”。

若双方在交流中没有实现同一概念的信息共享，传播则无法进行，或会造成传播无效。例如，喜辣的四川人与好清淡的广东人对“微辣”这一概念就存在不同的理解，若以四川的“微辣”程度给点了“微辣”口味的广东人上菜，就是一次典型的失败沟通。又如，在电影《刮痧》中，影片的全部矛盾都围绕着男孩身上的瘀青：美国法院认为瘀青是父亲虐待儿童的证据，并以此为理由剥夺父亲的抚养权；而身为中国人的父亲则认为，刮痧是一种治疗手段，产生的瘀青为治疗的正常结果，并不能以此判定他对儿童实施了暴力行为。再如在《三国演义》第四回中，曹操在吕伯奢家做客时听闻后院有磨刀之声，心生怀疑，遂潜入草堂，偷听到了“缚而杀之，何如”的讨论。曹操登时以为吕伯奢对自己起了杀心，故与同伴持剑进屋，无论男女老少，见则杀之，以免有人做出对自己不利的举动。曹操搜到厨房时才发现，方才听到的磨刀声与讨论竟是围绕一头猪进行的。吕伯奢的原意当为“杀猪待客”，却被曹操以为是要“杀客求安”。这便是典型的因信息未共享、不互通而造成的传播失败。

明白了传播的基本概念和内涵，就会发现，传播存在于人类社会的各个层面，

---

① 顾述之．私立无锡小麦试验场推广良种报告［J］．教育与职业，1929（9）：1405－1408.

② 陈寅恪．三国志曹冲华佗传与佛教故事［J］．清华大学学报（自然科学版），1930（1）：17－20.

③ 余泽兰．传染病之讨论［J］．清华大学学报（自然科学版），1917（1）：47－51.

④ 王力．两粤音说［J］．清华大学学报（自然科学版），1928（1）：1519－1565.

有不同范围、不同关系、不同规模。从传播主体的身份结构来看，可以分为自我传播、人际传播、组织传播；从传播规模和向度来看，可以分为大众传播、分众传播；从传播内容和目标来看，可以分为健康传播、科学传播、跨文化传播、公益传播；从传播的基本符号载体来看，可以分为语言传播、非语言传播；等等。这些传播类型的划分是相对的，并非截然分明，很多情况下不同传播类型同时存在并发生相互作用。

二、传播模式

所谓“模式”，是对真实世界的一种理论化和简约化的表达方式。[①] 它不是对现实事物的对等描述，而只是对现象的简略描述，目的在于对复杂事物获得一种抽象、化约的认识，方便对事物进行把握。在传播学领域中，前人概括的某些传播模式，因其便捷和有效而成为经验实证科学研究的常用方法。英国传播学家麦奎尔（Denis McQuail，1935—2017）就用“模式”描述了大众传播研究的整个体系。下面就不同传播领域角度的代表性模式进行简单介绍。

（一）大众传播的线性模式

1948 年，在《社会传播的结构与功能》一文中，美国传播学者拉斯韦尔（Harold Lasswell，1902—1978）首次提出传播过程模式，随后又做了修订，对构成传播过程的五种基本要素进行了顺序化的结构性处理，形成了广为人知的“5W 模式”或曰“拉斯韦尔模式”：

Who（谁）
Say what（说了什么）
In which channel（通过什么渠道）
To whom（对谁说）
With what effect（有什么效果）

后来，麦奎尔对该模式进行了图示化处理（见图 1－3）：

图 1－3　拉斯韦尔的线性传播模式

资料来源：MCQUAIL D，WINDAHL S. Communication models [M]. London & New York：Longman，1981：10.

该模式对纷繁复杂的“点”对“面”的大众传播活动进行了清晰的把握，将其

---

① 赛佛林，坦卡德．传播理论：起源、方法与应用［M］．郭镇之，等译．北京：华夏出版社，2000：32.

视为由五个要素和环节构成的过程，从而为经验-功能主义的传播研究提供了切入点。

“谁”是在传播过程中担负着信息的收集、加工和传递任务的人，即传播者。传播者既可以是单个的人，也可以是集体或专门的机构。针对传播者的研究又叫控制研究。传播者在大众传播的过程中，是全程的控制者。“说了什么”是由众多符号组成的信息组合。这些符号既可以是语言符号，也可以包括非语言符号。对这些信息的研究即内容分析。“渠道”是信息传递所经过的中介或借助的载体，Web 3.0 的信息传播载体形态已经非常多样化了。“对谁”指传播对象，即信息的接收者。“效果”是检验传播活动是否成功的重要尺度，指信息到达接收者之后引发的各种类型的反应。

“5W”模式界定了大众传播的研究范围和基本内容，影响很广。但该模式长期以来因其线性结构备受诟病，它使传播在效果上成为一个归宿和终点，从而忽略了传播的环境因素，以及完善的传播应有的双向、互动需求。① 然而，有学者指出，简单化的“拉斯韦尔模式”与拉斯韦尔的传播观并不一致。实际上，拉斯韦尔曾明确指出了传播的反馈问题，还专门讨论了大众传播中的反馈现象。②

1948年，美国学者香农（Claude Shannon，1916—2001）和韦弗（Warren Weaver，1894—1978）在《通信的数学理论》（*The Mathematical Theory of Communication*）中提出了一个适于说明电报传播的“香农-韦弗模式”。后来，麦奎尔对该模式进行了图示化处理（见图1-4）：

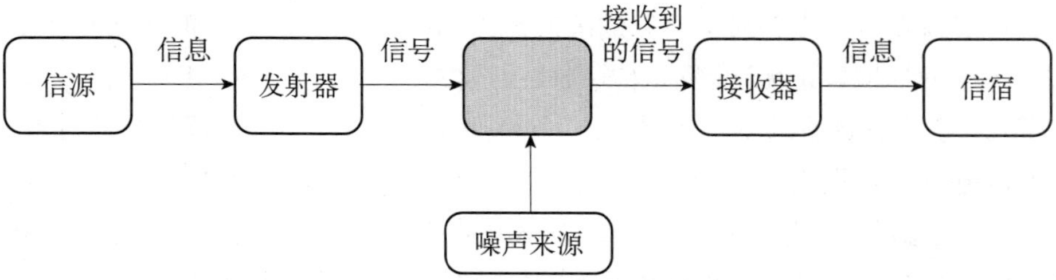

图1-4 香农和韦弗的线性传播模式

资料来源：MCQUAIL D, WINDAHL S. Communication models [M]. London & New York: Longman, 1981: 12.

“香农-韦弗模式”的启发意义在于，传播不是一个偶然的过程，而涉及信息、信息传递、信道、编码、解码、再编码、信息冗余、噪声等问题，在传播的双方或多方之间，存在由信道和噪声决定的制度性调节。噪声和信道都有可能成为权力的工具，一旦实现对其的独占，他人的沉默无声将可能变成一种制度性规范。

“拉斯韦尔模式”和“香农-韦弗模式”都是线性传播模式的代表，即将传播描述为一种直线式的、单向的过程，但都置入了“媒介”这一社会传播的重要中介。相比“拉斯韦尔模式”，“香农-韦弗模式”对噪声的引入突出了传播的空间存在和社会性质。

---

① 刘海龙．重访灰色地带：传播研究史的书写与记忆［M］．北京：北京大学出版社，2015：25.

② 拉斯韦尔．社会传播的结构与功能［M］．何道宽，译．北京：中国传媒大学出版社，2013：43.

（二）互动传播与循环模式

1954 年，美国传播学者施拉姆（Wilbur Schramm，1907—1987）受心理学家奥斯古德（Charles Osgood，1916—1991）观点的启发，在《传播是怎样运行的》一文中针对人际传播现象提出了双向循环传播模式（见图 1－5）。

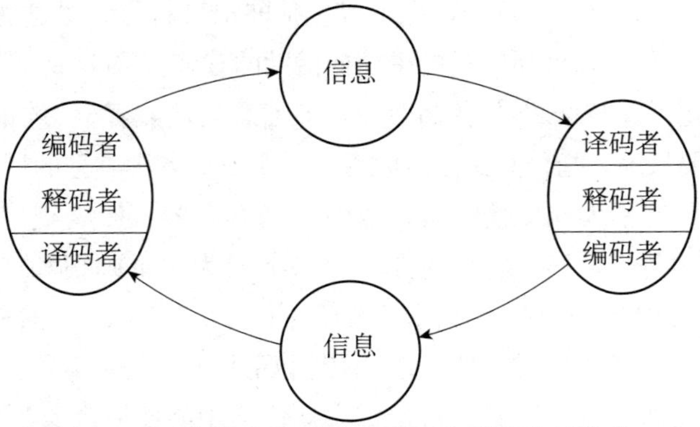

图 1－5　奥斯古德-施拉姆的双向循环传播模式

资料来源：MCQUAIL D，WINDAHL S. Communication models［M］. London & New York：Longman，1981：14.

该模式认为在传播过程的循环中，传播者和接收者没有主客之分，并且强调了传收双方对信息的编码、释码及译码处理，从而突出了传播的互动性。该模式将人际传播中交流双方“点”对“点”的瞬间思维特征展现了出来，但无法显示交流双方在交流中的情境，也无法展示双方的社会地位。

美国传播学家梅尔文·德弗勒（Melvin DeFleur，1923—2017）在“香农-韦弗模式”的基础上，提出了互动过程模式（见图 1－6）。该模式的突出贡献在于对“噪声”的概念进行了拓展和深化，认为噪声贯穿于传播过程的每一个环节，噪声会影响正常的信息传播活动，也可以成为控制信息传播的手段和策略。

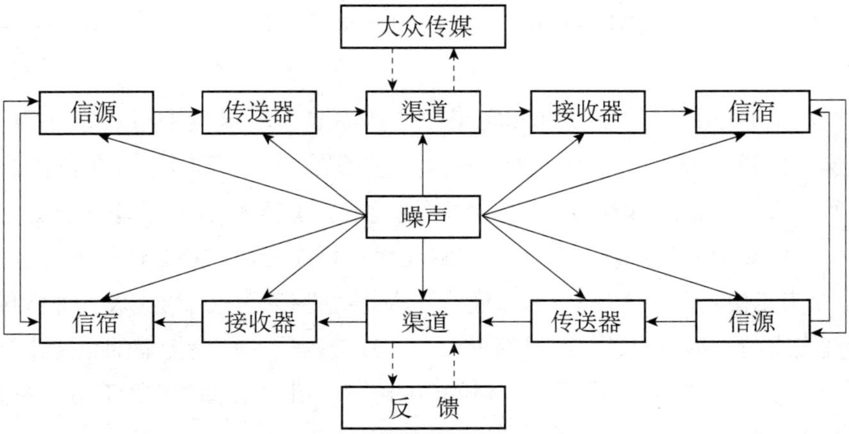

图 1－6　德弗勒的互动过程模式

资料来源：MCQUAIL D，WINDAHL S. Communication models［M］. London & New York：Longman，1981：13.

（三）意义阐释模式

在传播学者约翰·费斯克（John Fiske，1939—2021）看来，上述模式“都在不同程度上强调了传播的过程性。它们都假定传播是从信息 A 到信息 B 的传递。因此，它们最为关心的是媒介、渠道、传送器、接收、噪声以及反馈，因为这些都是与信息的发送过程相关的术语”[①]。费斯克认为还有一类传播研究的方法是偏重于对传播意义的阐释，他称之为“符号学派”。比如，霍尔的编码译码模式（见图 1－7）、约翰·费斯克的媒体话语模式（见图 1－8）强调了含义结构的差异，以及这些差异背后的复杂成因。

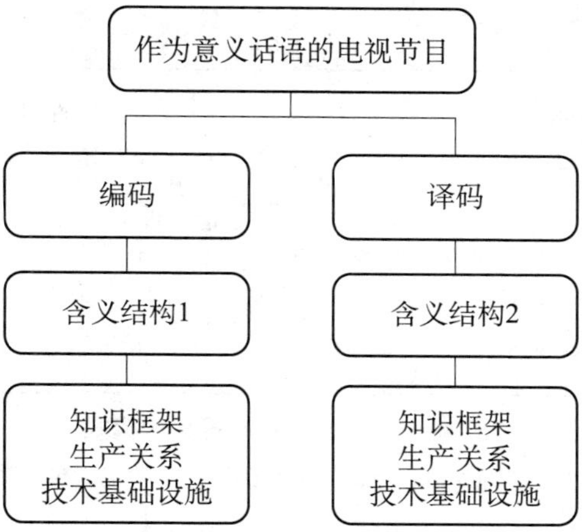

图 1－7　霍尔的编码译码模式

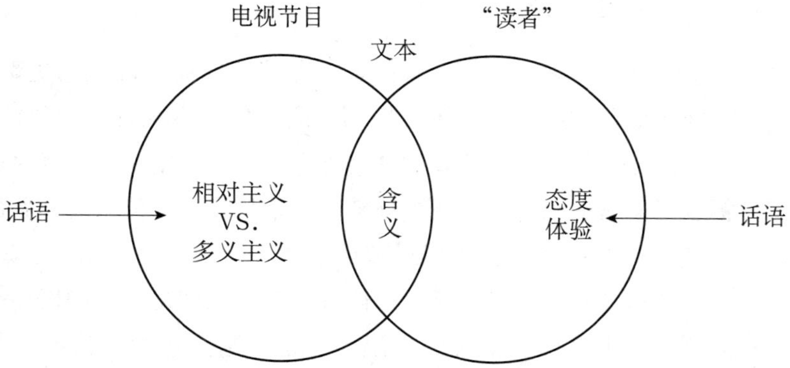

图 1－8　费斯克的媒体话语模式

斯图亚特·霍尔（Stuart Hall，1932—2014）的编码译码模式中出现了含义结构的不确定性。[②] 该模式重视“含义结构”，凸显了“含义”的不确定性。麦奎尔根据约翰·费斯克的话语理论绘制的媒体话语模式[③]，也关注了文本的含义问题。该

① 费斯克．传播研究导论：过程与符号［M］．许静，译．北京：北京大学出版社，2008：33.
② 麦奎尔，温德尔．大众传播模式论［M］．祝建华，武伟，译．上海：上海译文出版社，1987：129.
③ 同②131.

模式认为“文本的含义是存在于受众的话语世界与植入媒体文本的话语的复合或相似”。这一模式从电视节目的观众心理研究出发，解释文本与含义之间的差异关系、受众的态度和体验、外在的话语或文本等诸多要素的影响，避免了过于表面化地看待信息传播过程。

从意义阐释出发的另一个典型模式是雅各布森（Roman Jakobson，1896—1982）于 1958 年提出的语义学模式（见图 1－9）。雅各布森认为：“信息”不提供也不可能提供交流活动的全部意义，意义存在于全部交流行为中。[①] 语义学模式将表意过程视为一个由六要素构成的立体过程，这完全不同于香农-韦弗的线性传播模式。而传播中某一要素的偏向，则会导致传播的偏向。例如，倾向于“信息”的传播便具有“诗性”特征。

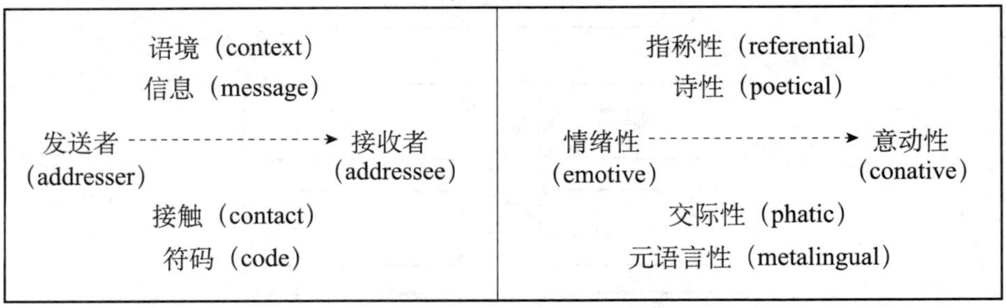

图 1－9　雅各布森的语义学模式

资料来源：雅各布森．语言学与诗学［M］//赵毅衡．符号学文学论文集．天津：百花文艺出版社，2004：175，182.

（四）网络时代的传播模式

网络时代，从 BBS、博客到微博、轻博客、微信，传播手段迅速更新。新环境下的传播模式不断消减着传统新闻媒体的作用，同时传播系统自身的层级也更为复杂。不少中国学者在原有传统传播模式的基础之上，探讨网络时代传播模式的变化。较早的如彭兰提出了网络信息传播的三个环节——信息发布、信息流动和信息循环，并提出在信息发布中存在直线式、队列式和层次式三种模式。[②] 当时还未出现现在的各种社交媒体，但这种对信息传播三个阶段的划分，仍然是认识网络传播的基础。

网络传播的要点在于个性化信息的聚集与传播，基于这种变化，原有的线性、互动、循环等传播模式都受到了挑战，在可以随时变化的传播者和接收者之间，加入了智能化的信息过滤系统。从简单的垃圾信息清除，到搜索引擎的关键词搜索，再到个性化推荐系统，网络个人过滤技术的成熟，改变了新媒介环境下信息的传递模式，就此出现了个性化信息推荐。这种个性化推荐在算法的加持之下，已经在很大程度上改变了原有信息流动的路径。是否应在此基础上形成新的“个性化信息推荐传

① 霍克斯．结构主义和符号学［M］．瞿铁鹏，译．上海：上海译文出版社，1987：83.
② 彭兰．网络新闻传播结构的构建与分析：上［J］．国际新闻界，2003（1）：54－61.

播模型”（见图 1－10），是一个可探讨的问题。

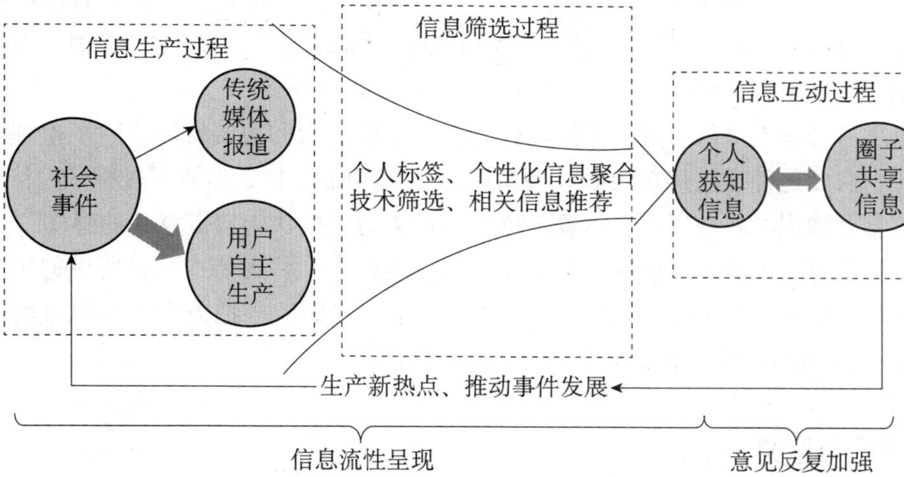

图 1－10　个性化信息推荐传播模型

资料来源：曹文星．个性化信息筛选时代的信息传播模式研究［D］．北京：中国人民大学，2013.

社会事件通过传统媒体的报道和微博、微信等社会化媒体产生大量信息，而个人标签、个性化推荐等网上信息筛选和过滤技术，使得信息按照用户的个人选择与喜好进行组合，形成个性化的信息。个人获知信息后通过与圈子好友的共享进一步强化，达成共识，进而对社会事件的走向产生新的影响，推动事件的后续发展。

传播科技手段的发展层出不穷，面对如此复杂的传播现象，像传统媒介时代那样建构普适性的传播模式是困难的，问题在于把握新传播体系的关键性要素，例如信息的生产或创造过程（处于信息流程之中）、信息的筛选过程、信息的分享和互动过程。这些是人类信息传播不变的要素。

1983 年，英国心理学家彼德·罗素（Peter Russell）在《地球脑的觉醒》一书中曾预言：计算机、人造卫星、光纤等技术会将地球上的人连接成彼此密切结合的整体，构成“全球脑”，“社会”将成为一个有机体并对其中的个人形成支配。[①] 现在我们已经部分实现了这一预言：在高速驾驶着的车上，我们可以通过手中的新式接收终端（现在已经难以使用具体名称，因为变化太快、花样太多），一会儿定位并选择接下来的行走路线，一会儿查找附近哪儿有奥特莱斯商城、哪儿有好看的景点，同时与身处另一半球的好友视频通话。

第二节　符号、意义、语言

英国哲学家洛克（John Locke，1632—1704）写道：“人们必须找寻一些外界的

① 罗素．地球脑的觉醒［M］．张文毅，贾晓光，译．哈尔滨：黑龙江人民出版社，2004.

明显标记，把自己思想中所含的不可见的观念示于他人。”① 也就是说，人要传递某种意思（具体事物或思想），需要凭借一定的外在标记（声音、手势、具体的可见物），这些标记即符号。符号是意义的物质载体。例如表达“我”这个意思，英文用“I”、德文用“ich”、俄文用“я”这样的标记来表示。

依靠符号体系进行意义的传播，人类得以组织生活和协调行动。除了生理的心灵感应（假如这种现象存在的话），人的信息、知识的传播必然要通过符号，符号是一切信息、知识的外在形式。赵毅衡将符号定义为“被认为携带意义的感知”②。从这个意义上讲，人类有意识的传播活动中若没有符号，将无所适从。所以德国思想家卡西尔（Ernst Cassirer，1874—1945）认为：“我们应当把人定义为符号的动物（animal symbolicum），而非定义为理性的动物。”③

一、符号与意义

符号承载的意义是在人们的互动中创造出来的，它产生于人与人之间的交流和约定。只有人们在互动中分享符号的共同解释时，意义才产生。人们根据他人赋予某个符号（事物）的意义，决定如何与它建立某种联系、采取某种行为。例如，联合国大楼外枪管被拧成结的手枪雕塑（见图1-11），就是一个象征符号，它的意义是“和平”（不要战争）。

图1-11 联合国的“和平”主题雕塑

资料来源：李木子．世界和平日（组图）［EB/OL］．（2019-09-18）［2024-02-25］．http：//www.beijingreview.com.cn/shishi/201909/t20190918_800178737_1.html.

再如“警察”这个符号，由于大众传媒经常把“抓坏人”与警察联系起来，于

① 洛克．人类理解论：下［M］．关文运，译．北京：商务印书馆，1959：385.

② 赵毅衡．符号学原理与推演［M］．南京：南京大学出版社，2011：2.

③ 卡西尔．人论［M］．甘阳，译．上海：上海译文出版社，2004：37.

是关于“警察”这个符号的意义便主要是：警察是与犯罪分子做斗争的一种职业。其实，关于这个符号的理解不够全面，警察的主要工作是维护社会秩序，与犯罪分子做斗争只是其中一部分。当我们对“警察”的符号意义做出全面的解释后，如果你同意，“警察”这个符号的意义就在互动中得到了修正。很多影视剧中警察的形象，也是一种关于“警察”的意义建构，它们造就了警察“保护公民、维持秩序、行使正义”等印象（意义）。

由于符号的意义是人们主观赋予的，而人们生存的文化圈不同，具体的生活环境、社会阶层不同，所以不同的人对同一种符号的理解会有差异。例如，当西亚北非沙漠地带的居民听到或看到“骆驼”这个词时，瞬间便会联想到骆驼的形象，以及自己生活中与骆驼相关的许多经历；而生活在北极圈里的因纽特人如果听到“骆驼”的发音或者看到骆驼的图画，则会感到茫然，因为他们的生活中没有这种动物。

符号（特别是语言符号）不能完全满足使用者表达意思的需要。因为符号并不是意思、事物本身，而是一种代码。人们需要不断地制造共同认可的符号以适应变化、发展着的社会。生活的复杂性反衬出符号的局限性。我们无法通过符号把自己的意思完完全全地表达出来，接受或接触符号的人，也难以完全且准确地理解对方的意思。所以在交流中，我们常有“词不达意”“意犹未尽”“只可意会，不可言传”的感觉。

于是，我们的信息传播便永远处于这样一种情形：实现完全沟通的传播并不存在，每个人对具体符号的理解均带有个人经验的特征，不可能与另一个人完全一样；但同时，人们必须对具体符号的含义有共同的理解，只有这样，社会成员之间才可能交谈，社会也才可能和谐地发展。研究传播现象，一个重要的目的就是提高传播的效能，减少传播中的误解、曲解。

有关意义的探讨，更多地集中在语言符号的意义领域。

瑞士语言学家索绪尔（Ferdinand de Saussure，1857—1913，见图 1－12）视符号为一个系统性结构，强调部分与整体的意义关联：“语言是由相互依赖的诸要素组成的系统，其中每一个要素的价值完全是由于另外要素的同时存在而获致的。”①

图 1－12　索绪尔

不能被纳入某种符号系统的东西没有意义。利用符号意义生成的系统特性，可以使传播更加准确和深刻。在日常生活中，有些传播会让人莫名其妙，原因就在于缺乏相应的背景交代。在说服性传播中，人们经常使用衬托手法，使美丑善恶对比鲜明以取得更突出的效果，也是这个道理。在大众传播中，将单一的新闻事实置于一个相关的大背景之下，其

① 霍克斯．结构主义和符号学［M］．瞿铁鹏，译．上海：上海译文出版社，1987：18.

意义往往能够得到更为深刻的表达。

在层次上，语言符号有表面意义和引申意义之分。表面意义是指符号的本义，是符号基本或核心的意义；引申意义则是符号暗示的意义或深层的意义。比如“葛朗台”这一符号的表面意义是法国作家巴尔扎克（Honoré de Balzac，1799—1850）小说中的一个人物形象，而引申意义则是吝啬鬼。

法国符号学家罗兰·巴特（Roland Barthes，1915—1980）对符号的表面意义和引申意义的形成机制进行了探讨。比如，“红玫瑰”的表面意义是一种红色的花，通过在第一层——能指和所指——的基础上进行再符号化，从而得出“浪漫”的引申意义。由再次符号化得出的引申意义得益于特定的历史文化背景，因此对符号引申意义的正确解读必须以特定的文化储备为基础。

意义并不仅仅意味着人们通常对事物所做的价值判断，从本质上讲，“意义体现了人与社会、自然、他人、自己的种种复杂交错的文化关系、历史关系、心理关系和实践关系”①。比如“破防”一词，原指在游戏中破除对方的防御。在2021年成为网络流行语后，“破防”一词被广泛运用于生活中，指因为某些事或某些信息，心理防线被突破，内心受到较大冲击。而对于不熟悉互联网的长辈来说，“破防”一词对他们不具备特殊意义。

语言符号的意义还有内涵意义和外延意义之分。符号的内涵意义是对所指称对象的概括和把握，而外延意义则是对其适用范围或量的规定。比如，“人”这一符号的内涵意义是能思维、有语言、会劳动的动物，其外延意义则是古今中外、男女老少各色人等。在这个意义上，也可以说符号的内涵意义是抽象的，外延意义则是具体的。

了解语言符号的内涵意义和外延意义，可以避免传播活动中以偏概全的问题。日常生活中，我们经常听见某个感情受到伤害的女子说“世上没有一个好男人”。这种说法显然是错误的，暂且不说对“好男人”的判定标准各异，错误的主要原因就在于把伤害她的“某个男人”这一符号的内涵意义不恰当地缩小为“男人”，从而扩大了这一符号的外延意义，打击一大片。在大众传播中，常见“某国人怎样”的表述，这种简单的判断和归纳也是不真实的。

符号的意义还包含情感意义，它来源于人们日常传播实践的赋予，具有历史文化内涵。比如，从内涵意义和外延意义上看，“爸爸”和“父亲”的意义是完全一致的。但其各自蕴含的感情色彩，却使二者在传播效果上存在差异。在表达上，“爸爸”较为口语化，表现出较为感性化的亲昵色彩，在运用上较为日常化；而“父亲”则显得较为书面化，表现出较为理性的庄重色彩，在使用场合上也有限制。符号的情感意义也大量地依靠副语言来实现，比如同样的一句话，通过声调的变化就可以表达不同的感情和意蕴。

---

① 张汝伦．意义的探究［M］．沈阳：辽宁人民出版社，1986：3.

二、符号的能指和所指

鉴于符号本身与其代表的意义如此不可分离，索绪尔认为，符号由能指和所指互相联结而成。比如，中文的“桌子”，其发音或文字的表现形式即“能指”；而由能指所唤起的关于“桌子”的心理形象便是“所指”。能指是形式，所指是意义，符号是形式和意义的结合体。符号犹如一枚硬币，以“一体两面”为特征，能指和所指不可分离。

图 1-13　皮尔斯

美国哲学家皮尔斯（Charles Peirce，1839—1914，见图 1-13）根据符号与其所指称的对象（客体）之间的关系，就符号和对象（object）发生关系的机制提出了三种可能性：一是指示（index）或征候，二是像似（icon），三是规约（symbol）。[①]

指示：指符号与指称对象之间具有时间、空间或逻辑上的因果关系。比如乌云密布往往预示着暴雨来临，浓烟滚滚往往意味着熊熊烈火，中医的“望闻问切”根据某些征兆来确定疾病。这里的乌云、浓烟以及疾病征兆都属于指示性符号。

像似：指符号与指称对象之间具有类似的关系。比如照片、画像、雕塑等，在公共场合我们经常看到的禁止吸烟的标志，卫生间用以分别男女的戴礼帽和穿裙子的人物图案……这些都属于像似符号。像似符号具有较强的直观和会意性质，在跨文化传播中运用较为广泛。

规约：指符号与指称对象之间没有必然的联系，二者的关系建立在约定俗成的基础之上。比如鸽子象征着和平，玫瑰意味着爱情。我国传统上视白色为哀伤，与丧事有关；西方则视白色为圣洁，与婚事相连。规约符号是人类传播的主要符号体系，也是传播学关注的主要符号领域。

符号的能指与所指之间并非一一对应的关系，一个能指对应多个所指是符号的常态，所以情境条件很重要。例如中文的“方便”这个符号，在不同的情境下，其能指对应的所指是不同的：

> 一位学过一点中文的美国人来中国赴任，中国朋友请他吃饭。落座后，中国朋友说：“对不起，我去方便一下。”见老外疑惑，中国朋友告诉他说：“‘方便’，在口语里是‘上厕所’的意思。”老外这才明白。
>
> 席间，中国朋友对老外说：“我下次到美国，希望你能帮忙提供些方便。”老外纳闷了：他去美国，让我提供些厕所干吗？

---

① 赵毅衡．符号学文学论文集［M］．天津：百花文艺出版社，2004：10.

道别时，另一位在座的中国朋友热情地对老外说："我想在你方便的时候请你吃饭。"见老外惊讶发愣，中国朋友接着说："如果你最近不方便的话，咱们改日……"老外沉默。"咱找个你我都方便的时候一起吃饭吧。"老外更疑惑了。

在当下网络传播的情景中，越来越多的词句被大众赋予了新的所指。例如，"领盒饭"原指领取盒装餐食，而在视频平台的互动情景下，"领盒饭"也被用于形容影视作品中某一个角色的死亡。又如，"神兽"即神异之兽，本指中国古代民间神话传说中的动物。而在2020年，受疫情影响，孩子们需要居家上网课，因缺乏教师监管，活泼可爱的孩子们常常闯出祸事，父母不得不与之"斗智斗勇"，犹如与神兽"相斗"。经过网络的广泛传播和流行，"神兽"便成了孩子的代名词。

在历史文化层面，能指和所指的对应更为复杂。《孝经》开篇即云："身体发肤，受之父母，不敢毁伤，孝之始也。"这里的"发"作为"能指"所对应的"所指"，除了头发这一基本概念之外，还有思想层面的含义，即指称"孝"。按理说符号的"能指"是外在形式的显现，"所指"才是实在意义，但在某些具体的文化形态中，能指却比所指重要得多。清朝初期，统治者颁布"剃发令"，所谓"留头不留发，留发不留头"。这一法令触及了头发作为"忠"的象征意义和民族心理，部分民众认为"头可断，发要留"，坚决抵制剃发，结果遭到屠杀。当然，这里所论不涉及价值判断，而是举例说明正是符号所关涉的文化意义，使得"能指"超越了形式本身。

三、符号产生的任意和约定性质

这里所说的"任意"不是指具体某个人的随心所欲，而是指某个民族在长期的历史发展中其具体符号代表的具体含义，它的产生带有历史的偶然性。在这个意义上，索绪尔认为符号的能指与所指的关系，是任意和约定的，毫无"根据"。比如，"房子"这个符号，它与所指向的意义之间没有任何必然联系。事实上，其他特定社会群体或团体（如情报机构）完全可以用"睡眠"或其他任何能指来替代"房子"这一能指，只要能够为该群体或团体所接受。正是历史上有人创造了"房子"这一符号，并且得到了社会的普遍认可，人们才相沿成习。

有关符号的任意和约定性质，语言学家赵元任（1892—1982，见图1-14）举了一个例子。一个老太太初次接触外语，觉得外国人说话不讲道理："这明明是水，英国人偏偏叫它'窝头'（water），法国人偏偏叫它'滴漏'（de l'eau），只有咱们中国人好好儿地管它叫'水'！咱们不但是管它叫'水'，这东西明明是水嘛！"[①] 对于同一所指，各国语言却有着不同的能指去指称它，这便是符号在能指和所指关系上的任意和约定性质。

符号的形成是一个历史的、文化的过程，符号的能指和所指关系在形成时期是

① 赵元任．语言问题［M］．北京：商务印书馆，1980：3.

任意的，但并不意味着可以随意进行能指和所指的关联。符号的“任意”只是相对能指与所指的关系而言，这种关系一旦形成，就成了约定俗成的东西而具有了规定性，从而保证符号在传播活动中有效。对个人来说，它不仅不是任意的，而且恰恰相反，任何人都不能随心所欲地改变这种关系。人们说话，好像是在肆无忌惮地自由言说，实际上话在说出口之前，已经被按照能指和所指既定的、约定俗成的规范进行了组织。在这个意义上，不是人在说“话”，而是“话”在制约着说话的人。

图 1-14 赵元任

约定俗成甚至影响到人们的物理感知。例如金枪鱼原来叫马鲭（horse mackerel），这个词组中有“马”（horse），而美国人不喜欢吃与“马”有关的东西，所以这种鱼的销售出现了问题。后来改为“金枪鱼”（tuna）这个词，逐渐得到美国人的认可，这种鱼的市场才得以打开（见图 1-15）。

图 1-15 当年的“马鲭”成功改称“金枪鱼”

资料来源：本图片为 AI 生成，ChatGPT 4. 0 image generator，核心提示词 image featuring a realistic depiction of a tuna fish with the text “(horse mackerel) -tuna (tuna)”，2024 年 2 月 22 日。

当然，随着社会生活的变化，能指与所指的关系绝非墨守成规、泥古不化，而是在不断发生变化。例如，15 世纪中叶欧式活字印刷机是仿照压榨葡萄的机器的原理制作的，此前，德文 die Presse 这个词的主要含义是“压榨”，但随着欧式印刷机的普及，这个词的主要含义变成了“印刷”“出版”“报刊”，并且影响到了其他使用拉丁字母的文字（如英文 press），而该词原来“压榨”的含义则退居次要地位了。

四、语言、言语和话语

语言是符号系统最庞大的体系，是历史化的社会存在，包括一系列词汇、语法、惯用法等个人不能任意改变的规则系统。而言语则是具体表达的语言，是个人话语的选择和实践。日常的说话是具体的言语，而说话所依据的各种规范则是语言。

语言和言语密不可分，言语是在语言规约下的具体表现。没有言语，语言无所依凭；没有语言，言语无法言说。索绪尔曾用下棋来说明两者的关系和运行原理，英国语言学家霍克斯（Terence Hawkes，1932—2014）对此阐述道："象棋的规则可以说是高于并超越每一局单独的棋赛而存在，然而，象棋规则只有在每一盘比赛中的各棋子之间的相互关系中才取得具体的形式。语言也一样。语言的本质超出并支配着言语的每一种表现的本质。然而，假如离开了言语提供的各种表现，语言便失去了自己的具体存在。"①

话语则是某一传播的专门领域所使用的有特性的言语，如新闻话语、公文话语、法律话语等。

划分语言、言语和话语，其意义在于提供学术研究的视角和方法。比如，日常人际传播中经常会出现误解、曲解等传播隔阂，通过探究具体的传播行为背后的各种制约因素，可以明白"何出此言"，从而多一分理解和宽容。通过研究具体文本的制作规范，可以发现文本所蕴藏的深层意涵。

五、语言符号和非语言符号

语言符号（文字属于语言符号体系，是它的延伸）是人类一切传播的基础。非语言符号的含义，大多可以用语言表达出来，但是非语言符号不一定能表达所有语言符号的含义。特别是较为抽象的语言符号，非语言符号很难表达。例如"美丽""圣洁"，如果一定要用非语言符号来表达，就只能通过具体的美丽、圣洁来间接表达"美丽""圣洁"的意思（见图1-16）。再如"本质"，用非语言符号表达起来更为困难。哑语虽然形成了一套意义的表达体系，但在许多抽象的意义方面，不得不通过具体事物来表现。用图像等非语言符号讨论深奥的哲学问题，是很困难的事情。

但非语言符号是不可或缺的，甚至从历史上看，人类的非语言传播要比语言传播悠久得多。美国跨文化传播学者萨默瓦（Larry Allen Samovar，1935— ）在《理解跨文化传播》一书中写道："绝大多数研究者认为，在面对面交际中，信息的社交内容只有35%左右是语言行为，其他都是通过非语言行为传递的。"②还有美国学者研究发现，在表达感情和态度时，语言只占交际行为的7%，而声调和面部表情所传达的信息却多达93%。③ 这类说法可能有些偏颇，应该有具体的情境才说得通，但非语言符号在传播中的重要作用，确实不能忽视。

① 霍克斯．结构主义和符号学［M］．瞿铁鹏，译．上海：上海译文出版社，1987：12.

② SAMOVAR L A. Understanding intercultural communication［M］. Cambridge：Wadsworth，1981：155.

③ LEVINE D R，ADELMAN M B. Beyond language：intercultural communication for English as second language［M］. Upper Saddle River：Prentice Hall，1982：43.

图 1－16　非语言符号

资料来源：本图片为 AI 生成，ChatGPT 4.0 image generator，核心提示词 painting in front of the beauty of the mountain、cartoon style paintings，2024 年 2 月 21 日。

非语言符号给出的提示，有时会比语言符号提供的多得多，再丰富的语言也难以表达深切的心理和情感，而非语言符号能提供一种只可意会的传播效果。这是一种不使用语言、不见诸文字，但在一定情境下交流双方或多方都能够理解的微妙意义的外在形式。

当然，非语言符号表达的意思也因此更需要与情境相联系，多数脱离情境的非语言符号难以独立表达意义。例如，一个设置在公路边的禁止通行的交通标志，具备有效的传播信息的指示功能，但如果被放在仓库里，它便完全失去了表达意思的功能。即使是电视新闻的画面，在没有语言说明、不被置于具体节目背景下时，观众也很有可能看不懂。

同一种非语言符号在不同的文化背景或情境下，含义可能会截然相反。例如“耸耸肩膀”这一动作，表达的含义也许是赞同，也许是反对，也许是无所谓，得通过分析当时的情境或文化背景来判断。

有关非语言符号的知识，本书第四章“人际传播”和第八章“跨文化传播”将专章予以介绍，在此从略。

六、符号意义的准确与模糊

一般来讲，对传播内容的基本要求即是准确，因此人的传播活动要尽量追求符号的准确意义。

但符号的模糊意义也不容忽视，因为“客观世界的事物是无穷尽的，语言必须尽量用最少的单位来表达最大限度的信息量，否则语言就会非常累赘，语言打破客观事物或概念的界限，用同一个词表达各种不同的感觉，就可以大大节省语言单位。这是语言模糊性质存在的内在因素”[①]。在动词、数量词、副词中有不少表示模糊意义的词。许多表示时间、处所、方位的词的意义也是模糊的。用形容词来表示模糊意义的情况更为普遍。一切表示颜色的词其实都是相对模糊的。

同时，从现实角度来讲，社会生活现实是动态的，而传播符号是有限的、静态的和抽象的。在这种情况下，符号的模糊意义反而比科学、准确的表达要显得清晰。例如，鼻梁高度、眼睛大小都用精确数据来表示，可能反而不如用模糊的言语更清楚。再如热恋情人间的信息传播，符号的使用有时是混乱的，但意义是明确的，这种特殊的情形显现了意义在传播中比符号的外在形式更重要。

马克思就此写道：“爱者在十分冲动时写给被爱者的信不会是修辞范例，然而正是表达上的这种**混乱**，**极其明白**、极其显著、极其动人地表达出爱的力量征服了写信者。爱的力量征服了写信者就是被爱者的力量征服了写信者。因此，激情所造成的词不达意和行文的语无伦次博得了被爱者的欢心，因为反射出来的、一般的、从而不可靠的语言本性获得了直接个别的、感性上起强制作用的、因而绝对可靠的性质。而对爱者所表示的爱的真诚深信无疑，是被爱者莫大的自我享受，是她对自己的信任。”[②]

有时，尽管说话者使用了精确的言语表达，但受众仍然用理解模糊言语的方式来理解它们，从中获取模糊的意义。

第三节　信息与媒介

20 世纪 40 年代自然科学领域的信息论、控制论、系统论（即“三论”）构成了科学思维的基础。其中，与传播学研究关系最密切的是信息论。信息论最早产生于通信领域，对传播学中的“信息”“媒介”等基础概念产生了重要影响。今天我们理解这些概念，需要了解信息论的总体背景。其中，媒介与信息在传播活动中的相互关系则体现为“内容”与“载体”的关系。信息只有通过媒介才能传播，而物质也只有在传播信息的过程中才能成为媒介。

一、信息的内涵

信息（information）是传播学的基本概念之一。它是客体变化或客体间相互关系的差异的表征。如果周围一片死寂，处处都是均衡等值，没有变化和差异，也就

---

① 伍铁平．模糊语言学［M］．上海：上海外语教育出版社，1999：24.

② 马克思，恩格斯．马克思恩格斯全集：第 3 卷［M］．2 版．北京：人民出版社，2002：398.

没有信息，没有传播发生。一片死寂中突然闪现一道光亮，打破了死寂，这道光亮便是信息，它被人的眼睛接收，传播现象也就发生了。

从另一个角度看，信息产生于主体对于客体不确定性的认识过程中，如果获悉的某一消息使人感到关于某一事物的不确定性减少了，这个消息便是信息，即信息论专家克劳德·香农提出的“信息是用来消除随机不定性的东西”。他在论著《通信的数学理论》中将信息的自然冗余、信息的丢失、噪声、误差或失真称为“熵”。通过信息的交流，获得“负熵”，消除无序，方可克服熵的破坏。传播学研究的信息，主要是在这个意义上讨论如何减少或消除熵的信息。①

信息论意义上的信息特点包括：可识别、可转换、可传递、可加工处理、可多次利用（无损耗性）、在流通中扩充等等。信息可以控制和支配物质与能量的流动。

作为与物质、能量并列构成人类生存环境的三大要素之一的信息，具有三个特征：

第一，它总是与现实或历史中的事实、现象相关，通过一定的方式（新闻、资料、档案、数据、图像、观点等）表现出来。

第二，它只有处在交流中才具有信息的意义，因而需要被相关的接收者接受，无人承认的信息不是信息。

第三，在信息论的内部框架中，信息的功效与传播的时效成正相关，失效的信息不再是信息。

二、信息与知识、信息与讯息

关于信息的定义非常多，其中一种是将它与知识联系在一起，认为信息是某种知识。比如信息理论奠基人哈特利（Ralph Hartley，1888—1970）1928年在《信息传输》一文中将信息描述为“有新内容、新知识的消息”②。《牛津英语词典》也曾把信息解释为“被传授的有关特定事实、主题和事件的知识”。

广义上，知识（knowledge这个词的组成，就是“获悉、理解了的东西”之意）也是一类信息，是获悉之后的信息，经过理解、沉淀、积累，较为稳定，时效也较为长久。

在知识管理中，有一个经典的知识等级图，如图1-17所示。

这个图的底层是“资料”，资料之上是“信息”，信息之上是“知识”，知识之上的顶层是“智慧”。显然，信息是知识的基础。既然信息是知识的基础，那么按道

① SHANNON C E. A mathematical theory of communication [J]. The bell system technical journal, 1948, 27 (3): 379-423.

② HARTLEY R V L. Transmission of information [J]. The bell system technical journal, 1928, 7 (3): 535-563.

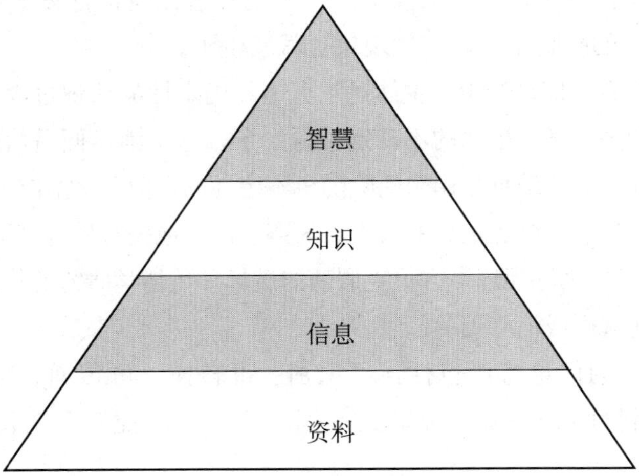

图1-17　知识等级图

资料来源：ROWLEY J. The wisdom hierarchy，representations of the DIKW hierarchy ［J］. Journal of information science，2007，33（2）：163-180.

理，掌握的信息越多，相应知识也应该更多。但在新媒体时代，信息像潮水般泛滥，现代人的知识却显得相对贫乏。

一方面，新媒体不一定能保证人们获得更多的有意义的信息。2000年，美国传播学者尼尔·波兹曼（Neil Postman，1931—2003）在媒介环境学会的会议上提出“新媒体在多大程度上能够使人获得更多有意义的信息”的问题。他认为，在过去的一百多年里，人类执着地追求快速提供信息的机器，结果是，我们被淹没在信息的汪洋大海里，新媒体让我们的国家成为信息垃圾堆放场。技术垄断文化，文化向技术投降。如果错误或者逻辑混乱的信息进入人的知识库中，那么不仅不会增加知识量，还会降低知识库的质量。因此人们需要不断评估信息，从海量的信息中分辨出真实的信息与虚假的信息，这个过程好比沙里淘金，将耗费大量的时间与精力。即便如此，也难免有错误或混乱的信息流入知识库中。

另一方面，即使是真实的、有逻辑的信息，也不可能都转化为知识，从信息到知识必须经过消化理解这一过程，需要通过归纳、演绎、比较等手段对信息进行挖掘，使其有价值的部分沉淀下来，并与已存在的人类知识体系相结合。拥有海量的信息并不必然就拥有知识。在新媒体时代获取知识，需要人们具备有效整理、评估、分析信息的能力。

讯息与信息也有差别。讯息的对应词是“message”，指具体的信息，例如一条简讯（包括声像形态）、一封电报、一项通知、一个公告、一句含有信息的重要的话、一张照片等。而信息的概念相对抽象，或者说相对宏观。信息概念在讯息概念之上。港台地区将information译为“资讯”，而有些大陆电视节目经常在具体场景下滥用“资讯”概念，一些广播电台或电视台的主持人一会儿说信息，一会儿说资讯，还以为是两个词，其实都是指information。在新闻报道场合，应该更多地使用

“讯息”来概括所谈到的许多具体的消息、图像、观点等。

三、媒介

媒介（medium，见图 1－18）源自拉丁文 medium，原指中间物。参考雷蒙·威廉斯的考察，我们可以从三个层次理解媒介：一是指“中介物”，如空气可以作为声音传递的介质；二是专指能够存储和传输信息的技术形态，如印刷媒介、电子媒介、数字媒介等；三是指运行社会传播活动的公共机构和事业。

图 1－18　媒介

资料来源：本图片为 AI 生成，ChatGPT 4.0 image generator，核心提示词 media、media、recording、presentation、transmission，2024 年 2 月 21 日。

媒介的基本功能包括记录、呈现和传输，但有些媒介会更偏向或凸显其中一种功能。我们可以根据这种偏向对媒介进行分类。刻画在岩石或洞穴里的图像、古代的碑刻、近代的印刷品、现代的电子视频都具有明显的记录性质；另一些媒介则偏向于呈现，如身体姿势、手语、音乐等。记录性媒介能跨越时间实现信息的传输，而呈现性媒介则往往长于意义的互动表达。还有一些情形，如幻想、梦境等自我传播的情形，有时被称为“心灵媒介”。心灵媒介的特征与本质属性如何，还有待深入探讨。

人类生活中的一切传播活动都离不开媒介。人类文明的发展史就是一部媒介发展史。人类传播媒介的历史发展依次经历了语言媒介、文字媒介（其中印刷术的发明尤其大大推动了文明的进程）、传统电子媒介（电报、电话、电影、广播、电视），以及以网络为代表的新媒介等几个明显的发展阶段。每个发展阶段的新兴媒介都在旧有媒介的基础上不断扩展功能和作用领域。

其中网络时代的传播形态的演进速度最快，在功能与作用领域上的拓展也更令人瞩目。在20世纪末21世纪初，我国以新浪、搜狐为代表的门户网站主要提供及时、多而全的信息，用户则通过浏览器获取信息。随后，网上论坛快速发展。天涯、猫扑等论坛提供用户能够共同参与讨论的话题，互动以及观点的表达成为主要特点。版主成为论坛的重要角色，是组织和引导话题的关键。这是Web 1.0时代的主要特点。

博客（blog）、简易信息聚合（RSS）、百科全书（wiki）、网摘、社会网络（SNS）、P2P（peer to peer）、即时信息（IM）等技术的出现使网络进入Web 2.0时代，个人有了更大的参与度与自我表达权，有可能成为意见领袖，影响意见走向。微博（较早的是推特[①]和脸书）是作为社会公共信息平台出现的，它短小快捷，一上线就引起了巨大关注。中国目前最为普及的是新浪微博。轻博客（light blogging）是介于博客与微博之间的一种网络服务，博客倾向于表达，微博倾向于社交和传播，轻博客吸收双方的优势而不同于任何一方。微博以“关注”来构建群体，强调的是关系；轻博客则强调内容，以“内容”连接群体。

目前流行的是微信、短视频、网络直播等，网络传播形态进入Web 3.0时代。Web 3.0模式建立在Web 2.0模式的基础之上，结合了语义网等技术，更加智能，可以实现万物互联。

四、媒介带来社会结构变化

新的传播媒介形态不断涌现，构成了一种新环境。今天，所有媒介形态在数字化技术的平台上得以融合。如今继续分别讨论印刷媒介以及广播、电视、电话、网络等传统电子媒介的意义正在减弱，传播媒介的各种进化形态对社会结构的影响显得更为重要。过去人们仅仅把传播媒介简单视为中性的传送载体；当代多种媒介形态的融合趋势日趋明显，人们逐渐意识到媒介本身也在创造着新的社会环境，并在无形中改变着社会的结构。以新媒体为例，它带来的社会结构变化主要有五个方面。

（一）时空观念的扩展

新媒体将身处不同物理空间的人整合进共同的虚拟场景，手机、iPad等移动新媒体使“在一起”的人可以选择处于不同的场景中。

新媒体所带来的这种全天候信息传播方式，使人们的零碎时间被最大限度地整合，新媒体不断渗入个人生活的方方面面，最大限度地侵占着人们的时间，使社会交往时刻处于即时在线的紧迫感中。

---

① 2023年7月31日，推特正式更名为X。

（二）虚拟与现实的界限被打破

通过运用数字技术，新媒体生产出一个超越现实的独立领域，构建起一个以假乱真的影像符号社会，虚拟的数字符号、影像代替了真实生活，人们对“真实”的体验和真实的基础消失了。在纯粹的“虚拟环境”中，现实不仅成为一个值得怀疑的东西，而且可以是一个被彻底解构的东西。

原有的社会阶层划分被打破，原有的权力关系被改变。在虚拟的世界中，每个人都可以成为自己想扮演的角色，都可以发挥与现实生活中截然不同的作用。

（三）社交范围的扩大与社交圈的集中

网络交往在很大程度上是一种陌生人的交往，社会交往从熟人社会向陌生人社会过渡。在社交范围扩大的同时，人们的社交圈则呈现出集中的趋势。以兴趣为聚合的小圈子氛围形成，同时一些小众化群体借助互联网的“长尾效应”也得到发展。借助新媒体的社会联络与动员能力，稳定的社交圈逐渐形成，同时不同阶层之间的分化更为严重，社会利益团体的边界逐渐明晰和固化。

（四）话语权分散与用户自主地位提升

话语权从精英阶层向草根阶层下放，众声喧哗，话语权呈现分散、零碎的局面。信息的共享和言论的自由分散了社会权力，提升了公众参与社会的能力。例如网络直播因门槛较低，每个人都可以在网络直播中成为暂时的话语中心；微博等各种各样的社交媒体也为用户提供了发声的机会和平台。

（五）人与物的互动增强

1999 年，在美国召开的移动计算和网络国际会议构造了一个能实现全球物品信息实时共享的实物互联网（简称物联网，见图 1－19）。这次会议提出，“传感网是下一个世纪人类面临的又一个发展机遇”。以此为标志，网络发展进入了 Web 3.0 时代。许多国家每年都会举办物联网展览会，2021 年的 IOTE 国际物联网展以“芯联万物，智赋全球”为主题，包括传感器、云平台、通信定位、工业互联等展区。

这种人与物的沟通将从本质上影响交流互动的方式。通过将日常生活中的物品嵌入一种短距离的移动收发器，就可以将物品与互联网连接，并通过互联网来统一管控，并能方便地将人的命令转化成物品所能接收的信号。这无疑给人类信息沟通提供了一个全新的维度，实现了人与物的连通。

媒介对社会结构、群体关系和人际关系的影响，带来了许多意想不到的新问题。现在对新媒介形态的猛烈的学术攻击，主要来源于由来已久的对新媒介形态的焦虑和希望保护传统的书写媒介的愿望。但“传播媒介”的概念越来越被看作一个包容性的术语。在批判新的媒介形态带来的新问题时，更应着眼于未来传播科技的发展。

图 1－19　物联网的设想

资料来源：本图片为 AI 生成，ChatGPT 4.0 image generator，核心提示词 the future、the internet cf thing，2024 年 2 月 21 日。

要点思考

1. 简述 communication（传播）的双向、共享意义。
2. 简述网络时代的传播模式与传统传播模式的联系与变化。
3. 简述符号的能指和所指、语言和言语。
4. 简述非语言符号与语言符号之间的关系。
5. 简述语言符号的内涵意义和外延意义。
6. 简述信息（information，港台译为“资讯”）与讯息（message）的差别。
7. 简述媒介的三层含义。

第二章

传播学的形成与学派

传播学理论并不是固定不变的，而是在历史的发展中逐渐形成并丰富的。因此，在谈“理论”的时候，要特别注意它的具体指向。人们也常常会谈到“理论范式”和“学派”这些区分理论观点的概念。

其中，“理论”是一个日常使用最广泛的概念，通常指人们在某一活动领域中联系实际推演出来的概念或原理，或是假设的一系列事实、原理。它是通过对事实的推测、演绎、抽象或综合而得出的评价、看法或程式。“范式”对应的英文单词paradigm来源于希腊文。托马斯·S. 库恩（Thomas Samual Kuhn）于20世纪70年代在《科学革命的结构》中使用了范式这一概念。范式指的是一些范例，或是明确而具有意义的“地图”。范式不仅为研究者提供了“地图”，而且提供了制作“地图”所必需的方向指引。“学派”与理论范式并不相同。理论范式可能受到一定学科史发展阶段的客观制约，但它本身是指向应然的逻辑归纳，而学派的意义则更多地包含历史因素和偶然性。学派的形成大致可归于三种因素：师承、地域、问题。相应地，学派也可以此标准分为“师承性学派”“地域性学派”“问题性学派”。实际上，由于师承因素、地域因素或问题因素，学派往往因彼此关联交织而兼具这三种特点。国内关于传播研究的学派、范式方面的讨论非常多，且受到北美大众传播学研究的影响较深。

本章对传播学的形成脉络及各学派源流进行梳理，旨在从宏观角度阐述传播学的形成、脉络，以及在我国的发展。

第一节　传播学的形成

信息的传播与人类同在，历史上很多智者都对传播现象有过观察与思考，比如柏拉图（Plato，前427—前347）在《理想国》中所说的“洞穴之喻”，被视为拟态环境说的来源。亚里士多德（Aristotle，前384—前322）的《修辞学》中含有很多传播思想和观点。在中国的甲骨文中就有“传”字，意为“送信”。《周礼·夏官·训方氏》云：“诵四方之传道。”《论语》中与传播相关的专有概念已经很多，如“曰”“言”“问”“知”“见”“学”“闻”“听”“歌”“交”“传”等。但孔子（前551—前479）同时提出了抑制传播的“非礼勿视，非礼勿听，非礼勿言，非礼勿动”的道德要求。

现代传播学是从西方发展起来的。20 世纪 20 年代是传播学的理论准备阶段。作为一个学科，传播学于 20 世纪 40 年代形成于美国，60 年代以后才被普遍认可为一门学科或较为独立的研究领域，并形成不同的学派。

中国社会学界于 20 世纪 20 年代知悉美国芝加哥学派的传播理念并开始对传播有所研究。中国新闻学界于 1978 年引入传播学，但“大众传播学”先声夺人，长期占据主导地位。其实，大众传播只是传播学研究的对象之一，人类的所有传播现象，都是传播学的研究对象。

一、传播学形成的社会背景

传播现象得以从人类一般活动中分化出来成为专门的研究对象，与 19—20 世纪的工业革命和城市化进程相关。

1500 年以前的世界基本上仍处于闭塞的状态，尽管此前欧洲与外界存在贸易往来。1500 年前后在商业推动下的地理大发现，使得过去相对隔绝的地区之间开始发生直接联系，这是世界一体化的开端。

随后工业革命（见图 2-1）打破了社会的封闭。恩格斯在 1848 年 1 月论述落后的奥地利帝国时写道：“过去，崇山峻岭使奥地利君主国同外界隔绝，使波希米亚同莫拉维亚以及奥地利隔绝，使奥地利同施梯里亚隔绝，使施梯里亚同伊利里亚隔绝，使伊利里亚同伦巴第隔绝；现在，这种屏障在铁路面前粉碎了。……阿尔卑斯山脉和波希米亚森林仿佛已不再存在；一条新的干线从的里雅斯特伸展到汉堡、奥斯坦德和哈佛尔，远远地伸出帝国的境界，跨过山脉，一直绵延到遥远的北海和大西洋岸边。参与全国的共同事务和干预外界的事态，已经成为必需的了。”①

图 2-1　工业革命

资料来源：The express train［DB/OL］.［2024-02-25］. https://pixabay.com/illustrations/steam-train-locomotive-train-502120/.

① 马克思，恩格斯. 马克思恩格斯全集：第 4 卷［M］. 北京：人民出版社，1958：520-521.

工业革命带动传播技术的变革，使原有的传播形态发生了重组和变化，从而使传播在社会活动中发挥的中介功能逐渐凸显。从照相术、电报、电话、电影的发明和普及，到20世纪广播、电视的发明和普及，传播科技的急遽发展，改变了人们的生活和个体对世界的感知。马克思在电报刚刚普及的时候就写道："电报已经把整个欧洲变成了一个证券交易所；铁路和轮船已经把交通和交换扩大了百倍。"[①] 在电报、电话等通信工具迅速传递消息的支持下，本来属于社会高级精神消费的报纸，也于19世纪中叶以后，降低价格，俗化内容，成为真正的大众传媒。

与此相联系，工业革命推动了西方国家的城市化（见图2-2）进程。19世纪初，全世界只有3%的人生活在城市中。1848年时，美国的城市人口只占总人口的10%；英国1851年时的城市人口占总人口的一半。半个世纪后，这两个国家的城市人口就已经分别超过总人口的三分之二和四分之三。城市人口的增加意味着读和写的传播方式成为生活的必需，生活在城市的人比生活在乡村的人有更多和更复杂的信息需求，他们需要了解自己所在的城市、国家乃至整个世界的信息，以满足工作、生活和自我实现的需要。早在1862年，马克思就指出，报纸已经成为英国城市工人的必要生活资料。[②]

图2-2　城市的兴起

资料来源：[意] 博乔尼《城市的兴起》，藏于纽约现代艺术博物馆，美国。

工业革命和城市化进程促成了传播手段和传播对象的社会性结合，大众传播迅速发展，成为一种独立的社会系统，由此引发的现代社会信息传播的形态、内容、方式等更是明显影响到社会结构、社会心理和创新模式的发展与变化。一战和二战期间两大对立集团的宣传战将传播在现代社会蕴藏的巨大能量发挥得淋漓尽致。大众传播时代广告功能的充分开发也引起商业巨头、统治阶层、社会大众等相关利益群体的关注，他们出于自身利益考量下的控制企图，开始系统地研究这些现代传播

① 马克思，恩格斯．马克思恩格斯全集：第14卷[M]．2版．北京：人民出版社，2013：43.

② 马克思，恩格斯．马克思恩格斯全集：第37卷[M]．2版．北京：人民出版社，2019：291.

现象。

大众传播带动其他社会传播系统与之互动，不仅大众传播自身，此前普遍存在的人际传播、组织传播，还有成为新问题的跨文化传播等也一并成了具有科学价值的研究对象。

二、传播学形成的学科背景

（一）20世纪20年代芝加哥学派的学术积淀与同时期新闻记者的理性思考

从19世纪末到20世纪中期，经济学、社会学、心理学、政治学和人类学五大社会科学领域在美国逐步确立，它们为未来的传播学研究提供了较多的方法论和研究手段，构成了传播学形成和发展的学术背景。在这一大背景下，又暗含着偏重于社会传播的研究与偏重于政治传播的研究。

这些学科领域里的学者，比如社会学领域的杜威、帕克，心理学领域的库利、米德、布鲁默，新闻实务界的李普曼等，在自由主义和理想主义的学术信念之下，将传播看作解决当时社会问题、解释人类社会本质的重要手段。他们秉承面向实际、实事求是的思想方法，从不同学科角度关注大众传媒在一个现代性的社会中所发挥的作用，从而为传播学奠定了最早的学科基础。

芝加哥学派的领袖人物杜威（John Dewey，1859—1952，见图2-3）认为，社会是一个有机体，只有通过在有机系统内循环的信息分享，社会生活才有可能。他认为传播是使人民成为社会完美的参与性成员的手段，“社会不仅因传递（transmission）和传播（communication）而存在，更确切地说，它就存在于传递与传播中”[①]。他把大众传媒看作社会变迁的工具、使人民成为社会完美的参与性成员的手段。在他看来，随着工业社会的发展，在将一个“大的社会”转变成一个“大的共同体”，建构共同的社区和集体认同中，大众传播媒介扮演着重要的角色。在密歇根大学任教期间，他甚至设想“通过一张小小的报纸来改造哲学”，并与帕克等人筹划创办以报道社会科学最新成果和改良社会为宗旨的报纸——《思想新闻》，可惜最后无果而终。

美国社会学家帕克（Robert Ezra Park，1864—1944，见图2-4）和杜威一起筹办《思想新闻》，并从事调查记者工作多年。丰富的记者经历使他成为最早研究报纸的理论家。他比美籍德裔心理学家库尔特·莱文（Kurt Lewin，1890—1947）[②]更早论述到新闻制作过程中的“把关人”问题。1922年他出版了《移民报刊及其控制》一书，考察具有不同种族背景的社会群体在美国社会的同化、移民整合问题。他还把法国社会学家塔尔德（Gabriel Tarde，1843—1904）关于创新与扩散、地球村的设想等重要的传播思想引入了美国。他认为，传播是人类社会关系的本质所在，

---

① 凯瑞．作为文化的传播［M］．丁未，译．北京：中国人民大学出版社，2019：14.

② 译为“卢因”是错译，译为“勒温”是根据英语发音，应当根据德文发音翻译；Kurt译为“卡特”也是错译。

创造着和维持着社会。他提出了传媒与舆论如何相互影响、人际网络如何与传媒连接、媒体如何促进社会变迁等问题。因此，帕克被称为“大众传播的第一个理论家”。

美国早期社会学家、社会心理学和传播学研究的开创者之一库利（Charles Horton Cooley，1864—1929，见图 2-5）也是一位重要人物，他研究的重点是探讨个人如何社会化。在 1902 年出版的《人类本性与社会秩序》中，他提出了“首属团体”（primary group）和“镜中我”（the looking-glass self）的概念，认为“首属团体”是个人社会化的基础。“镜中我”即“通过他人之眼审视自身”，个体的“自我”意识产生于与他人的交流，通过交往辩证地呈现出来；一个人的自我意识，是针对他人对自己所做判断的反应。他重视传播，把传播看作“镜中我”形成的主要机制，认为传播是个人社会化的途径，是整个社会得以联结为整体的重要纽带。为此他在 1909 年出版的《社会组织》一书中辟出“传播”一章，探讨传播的概念和意义。这些理论为人际传播的研究提供了思路。

图 2-3　约翰·杜威

图 2-4　罗伯特·帕克

图 2-5　查尔斯·库利

社会心理学家米德（George Herbert Mead，1863—1931，见图 2-6）与库利共同创立了关于社会信息交换的“符号互动论”（又译“象征互动论”）。他们认为，社会是在人们不断通过符号互动、产生意义的基础上形成的，“事物的意义产生于人们与其伙伴的社会互动当中”。通过与他人的互动和自我对话，一种内在的沟通过程得以循序渐进地形成。另一位社会心理学家布鲁默（Herbert George Blumer，1900—1987，见图 2-7）丰富了米德的“符号互动论”。他在 1933 年的专著《电影和品行》及其他著作中，较早地提到了后来传播学中的很多理论假设的内容，包括“使用-满足理论”“有限效果论”“社会学习理论”“文化依赖论”“第三人效果理论”等。

他们认为传播不仅是信息传递和双向互动过程，更是建构文化的符号过程。在这一过程中，社会意义被建构，人的意识、印象、态度以及行为也因为传播而被赋予社会意义并最终成形。这条认识的线索，对于后来人际传播理论的建构具有决定意义。他们深信传媒技术革命对社会具有强大的推动作用，在研究思路上融合理论探讨与应用研究，把对传播的研究建立在社会统计和现象观察（行为科学）的基础上，为后来形成的传播学经验-功能学派提供了较为直接的传播认识论，也是后来形成的技术-控制论学派的认识前提。

图 2－6　乔治·赫伯特·米德

图 2－7　赫伯特·乔治·布鲁默

另外，瑞士语言学家索绪尔和美国 20 世纪著名的报刊专栏作家李普曼（Walter Lippmann，1889—1974，见图 2－8），也可以被视为传播学直接的学科思想先驱。

语言是现在人类一切传播形态的基本符号体系，索绪尔创立的结构主义语言学打破了以前语言学从历史根据上探索意义的研究传统，把具体的语言看作某一民族某一历史时期的社会制度和传统的表意规范，人的思维和信息的传播受制于抽象的语言系统，而这个系统通过教育内化在社会成员的集体心智当中。这种认识框架成为后来“结构主义符号-权力学派”的认识前提。美籍德裔语言学家萨丕尔（Edward Sapir，1884—1939）也是结构主义语言学的开创者之一，语言学家本杰明·沃尔夫（Benjamin Lee Whorf，1897—1941）在萨丕尔的语言与文化相关思想基础上进一步提出了著名的“萨丕尔-沃尔夫假说”（Sapir-Whorf hypothesis），这个假设认为我们所使用的符号能帮助我们形成思考问题的方式或习惯，也有助于形成我们的世界观及行为方式，说不同语言的人会以不同的方式看世界。

图 2－8　沃尔特·李普曼

李普曼作为经验丰富的记者，凭借其敏锐的观察力，在 1920 年出版的《自由与新闻》和 1922 年出版的《舆论》等著作中，谈到了大众媒介建构的图景与真实的世界存在差异，提出了著名的“拟态环境”（pseudo-environment）概念[1]，即由大众传播媒介通过对社会信息的选择、加工和报道重新加以结构化以后，向人们展示的环境。这个环境并不是客观环境的镜子式再现，但因为绝大多数人只能通过大众传播媒介去了解身外世界，所以人们的行为已经不再是对客观环境及其变化做出的反应，而是对新闻机构提示的某种“拟态环境”的反应。他意识到宣传充分利用了这种传播现象，“为了进行某种

① LIPPMANN W. Liberty and the news [M]. New Brunswick and London: Routledge, 1995: 50.

宣传，宣传者必须在公众和事件之间设置某种障碍，必须限制人们接近真实环境的机会以免其根据自己的判断和希冀去构建脑中的拟态环境”。

他们的学科背景如此多样，以至于他们的研究彼此之间甚至没有关联，看起来阡陌纵横，无法构成一个统一的学派，但他们基于对传播现象的关注而做出的研究使他们当之无愧地成为传播学的学科思想先驱。

（二）一战、二战的宣传战提供了传播研究的实践背景

从20世纪初到20世纪50年代的传播研究经历了从偏向于社会传播到偏向于政治传播的转变。这与当时的历史背景有直接关系。

在经历一战、经济大萧条和二战的过程中，对传播的研究以满足政府在信息获取、社会调控方面的需求为目的，因而有着明确的功能主义指向。特别是在二战期间，“当美国参战后，许多学者立即主动加入战时传播方面的研究，服务于政府机构如战时信息办公室、战略服务办公室、国会图书馆等，乃至投入反对极权主义的宣传战……‘机构操纵’作为宣传分析时大众传媒研究的一个重要概念消失了，学者们更聚集于能使信息产生态度与行为效果的内部过程、机制及因素的研究，效果不光写在研究小组的备忘录中，而且在学者们的实际研究中被不断强化和凸显”[①]。在军方与政府的大力资助下，以二战时期宣传研究、陆军实验等为代表的一批传播研究项目，构成了传播研究最重要的课题，这些课题以雄厚的资金和便利的研究条件主导了传播研究的方向。

（三）“三论”在传播学形成时期对其的学术影响

20世纪40年代自然科学领域的信息论、控制论、系统论（即“三论”）也渗透到了传播学研究之中，为未来研究传播对社会的影响奠定了学科基础。

信息论最早产生于通信领域。为了正确地认识并有效地控制系统，必须了解和掌握系统内各种信息的流动与交换，信息论为此提供了一般方法论的指导。

控制论则关注如何管理和操控信息系统以使其合目的地运行，它是数学、自动控制、电子技术、数理逻辑、生物科学等学科和技术相互渗透而形成的综合性科学。控制论重视原因对结果的决定作用。在控制论视角下，传播被看作社会的神经系统、一种结果的原因，从一个人到一个社会都是一种系统，系统的存在和维系在于信息的流动。

如前所述，控制论有一个重要概念“熵”，指信息的自然冗余、信息的丢失、噪声、误差或失真。能否通过信息的交流，获得“负熵”，消除无序，这是一个系统的信息组织水平的度量标准。

控制论的另一个重要概念是“系统平衡”。如果一个系统由于环境变化而严重偏离正常状态，那么它就需要信息的充分交流。对一个社会而言，社会反馈是社会控

---

① 周葆华．大众传播效果研究的历史考察［D］．上海：复旦大学，2005：42.

制的要义。倾向于稳定的社会其实正是信息交流丰富的社会，“有效的生活，是和完全充分的信息在一起生活”①。法国传播学者马特拉（A. Mattelart，1936— ）在描述控制论对信息的认识时写道：“信息必须能够流通。信息社会只有在信息交换无障碍的情况下才能存在。这个定义与禁止或保密、接近信息的不平等或把它变成商品，都是不相容的。”②

系统论找寻一种从整体上的理解，将研究对象视为动态反应的整体的一部分，给予了信息论和控制论以整体大于各孤立部分之和的思想。这比仅仅从物理或智力现象上简单分解更重要。在政治传播、国际传播研究中，系统论思想发挥了显著的整合传播现象的作用。

（四）欧洲人文主义介入传播学研究

传播学的学科背景包含较为复杂的社会、文化因素，其渊源可以追溯到欧洲人文主义思想和批判的马克思主义。具体包括法兰克福学派、英国伯明翰学派对传播学的直接或间接的影响。

总之，传播学应该是最具有跨学科性质的学科之一，政治学、经济学、人类学、社会学、心理学、哲学、语言学等社会科学以及自然科学共同构成了它的学科背景和理论基础。

三、传播学的形成及其学派划分

传播学作为一个研究领域最早形成于1949年，美国学者威尔伯·施拉姆（见图2-9）收录了三十多位具有不同学科背景的学者关于传播学的研究成果，编撰成《大众传播学》一书，这本书成为传播学创立的标志。他最早在伊利诺伊大学设立传播学科，从事传播学教学与研究，并在该校设置了世界首个传播学博士学位点，随后在斯坦福大学设置了传播学博士学位点。“这些人随施拉姆在斯坦福大学学习后，呈扇形态势在全世界展开，使传播学的概念得以扩散。”③ 有的教材称施拉姆是传播学的集大成者和创始人，说得有些过头了。他促成了传播学在大学教育中占据一席之地，在这方面有一定历史贡献，但他主要是一位传播学教育家。

即使是施拉姆，也只是承认传播学研究是一个领域。1959年他写道：“我们有时忘记了传播研究（communication research）是一个领域（field），而不是一个学科（discipline）。”④ 因为当时大部分学者只是为了自己学科的需要而研究传播现象。

---

① 维纳．人有人的用处：控制论与社会［M］．陈步，译．北京：商务印书馆，1978：9.

② MATTELART A，MATTELART T. Theories of communication［M］. London：Sage Publications Ltd，1998：50.

③ 罗杰斯．传播学史：一种传记式的方法［M］．殷晓蓉，译．上海：上海译文出版社，2002：502.

④ SCHRAMM W，RIESMAN D，BAUER R A. The state of communication research：comment［J］. The public opinion quarterly，1959，23（1）：8.

如果说几十年前传播学的先驱们只是路过传播研究这个“十字路口”，那么现在的传播研究在一定程度上仍然是一个“十字路口”，不过由于网络传播已经成为社会环境本身的一部分，各主要人文-社会科学的门类都在研究传播现象，传播学实际上已经成为交叉中的具有明确研究对象和体系的独立学科。但直到今天，一些被视为传播学代表人物的人，其实也还是其他学科的学者，他们只是把传播现象作为自己的一个研究课题。只不过传播在社会中扮演着越来越重要的角色，穿行于这个“十字路口”的人比 20 世纪 50 年代多多了。

图 2－9　威尔伯·施拉姆

既然传播现象贯穿于人类的整个历史与现实，各个学科的学者都可能在自己学科的基础上研究传播现象，并产生各自的研究成果，那么关于传播学学派的划分就只是一种根据其起源、主流特征做出的学术划分，很难泾渭分明。此前我国学者曾把传播学划分为两大学派：经验主义学派和欧洲批判学派。基于传播科技的迅速发展和对社会结构的显著影响，现在通常把传播学划分为三个学派：经验-功能学派、技术-控制论学派、结构主义符号-权力学派。这三个学派的理论起源，在前面谈到的传播学学科背景里均有显现。

第二节　传播学经验-功能学派

这个学派常被简称为“经验学派”，又称“经验主义学派”“行政学派”“管理学派”等。它与主要以思辨为特征的研究流派相对应，代表了美国传播学研究的主流，重点在于媒介分析、受众研究和传播效果研究等层面。它起源于美国，在北美传播学领域占据主导地位，在欧洲一些国家和发展中国家，也由于美国的学术影响而拥有很大的影响力。[①]

一、传播学经验-功能学派的奠基者

经验-功能学派的主要奠基者有两位：美国政治学家拉斯韦尔（见图 2－10）和美籍奥地利社会学家拉扎斯菲尔德（Paul Lazarsfeld，1901—1976，见图 2－11）。

① 鲁曙明，洪浚浩．传播学［M］．北京：中国人民大学出版社，2007：511.

图 2-10　哈罗德·拉斯韦尔

图 2-11　保罗·拉扎斯菲尔德

一战期间协约国对同盟国宣传的有效性引起了官方和社会对宣传问题的关注，拉斯韦尔以此为课题完成了他的博士论文《世界大战中的宣传技巧》(1927)。他在该研究中开创了内容分析方法，实际上发明了定性和定量测度传播信息的方法论。同时，“他关于政治传播和战时宣传的研究代表着一种重要的早期传播学类型”①。1948年，拉斯韦尔在《社会传播的结构与功能》一文中提出了传播行为的“5W”经典过程模式，奠定了传播学的控制分析、内容分析、媒介分析、受众分析和效果分析五大研究领域，开拓了经验-功能学派的研究方向。

20世纪30年代中期，广播发展起来。在洛克菲勒的资助下，拉扎斯菲尔德开始研究广播的社会效果。在研究中，他提出和运用了后来被传播学界普遍运用的“焦点访谈”方法，以及一系列用于资料分析的工具和方法，由此开创了媒体效果研究的传统。他从1940年总统大选时媒体对选民的影响研究中发现了大众传播和人际传播的交互性影响，于是于1944年出版了《人民的选择》一书，提出了“意见领袖”和“两级传播”的概念和思想，扭转了媒体强大效果论。他的研究充分利用了社会调查统计和社会心理学的手段，为经验-功能学派的研究提供了方法论的学科视角。

拉斯韦尔（特别是在他的后期）和拉扎斯菲尔德作为典型的结构功能-行为主义研究范式的代表，对经验-功能学派产生了重大影响。但同时也有人批评他们更关注媒介自身的运作，热衷于分析作为静止结构的传媒，忽视对动态过程的关注，视野显得并不开阔。他们的追随者后来也谈道，他们“将传播学的侧重点压缩成了一种个人主义的、短期效果的样式。因此，他们关闭了许多刚刚被学者们重新打开的研究领域”②。

除了这两位，其他一些学者也对这个学派的发展有所影响。例如美国心理学家

① 罗杰斯．传播学史：一种传记式的方法［M］．殷晓蓉，译．上海：上海译文出版社，2002：243.

② 同①204.

霍夫兰（Carl Hovland，1912—1961）和库尔特·莱文。

霍夫兰在二战后期领导了美国陆军的实验，评估影片对新兵士气的影响，提出了信源对说服效果的影响以及效果过程中的“休眠效应”，并总结出一系列增强说服效果的传播技巧。他将说服和实验引入传播学研究，开创了有关个人态度变化的微观层次的学术传统。

莱文在实验中发现，家庭主妇是家庭消费新食品的把关人，如果一个家庭主妇不打算烹饪牛的内脏的话，那么她的家庭成员就不会食用它们，他认为“这种情况不仅适用于食品系统，而且适用于一条新闻通过某种传播渠道在群体中的流通”[①]。这一“把关人”思想后来为新闻学者戴维·怀特（David White，1917—1993）所扩展。

二、传播学经验-功能学派的特点

这一学派的主要特点在于实证主义的研究方法和功能取向的学术立场。

（一）实证主义的研究方法

“实证”这个词具有“实在”“有用”“确定”“精确”等意思。在实证方法的创始人孔德（Auguste Comte，1798—1857）看来，实证的就是科学的和可以验证的。实证主义方法论遵循以下原则：科学方法的程序设计应客观和可重复，以便为后来的研究者提供验证理论的手段，从而使得理论有效；研究者的首要任务不是冥思苦想，而是致力于收集大量的经验材料；通过不断重复的“假设-验证”式的经验研究，进行理论的建构和完善。

经验-功能学派的研究方法具有明显的实证主义方法论特征。研究者们力图从外部环境的变量出发，揭示事实和行为的原因或规律；依赖自然科学方法论的精确和客观理念，研究渗透着人的主观意识的社会现象和事实。

这一方法论有其合理性，在一定程度上也是有效的，但其机械性显而易见。首先，社会现象和行为并不都能够通过观察和经验来把握，面对复杂的意识活动，经验的方法显得无力。其次，问卷调查和控制实验技术本身存在局限，前者在概率意义上的有效和信度，很难说明人的精神世界的复杂多变，后者在特定环境下的结论与社会实际环境存在差距。再次，通过经验性质的研究所获取的材料可以解释微观事实或现象，但无法在历史的宏观角度上考察社会。最后，经验性质的研究所推崇的自然主义的纯客观是一种虚妄，科学研究主体的影响难以避免。

对作为社会现象和社会活动的传播进行研究，单一的经验研究方法只具有相对的真理性，这一点在经验-功能学派的研究成果中非常明显。

---

① 罗杰斯．传播学史：一种传记式的方法［M］．殷晓蓉，译．上海：上海译文出版社，2002：354.

（二）功能取向的学术立场

功能意味着对某种需要的满足。经验-功能学派的研究通常得到私人企业或政府的赞助，因而，它的要旨是将学术研究与商业利益、政治利益相结合，通过实证研究找到经营传播业的技巧或社会管理传播的技术。它的研究成果表现为客观的话语，但同时无形中塑造着通过传播扩散的社会认同、制度性秩序。这种研究实际上寻找的不是客观真理，而是不同传媒的受众或网民某种共同的传播特征或心理，以便充分利用这种资源，达到最大限度的市场开发或最大限度的政治控制的目的，因而它的功能主义价值取向预设了现存社会的合理性。

拉斯韦尔的宣传研究、霍夫兰的说服研究等都带有强烈的实用主义目的，着重效果取向的传播研究。不过，不要误以为美国就只有经验研究而没有批判的传播观点，同样，欧洲也不是只有批判的传播观点。

随着科技的发展，高度重视方法和技术工具的经验-功能学派的研究方式也发生了较大的改变。拉扎斯菲尔德的《人民的选择》中采用的抽样调查方法，如今已经部分被大数据时代的数据挖掘等“全样本”研究方法取代，研究者可以利用网络爬虫程序抓取各类文本和信息数据，直接进行统计分析。霍夫兰的耶鲁计划中简单而又新颖的控制实验方法，也随着认知科学的兴起在21世纪成为认知传播学研究中的主要方式。如中国人民大学建立了“认知神经科学-传播学试验室”，用反应时（RT）、生物特征识别（BIO）、脑电位（EEC）、眼动追踪（EMT）等认知科学的研究工具来进行对传播现象的多视角阐释，为受众研究、广告效果、营销传播、政治行为、健康传播等交叉领域研究打开了新的研究之窗。[①]

第三节　传播学技术-控制论学派

20世纪40年代，工业国家的大众化报纸进入成熟时期，广播、电视普及，两次世界大战中的电子信息战也给人留下深刻的印象。在通信设备发展的基础上，信息数理理论得以诞生，成为传播学技术-控制论学派的直接理论来源。

一、传播学技术-控制论学派的奠基者

1948年，克劳德·香农（见图2-12）的《通信的数学理论》被视为信息论的奠基之作。在这篇文章里，他从通信的角度定义了传播：“通信的基本问题是通信的

---

① 更多认知传播学研究的相关内容可参见林克勤《认知传播学的宏观学术视野——视角、依据、对象和方法》一文。

一端精确地或近似地复现另一端所挑选的消息。”① 他认为信息就是能够用来消除或减少不确定性的东西，为此他提出了一个机器对机器或“人—机—人”通信的传播模式（参见本书第一章传播模式部分提到的香农-韦弗线性传播模式）。在香农之后，法国工程师和数学家莫莱斯（Abraham Moles，1920—1992）进一步提出了通信生态理论，为研究社会传播生态提供了重要的理论借鉴。

同样在 1948 年，香农的老师维纳（Norbert Wiener，1894—1964）发表了论文《控制论：或关于在动物和机器中控制和通信的科学》（见图 2-13）。这篇文章和他 1950 年出版的《人有人的用处：控制论与社会》奠定了控制论的理论基础。

维纳认为，“只能通过对消息的研究和对社会传播设备的研究来理解社会”②。他用“反馈”的概念说明信息流动的特点，即通过不断的信息“接收—反馈—接收”过程调整自身，保持人或社会的存在与发展。如果一个系统与其外在环境不能或很少发生交换关系，那么这个系统就可能处在内部混乱、解体的境地。因而，开放的系统肯定有积极的信息交换，不断注入原来没有储备的信息。

图 2-12　克劳德·香农

图 2-13　诺伯特·维纳《控制论》中文版封面

系统论最早由美籍奥地利理论生物学家和哲学家贝塔朗菲（Ludwig von Bertalanffy，1901—1972）提出。他认为系统是由若干相互联系的基本要素构成的，是具有确定的特性和功能的有机整体。20 世纪 70 年代中期，伊锡尔·德·索拉·普尔（Ithiel de Sola Pool，1917—1984）通过分析有线电视技术对组织社会政治生活的影响，进一步发展了系统论。

“三论”本身基本属于自然科学的研究范畴，它们的出发点是承认非人的生物体、计算机、人类社会和思维之间存在相似性。从这样的认识前提出发研究传播，看重的是人机交流的物理功能设计和传播过程的技术特性。此后几十年，一部分工

① 罗杰斯．传播学史：一种传记式的方法［M］．殷晓蓉，译．上海：上海译文出版社，2002：449.

② 维纳．人有人的用处：控制论与社会［M］．陈步，译．北京：商务印书馆，1978：8.

程技术人员循着这样的理论，进一步发展了传播的工程技术理论。

关注传播技术与社会之间的关系是“三论”关于传播的观点在社会科学领域的延伸。随着传播技术的快速发展，传播媒介形态的变化发展对人类社会的影响越来越成为一个重要的传播学研究领域。不少人文社会科学学者开始关注媒介（机器）本身如何影响社会和人的发展。他们循着“三论”的传播思想，专注于从传播媒介技术形态的角度研究传播现象，认为“媒体有助于改变时空关系的程度并不依从于它所携带的内容或‘信息’，而是依从于其形式和可再生产性”①。

在新传播技术急遽发展的当今，这种“技术主义范式”更是显现出勃勃生机，如近年关于Web 2.0和Web 3.0、个人接收终端功能的研究。

二、传播学技术-控制论学派的理论观点

这一学派的第一位代表性人物是加拿大学者哈罗德·英尼斯（Harold Innis，1894—1952，又译伊尼斯，见图2-14），他把传播技术视为政治和经济进步的基础，认为“一种新的媒介（包括广义的语言、文字媒介）的长处，将导致一种新的文明的产生”②。他在1950年的专著《帝国与传播》中提出，一个社会主流媒介的时空偏向与文明的兴衰密切相关。时间偏向的媒介易于长久保存却不便远距离运输，有利于树立权威，从而形成等级性社会体制；空间偏向的媒介便于远距离传送但长久保存性差，有利于远距离管理和控制，从而形成中央集权但等级性不强的社会体制。在他1951年的专著《传播的偏向》中，他认为某一种媒介与特定的文化联系在一起。比如文字时代打破了口语时代“年长者垄断知识”的局面；印刷术时代培育了人类的理性思维方式，催生了理性主义的诞生；而电子时代则击碎了传统的时空观念，彻底改变了人类认识世界的方式。这些论述的启示是：媒介技术并非单纯的技术，而是一种文化。

英尼斯之后，加拿大学者马歇尔·麦克卢汉（Marshall McLuhan，1911—1980，见图2-15）、美国传播学者梅罗维茨（Joshua Meyrowitz，1949— ，见图2-16）和莱文森（Paul Levinson，1947— ，见图2-17）依次成为媒介形态研究的代表人物。

图2-14 哈罗德·英尼斯

图2-15 马歇尔·麦克卢汉

① 吉登斯. 现代性与自我认同［M］. 赵旭东，方文，译. 北京：生活·读书·新知三联书店，1998：26.

② 伊尼斯. 传播的偏向［M］. 何道宽，译. 北京：中国人民大学出版社，2003：7.

图 2-16　约书亚·梅罗维茨

图 2-17　保罗·莱文森

麦克卢汉20世纪60年代因在《理解媒介》等几本著作里提出一系列与众不同的观点而成为轰动一时的人物。他推翻了传播内容高于内容载体的传统认识，试图把人们“从对媒介影响的麻木状态中唤醒”①。他认为“媒介是人的延伸”，比如印刷媒介是视觉器官的延伸、广播是听觉器官的延伸、电视是感知系统的延伸等。一般人将媒介看作物理的或技术的，而他认为媒介的形态在一定意义上比其传递的内容更重要，这便是他的“媒介即讯息”观点。他将媒介看作一种巨大的社会象征。一种新媒介问世，不管传递什么内容，媒介本身都会引发社会的某些变化——它告诉人们存在着什么样的世界，通过改变我们使用的传感系统的比例来改变我们的性格。尽管那时的传播科技远没有现在这样发达，他却高瞻远瞩地提出“地球村”的概念，认为电子传媒的普及将整个地球的时空缩小成一个村庄，“产生一个人人参与的、新型的、整合的地球村”②。

梅罗维茨通过研究电视这种媒介形态，论证了媒介本身如何成为一种环境，例如在电视新闻中“现场”看到刺杀总统的画面、在娱乐节目中看到“现场”采访某一名人，这改变了每个人的“亲身参与”对于经历社会事件的重要程度，人们下意识地受到传媒所建构的情境的影响。在《消失的地域》(1985)中他写道：“电子媒介将许多不同类型的人带到相同的‘地方’，于是许多从前不同的社会角色特点变得模糊了。由此可见，电子媒介最根本的不是通过内容来影响我们，而是通过改变社会生活的‘场景地理’来产生影响。”③

这些研究开拓了一个重要的传播学视角，但忽略了传播科技以外的因素对社会的影响。我们在赞美“媒介即讯息”这个观点的丰富内涵的同时还要想到，各种传媒形态的技术表现是人创造的，大多数传播活动是人有意识的信息行为，人是传播的主体。要理解媒介技术，不能局限于技术本身。“认识到人类传播系统事实上是一个复杂的有适应性的系统，我们就能看见所有形式的媒介都生活在一个动态的、互相依赖的宇宙中。当外部压力产生、新技术革命被引入以后，传播的每一种形式都会受到系统内部自然发生的自组织过程的影响。”④

---

① 莱文森．数字麦克卢汉［M］．何道宽，译．北京：社会科学文献出版社，2001：287.

② 麦克卢汉，秦格龙．麦克卢汉精粹［M］．何道宽，译．南京：南京大学出版社，2000：394.

③ 梅罗维茨．消失的地域［M］．肖志军，译．北京：清华大学出版社，2002：6.

④ 菲德勒．媒介形态变化［M］．明安香，译．北京：华夏出版社，2000：24.

被称为“媒介哲学家”的美国学者莱文森在《软边缘》（1997）中承认“技术还是在有限的层次上对我们的生存产生了深远的影响”，但同时也强调，“人类发明的所有信息技术，没有任何一种能够和作为我们人类基本要素的语言中心相提并论，除非它是对语言的超越和通过某种方式所进行的替代”[①]。这样的表述多少使传播技术决定论的观点走向折中。

在我国传播学界颇有名气的论著《娱乐至死》《童年的消逝》的作者尼尔·波兹曼（见图2-18），以及他的学生林文刚（Casey Man Kong Lum，见图2-19）都具有相似的媒介研究视角。由以上学者组成的连续的理论共同体通常被称为“媒介环境学派”，他们具有人文关怀的视野，关注时代变化中技术与社会之间的关系，就此林文刚所编的《媒介环境学：思想沿革与多维视野》中有较完整的介绍。何道宽最早译介麦克卢汉、英尼斯、波兹曼等人的著作，并不遗余力地介绍和推广其思想。他认为，媒介环境学派是传播学“异军突起的第三学派”[②]，应该与经验学派和批判学派并列。

图2-18 尼尔·波兹曼

图2-19 林文刚

媒介融合背景下的新闻传播学学术创新，需要超越单一的技术视野，从技术带来的控制侧面切入。美国新闻教育家詹姆斯·凯瑞（James Carey，1934—2006）关于传播的传递观（a transmission view of communication）和传播的仪式观（a ritual view of communication）的思想，从人文批判的角度考察媒介形态和媒介的表达方式，克服了这个学派有时表现出来的技术至上的倾向。他认为，人们对传播的认识通常定位于信息在空间里的传递和发布过程，达到对距离和接收者的控制；但媒介技术和表现方式本身，又表现为一种仪式。“传播的仪式观并非直指信息在空中的扩散，而是指在时间上对社会的维系；不是指传达信息的行为，而是共享信仰的表征。”媒介或媒介的表达方式成为一种“神圣典礼”。他以看报纸这种行为为例，写道：“当我们审视报纸时，传播的仪式观着眼于完全不同的范畴。例如，它更多的不是把读报视为发送或获取信息，而是将其视为好比参加一次弥撒仪式。”[③] 现在看电

---

① 利文森．软边缘［M］．熊澄宇，等译．北京：清华大学出版社，2002：2-3．利文森即莱文森。

② 何道宽．异军突起的第三学派：媒介环境学评论之一［J］．深圳大学学报（人文社会科学版），2006（6）：104-108．

③ 凯瑞．作为文化的传播［M］．丁未，译．北京：中国人民大学出版社，2019：18-20．

视、上网，除了获取信息外，已经成为一种生活的“仪式”，这类传播行为已经在不经意间改变了社会结构。

对媒介的普遍控制有所觉察的还有德国存在主义哲学家马丁·海德格尔（Martin Heidegger，1889—1976）。他把技术与人看作一体，现代媒介技术促使每个人去使用、去探究的是技术的现代性而不是人的本质。他警告，最终现代技术的这种“座驾”本质带来的是现代人灵魂的“无家可归”①。被视为温和技术决定论者的巴西籍捷克哲学家威廉·弗卢塞尔（Vilém Flusser，1920—1991，见图 2-20）指出：“技术图像不是镜子，而是投影，它在伪装的表面上草拟计划，而这些计划旨在成为图像接收者的生活规则。人们按照图像的设置来安排自己的生活，这至少是目前技术图像的运作方式。”② 根据他的观点，传统图像源于对外部世界的描摹，而技术图像则是技术装置及其操作者共同创造的模型，它并不展示外部世界的意义，而致力于指引人们可能的方向。人类必须经由对技术图像的批判而达成对自身的批判，进而实现克服与超越。

图 2-20　威廉·弗卢塞尔

技术-控制论学派的学者带着哲学的幽思审视媒介本身的形态变迁、功能更迭，阐释人在与技术的共处中产生的焦虑。该学派承认种种社会病症在现代体系运转中得到治愈的可能，但没有将技术批判深入到体制结构和意识形态，而这在结构主义符号-权力学派看来，是无关痛痒的。

第四节　结构主义符号-权力学派

结构主义符号-权力学派是比较复杂的学者群体，由若干流派构成，并没有形成清晰的人员、观念划分的界限，但他们批评经验-功能学派和技术-控制论学派的诸多观点，也都共同承认人的思维和信息的传播受制于传播的基本符号系统——语言，每个族群、民族、国家千百年形成的文化意识和传统，无形地积淀在语言中，通过语言的使用而内化为社会成员的集体心智，因此任何传播都早已被“结构”了。这个学派多以揭示传播中符号背后的权力（政治的、经济的和文化的权力）背景为研究思路，故有“结构主义符号-权力学派”的称谓，又因多持批判立场而被称为“传播学批判学派”。

这个松散的“学派”大致包括以下学派及一些不具某个学派典型特征的著名学者。

---

① 海德格尔．存在与时间［M］．陈嘉映，王庆杰，译．北京：生活·读书·新知三联书店，1987：52-53.

② 弗卢塞尔．技术图像的宇宙［M］．李一君，译．上海：复旦大学出版社，2021：34.

一、法兰克福学派

起源于德国的法兰克福学派又称“社会批判学派”，其主体机构是1923年成立的法兰克福大学社会研究所。该研究所由富商资助，形式上隶属于法兰克福大学，实际上独立于政府和大学开展社会问题研究和马克思主义研究。

法兰克福学派作为西方马克思主义的一支，在学术立场和研究思路上与以拉扎斯菲尔德为代表的经验学派有着根本分歧。法兰克福学派继承了德国哲学思辨的传统，在被德国法西斯驱赶、流亡至美国的经历中，他们对资本主义条件下的人、文明、技术统治、大众文化和意识形态等五方面的问题，进行了深刻的思考。

该学派认为意识形态具有操纵、欺骗和辩护功能，这三大功能体现在学派代表人物霍克海默尔（Max Horkheimer，1895—1973）和阿多诺（Theodor Adorno，1903—1969）在《启蒙辩证法》（见图2-21）中提出的“文化工业”理论上，这一理论全面批判被工业流程化了的大众文化，认为它们都是技术理性的产物，像汽车的大规模生产或都市复兴计划一样，经过有组织的策划和管理生产出来，而技术理性就是统治本身。另一位影响力较大的学者马尔库塞（Herbert Marcuse，1898—1979）在《单向度的人》一书中写道，处于西方“单向度社会”和“单向度思想”中的人是“单向度的人”。他揭示出资本主义技术统治人的本质，呼吁恢复作为人之本性的“多向度的人”。本雅明（Walter Benjamin，1892—1940）的《机械复制时代的艺术作品》也是批判工业技术统治的代表作。他认为机械复制破坏了艺术作品的“韵味”和“独一无二的权威性”，使艺术流入现代工业文明和商品之中。

图2-21　霍克海默尔、阿多诺《启蒙辩证法》德文版封面

德国哲学家、社会学家尤尔根·哈贝马斯（Jürgen Habermas，1929—　）被认为是该学派第二代旗手。他的一系列著作揭示了当代传媒如何被注入商业模式、成为制造品牌舆论的工具，他把这个过程称为传媒的“再封建化”。他的三卷本《交往行为理论》（见图 2－22）论证了关于传播的一种理想化的模式。

图 2－22　哈贝马斯《交往行为理论》中文版封面

法兰克福学派的文化工业理论弥漫着精英主义和悲观主义的气息，他们对现代工业文化的深刻批判，表现出他们要承担起文化救赎的使命，但这种批评仅囿于观念领域而导致了实践方面的缺失。

二、文化研究学派和传播政治经济学派

1964 年英国伯明翰当代文化研究中心成立，英国文化研究学派由此逐渐形成。文化研究学派以文本分析和受众调查为手段，揭示大众传媒的利益、意识形态以及受众符号解读的多样性和相对的主动性。20 世纪 70 年代以来，该学派成为传播学结构主义符号-权力学派中较有影响的重要学派。

该学派的代表人物之一斯图亚特·霍尔（见图 2－23）写于 1973 年的《电视话语中的编码与解码》分析了传媒产品制作、发行、传播/消费和再生产四个阶段的生产程序、形式以及存在条件。他认为，传媒扮演着意识形态的角色，传媒产品生产的四个阶段相互联系，并受制度权力关系的制约。这个思路后来成为批判性分析电视传播的理论前提。同时，他还提出受众对文本的解读有三种方式，即优先式解读、妥协式解读和对抗式解读。受众分别以此与文本制作者对文本赋予的意义进行“意义空间中的阶级斗争”。这一思路具有革命性，使“受众”从传者中心主义的传播观念中

图 2－23　斯图亚特·霍尔

解放出来。

从 1974 年起，一个媒体批判小组以格拉斯哥大学社会学系为背景，历经几代人，持续分析电视新闻，出版“坏新闻”系列研究报告，形成了一个文化批判的“格拉斯哥学派”。其研究课题与英国乃至世界的时事变迁息息相关，表现出强烈的现实取向和批判意识。他们质询电视新闻是何种文化的人工产品，考察英国电视业客观、公正、中立原则的执行情况。我国传播学界对格拉斯哥学派的“坏新闻”系列报告知之甚少。阅读这些系列报告（目前只有英文版），对于提升公众的媒介素养是有益的。

英国的传播政治经济学派源于 1966 年在莱斯特大学成立的大众传播研究中心。格雷厄姆·默多克（Graham Murdock，1946— ）和戈尔丁（Peter Golding，1947— ）发表的《呼唤大众传播的政治经济学》（1973）一文被视为该派的纲领，他们还于 1997 年合作编撰了两卷本的《媒体政治经济学》。这一学派传承了以法兰克福学派为代表的马克思主义文化批判的学术精髓，试图将传播现象放在一个更广泛的历史、经济和社会背景下来研究，探讨媒介和传播系统如何强化、挑战或影响现有的阶级与其他社会权力关系。[①] 他们从媒体的所有权和控制权入手分析，认为大众传媒是一种特殊的资本主义生产部门，统治阶级获取了对知识、信息和社会形象传播的控制权，因此统治阶段要通过媒体来保障利益和维护带来这种利益的社会制度。

从政治经济学角度研究传播的还有美国、加拿大等国的一些著名学者，他们的研究视角又可以划分为自由主义、马克思主义和制度经济学三大类型。北美传播政治经济学的开创者当数加拿大学者达拉斯·斯迈思（Dallas Smythe，1907—1992，见图 2-24）和赫伯特·席勒（Herbert I. Schiller，1919—2000）。斯迈思认为，在资本主义的传媒制度下，以广告收入为主要经济来源的媒介所生产的商品不是新闻和广播电视节目，而是“受众”这一特殊商品。大众传媒通过内容吸引受众，再将受众卖给广告商，而新闻和广播电视节目不过是像 19 世纪美国酒吧为了吸引顾客所提供的“免费午餐”一般。这一理论在他的《传播：西方马克思主义的盲点》（1977）一文中得到了充分阐释。

图 2-24　达拉斯·斯迈思

席勒被看作美国传播批判学派的代表。他认为大众媒介紧紧联系着政治和经济权力的中心，美国当权者利用媒介对内安抚国内公众，对外实行文化霸权。他的著作《大众传播与美帝国》（1969）和《思想管理者》（1973），引发了学术界对政治经济权力的关注。20 世纪八九十年代，他在其他论著中，批判了新信息技术与权力扩张之间的关系，认为美国媒介只是为跨国大公司出售产品、服务的工

① 鲁曙明，洪浚浩．传播学［M］．北京：中国人民大学出版社，2007：511.

具，也是政府用以维护社会规范、社会制度、社会秩序以及搞全球霸权的工具。

除此之外，法国思想家居伊·德波（Guy Debord，1931—1994）对“景观社会”的研究也可以纳入传播政治经济学的范畴中。1867年出版的马克思《资本论》第1卷的第一句是：“资本主义生产方式占统治地位的社会的财富，表现为‘庞大的商品堆积’。”[①] 1967年出版的德波《景观社会》的第一句话是：“在现代生产条件占统治地位的各个社会中，整个社会生活显示为一种巨大的景观的积累。”他指出，“景观以吸引人的图像、声音、复杂叙事情境和现场形塑的享乐诱惑，紧紧抓住听众、观众和消费者”，大众在观看的过程中“被动性迷入”，生活在一个自愿被景观奴役的情境中，并受到景观背后意识形态的隐性控制。[②] 德波创立了“情境主义国际”，倡导用先锋艺术为日常生活“构境”，从而摆脱景观的控制，实现自我解放。

三、结构主义派别

这个学派很松散，一般指研究意识形态国家机器理论、语言的象征表现功能理论的学者。这个学派多受到索绪尔的结构主义语言学的影响，但呈现出不同的面貌。代表性人物包括阿尔都塞（Louis Althusser，1918—1990）、巴特（见图2-25）、福柯（Michel Foucalt，1926—1984）、布迪厄（Pierre Bourdieu，1930—2002，见图2-26），以及荷兰符号学家梵·迪克（Teun van Dijk，1943—　）等。

图2-25　罗兰·巴特

图2-26　皮埃尔·布迪厄

阿尔都塞认为，媒介促使人们以可以接受的方式自然地思考和行动，使话语的统治权力合法化，因为概念和词句在不断地复制和重组的过程中始终贯穿着意识形态（这里指人们在有意无意中共同接受的规范、传统和对社会关系的认识）。

巴特通过对符号的研究也提出了这种泛意识形态的观点。他以《巴黎竞赛》画

① 马克思，恩格斯．马克思恩格斯全集：第42卷［M］．2版．北京：人民出版社，2016：21.

② 张一兵．居伊·德波景观批判理论的历史生成线索［J］．马克思主义与现实，2020（4）：103-111.

报的封面照片作为例子：一位穿着法国军服的黑人士兵正在敬礼，仰望着一面法国国旗。其意识形态的内涵是：法兰西是一个伟大的国家，它的所有子民，不论肤色，都对国家忠心耿耿。巴特将被符号自然化了的内涵称为“神话”，而符号学就是要“去神话”，揭示符号的实质意义。福柯在他的一系列文化符号学著作中表达了这样的观点：任何权力（这里的“权力”不是指党政权力，是指广义的支配力和控制力）的行使都离不开对知识的提取、占有、分配与保留，人们通过知识的创造和传播获得行使权力的权利，因而权力是具有说服效力的，知识和真理在某种意义上是与权力联系在一起的。传播中体现的权力与日常生活共存。传播的话语规则体现了话语的社会结构，表明谁可以讲话，可以讲多少，可以讲什么，以及在什么场合讲。只要我们想想人们对于电视“上镜”的向往，对于影像中明星的渴望，就可以理解为什么说“传播”是“权力认可的仪式”了。

社会学家布迪厄认为，电视新闻场比其他的场域更容易受外部力量的影响，甚至比政治场更容易受市场、受众的控制。电视中的社会新闻将公众的注意力吸引到一些反常的事件或名人那里，同时占用公众的时间，将公众行使民主权利所应该知道的严肃信息排斥出人们的视野。电视讨论中存在一系列隐藏的审查机制，像采访对象的选择、时间的分配、讨论者的确定，甚至事先程序的策划等，都使得自由交流变得困难。借助电视的力量，一些学术“快思手”得到了无法从同行那里得到的认可。同时，电视以扩大观众面为由，降低了进入某些场域（如学术场）的入场权，干预了这些场域的自治。

荷兰符号学家梵·迪克对“新闻”进行了文本分析和语境分析。他的分析令人信服地感受到（甚至连新闻作品的当事人也没有意识到）新闻的深层“意识形态”成分。他在研究了诸多记者的采写过程后指出，记者在以职业的新闻价值标准制作新闻时，实际上不断复制着社会的话语，无形中将与事实相关的政治、经济和意识形态等方面的价值观内蕴其中了。“我们的新闻、新闻制作和报纸已深深地被他们为有效地以一套固定程式收集每天的新闻而编织的那张网束缚住了。”[①] 新闻话语的多层级结构特征，决定了受众一般只能得出既定结构所提供的解释框架，其他的解释框架会被使用到反面的解释中。

结构主义符号-权力学派反对将自然科学的研究方法直接搬用到对人的传播现象的研究上，承认传播学研究的主体是有思想和主观能动性的人，把传播和传媒置于历史、社会、文化的背景下研究，把传媒视为有一定价值倾向的中介，因而视野广阔，具有很强的理论思辨色彩。

该学派以颇为深刻和犀利的理论给人带来多方面的启发，但这个学派分散、个性化较强，观点带有较多的个人生活背景和书斋学术的特征，揭示了问题，但没有提供解决问题的路径。他们在相当程度上怀疑现存秩序下人们所理解的所有东西，不相信社会由以建立起来并提供给每个社会成员的行为准则。他们在研究过程中较

① 迪克．作为话语的新闻［M］．曾庆香，译．北京：华夏出版社，2003：134.

少对传播的新环境做出新的有力论证，一定程度上被认为忽视了技术的发展与人之间存在着一种张力。

与其他人文和社会科学一样，传播学学派或理论之间经常呈现出不同的特点，每个学派通常还包含了很多不同的流派，远不像“学派”这个名字所示的那样统一，即使是学派本身的划分和称谓也很难统一。但其关注点和方法还是有一定偏向，构成了学派间的大致界限。

上述传播学研究的三个学派中，经验-功能学派着眼于既定的政治、经济目的，关注能够切实解决具体传播问题的方法，试图对传播现象做出精致的量化解释；技术-控制论学派着眼于媒介机器与人的交流设计，关注不同媒介之间对社会影响的比较和新媒介对社会影响的前瞻研究；结构主义符号-权力学派着眼于“符号-认识-权力”之间的相互作用，关注传播制度、传媒意识形态性，以及传媒对人的异化①和控制。

表2-1展示了对三个学派的特点的简单比较。

表2-1　三个学派的比较

学派	理论基础	研究核心	研究方法	研究视角	研究立场
经验-功能学派	实证主义	传播效果	经验主义	偏微观	保守
技术-控制论学派	技术主义	传播技术与社会	文献与思辨	偏宏观	激进
结构主义符号-权力学派	批判哲学	传播与社会	哲学思辨	偏宏观	激进

在传播科技发展的当今，传播学需要跟随社会实践的发展，说明当代社会传播的特征，传播学的三个学派中的任何一个，都难以充分阐释如此丰富和复杂的传播现象。因此，传播学不同学派的交融成为一种自然的趋势，也出现了后实证主义、解构主义、新传播效果理论等融合各种研究方法的路径，“学派”的概念已然被淡化。这种融合本就是传播学起源的根本，法国传播学者马特拉曾说：“没有任何一个学术领域像传播学这样被很多人认为：这里只是一片空白，一切都有待建设。”② 相邻的学科，比如社会学、社会心理学、政治学、哲学、政治经济学、文化学、符号学等领域的理论不断介入，才在空白之地建成了现在的传播学大厦。直到今天，传播学依然是一座开放式的大厦，不断吸纳其他学科的理论来解释传播中不断涌现的现象，同时在这个过程中生成属于传播学领域的新理论。

同时我们应该认识到，学派是一个由师承、地域、问题联结产生的综合结果，不同学派在思想立场、研究方法上并不必然相异或对立，本就有相互对话和融合的可能。要想更准确地把握学派间的异同，应该从其本体论、认识论和价值论等更根

---

① 异化是德国古典哲学的概念，把“异常变化”简化为“异化”是不规范的文字缩略。人本来是自己创造的东西的主人，如果被自己创造的东西所控制，即“异化”。

② MATTELART A，MATTELART T. Theories of communication［M］. London：Sage Publications Ltd，1998：3.

本的层面进行具体分析。①

第五节　传播学在中国

传播学在中国的研究历史颇为曲折。传播学早期思想的引进可以追溯到民国时期，主要在社会学、心理学领域。20 世纪下半叶我国传播学研究可分为台湾地区、香港地区和大陆三个区域，主要发生在新闻学界。台湾地区于 20 世纪 60 年代初开始传播学的研究，香港地区传播学教学和研究的开端以香港浸会大学在 1968 创办的传理学院为标志。现在，台湾地区、香港地区和大陆传播学者之间的学术交流频繁，共同推进传播学在中国的发展。为叙述方便，本节所说中国，仅指中国大陆。

一、杜威、帕克 20 世纪二三十年代在中国提及的传播学理念

在传播学理论准备阶段，美国芝加哥学派的代表人物杜威在 1919 年 5 月至 1921 年 7 月，到过中国中东部 11 个省份，讲演 200 余场，当时《杜威五大讲演》一书印刷了 13 次，传播很广。他从传播角度定义“共同生活”：自由交际（communication）、互相往还、交换感情、交换种种有价值的东西。“社会一定是各分子有自由的发展、自由交换、互相帮助、互相利益、互通感情、互换思想知识的有机社会；社会的基础是由各分子各自能力自由加入贡献的。在表面上看来，似乎不太强固，实在是强固得很；不但强固，并且可以减少各种因隔绝交通而发生的弊病。”②

另一位代表人物帕克，于 1932 年 9—12 月在燕京大学社会学系讲课。中国社会学家林耀华（1910—2000）这样介绍帕克的理论：“盖人有社会嗣业，从交通（communication）造就而成，又从交通传递而来；社会之生命及其连贯，全视乎前代之民风、教化、技术与理想能否传于后代，然交通厥为社会互动之灵媒（communication as the medium of social interaction），于是文化造就与变迁，又皆从社会互动次第递演而产生……”③

他们表达的关于传播的观点，主要影响的领域不是中国的新闻学，而是社会学。当时中国的社会学者也有一些关于传播的论著。中国社会学的奠基人之一孙本文（1892—1979）1925 年的博士论文便是《美国媒体上的中国》。社会心理学史专家高觉敷（1896—1993）1941 年出版编著《宣传心理学》。当时将 communication 译作“交通”，interaction 译作“交感、互动、交互作用”，单向的 dissemination 译作

① 更多学派划分的相关问题，可参见：陈力丹．试论传播学方法论的三个学派［J］．新闻与传播研究，2005（2）；胡易容．传媒符号学：后麦克卢汉的理论转向［M］．苏州：苏州大学出版社，2012：引论．

② 杜威．杜威五大讲演［M］．胡适，译．合肥：安徽教育出版社，2005：27.

③ 北京大学社会学人类学研究所．社区与功能：派克、布朗社会学文集及学记［M］．北京：北京大学出版社，2002：85. 派克即帕克。

“传播”。

1952 年社会学被视为“帝国主义侵略中国的辅助工具”而被撤销，关于“传播”的知识在中国发生断裂。1956—1957 年，复旦大学新闻系的内部油印刊物《新闻学译丛》第 3 期和第 5 期发表了介绍 mass communication（当时译为“群众交通”“群众思想交通”）的文章。20 世纪 60 年代，中国人民大学新闻系翻译了一些西方传播学论著的片段，作为“批判资产阶级”的内部材料。当时，新闻学界知悉传播学的人仅限于中国人民大学新闻系、复旦大学新闻系的一些教师，并且他们的理解带有很强的意识形态批判倾向。

二、改革开放后中国的传播学研究

1978 年 7 月，复旦大学新闻系资料室编辑出版了铅印的 32 开刊物《外国新闻事业研究资料》第 1 期，发表了主编郑北渭翻译的一篇传播学文章《公众传播》，标题原文是“Mass Communication”（见图 2－27）。这是中国最早的公开发表的传播学译文。他在按语中批判“公众传播工具”是“垄断资产阶级控制舆论，制造舆论，毒害人民，奴役人民的宣传工具”。

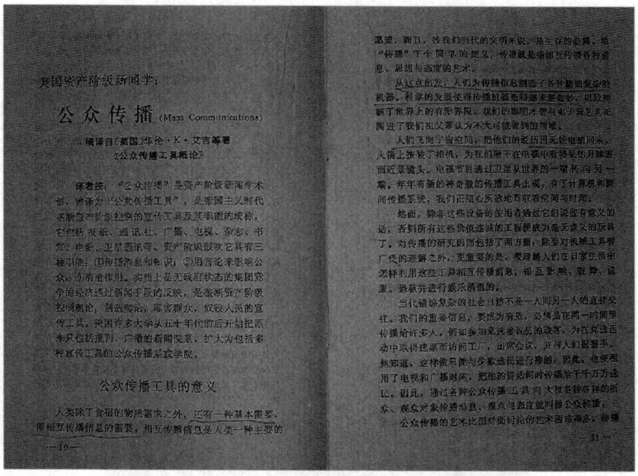
美国资产阶级新闻学：

公众传播（Mass Communications）

摘译自〔美国〕华伦·K·艾吉等著

《公众传播工具概论》

公众传播工具的意义

—10—

—11—

图 2－27　1978 年 7 月国内第一篇公开发表的传播学译文

1978 年 10 月，日本新闻学会会长、东京大学新闻研究所所长内川芳美教授访华。他在上海和北京为新闻学的师生们分别做了近一个小时的学术报告，简单介绍了传播学，他写在黑板上的英文概念“mass communication”，给当时的听众留下了深刻的印象。之前人们完全没有从大众传播的角度考虑过传媒的基本职能。

1982 年 4—5 月，美国传播学者施拉姆在他的学生余也鲁的陪同下访华。在访问的最后一天，他被邀请到人民日报主楼顶层礼堂，为数百人做了一个关于传播学的报告。这是中国新闻学研究者第一次与西方传播学者直接对话。同年 11 月，第一次全国传播学研讨会在中国社会科学院新闻研究所召开（见图 2－28）。会后，该所世界新闻研究室组织编写了《传播学（简介）》（见图 2－29）一书，于 1983 年由人民日报出版社出版。这是国内第一本国人写的关于传播学的书。

图 2-28　1982 年 11 月第一次全国传播学研讨会部分与会者合影

图 2-29　1983 年国内第一本国人写的关于传播学的书

1984 年，国内第一部传播学译著由新华出版社出版，即施拉姆、波特所著的《传播学概论》。1986 年，复旦大学新闻系研究生居延安所著《信息・沟通・传播》出版，这是国人写的第二本关于传播学知识的小册子。1988 年，戴元光、邵培仁、龚炜合著的《传播学原理与应用》出版（兰州大学出版社），这是国人写的第一本传播学著作。

1993 年，陈力丹出版《精神交往论——马克思恩格斯的传播观》，马克思主义传播观研究开始被提上日程，作者在前言里写道："马克思、恩格斯是对现代世界产生重大影响的思想家，其传播观是现代传播学早期发展的一个重要环节。"该书绪章指出：

> 现代传播学形成以前很久，马克思和恩格斯就在一个更为宏观的角度上，用历史唯物主义的新世界观，研究了人类的物质交往和精神交往的各种现象。特别是涉及精神交往的论述，对用马克思主义指导现代传播学的研究，有重大的指导意义。他们至少在以下几个方面谈到交往的社会作用：首先，交往在一定范围内形成一种社会凝聚力，它本身是一个部落或民族独立存在的黏合剂。这种现象特别在人类早期的活动中更为明显。其次，不同社会形态之间的交流，缩短了社会发展的进程，增强了社会的活力。平日孤立状态下需要几十、几百年才能充分表现出来的社会矛盾，由于交往打破了孤立状态而往往很快暴露出来，从而使人们产生一种改革的需要。最后，交往一旦展开，就会冲破阻力，最终发展为世界的普遍交往，使各个民族的交往日益同步化。马克思和恩格斯的"交往"概念，丰富了对社会发展的理解，他们经常从这个较高的视角，考察各种人类的精神交往现象，特别是新闻传播现象。

1997 年，孙旭培主编的《华夏传播论》出版，这是国人试图让传播学本土化的一次尝试。

三、进入研究高涨期的中国传播学研究

1997 年，新闻传播学被确认为一级学科，传播学与新闻学为其下的两个二级学科。1999 年是中国传播学译著持续高涨出版的起点，也是中国新一轮传播学研究的起点。

（一）传播学译著的出版持续高涨

1999 年和 2000 年，中国社会科学出版社和华夏出版社分别出版了一套传播学译丛，前者 8 本（见图 2－30），后者 12 本。如此集中出版传播学译著，此前是没有过的。此后传播学译著的出版持续高涨。

2003 年是个转折点，此前出版的传播学译著以教材为主，此后出版的传播学经典专著开始多起来。第一批经典传播学译著包括两种类型：一种是当代传播学经典著作，以华夏出版社 2003 年出版的"传播・文化・社会"译丛为代表；另一种是古典传播学经典著作，以中国人民大学出版社出版的"当代世界学术名著"中的传播学著作为代表。

（二）经验-功能主义传播学的研究方法得到普及

1982 年，中国社会科学院新闻研究所在全国第一次用计算机和 SPSS 社会科学

图 2－30　《传播理论》（中国社会科学出版社 1999 年版）封面

软件包处理受众调查的数据（主持人陈崇山）。这种在当时罕见的研究方法现在已经是普通研究生论文、传媒经营部门采用的基本研究方法之一，重点大学新闻传播学专业本科生的作业也已经普遍采用这种方法。传媒通过采用这种调查方式而形成了一类被称为“精确新闻”的报道模式。

当然新的问题也随之而来。经验-功能学派的调查在方法上做得越来越精致，同时也越发实用，要求服务于具体的功利目的，很难在学术上形成系统的学理。传媒的“精确新闻”也多带有政治或商业的实用目的，证明某种先入为主的观点或商业炒作的成分远多于科学成分。

在学界，经验-功能主义研究中的一些理论假设在中国环境下是否有效和需要做出哪些调整，成为一类研究话题。例如关于议程设置论的研究，在中国不同的城市和地区进行了多方位的调查。2001 年，复旦大学传播学研究中心的学者们依据这一理论框架，采用相同的定量研究方法实证分析了中国的大众传播现象。他们在上海组织抽样调查的主要结论是：当前中国的媒介议程与受众议程之间存在着明显的“非对称性”。[①] 这一研究结论与议程设置传统研究结果（即两个议程之间通常会保持高度对称）迥然不同，引起了当时中国学界和业界的重视。2004 年，复旦大学新闻学院发表调研报告，以上海和昆明市民对四种报纸的阅读情况为基础，测量了六个变量与受众对媒体议程设置的敏感度之间的相关程度。[②]

① 张国良，李本乾，李明伟．中国传媒“议题设置功能”现状分析：我国首次就传媒“议题设置功能”进行抽样调查［J］．新闻记者，2001（6）：3－6.

② 张国良，李本乾．行为变量对议程设置敏感度影响的实证研究［J］．现代传播，2004（1）：22－25.

（三）媒介形态研究受到重点关注

随着近年传播科技的迅速发展，传媒形态对社会结构的影响越来越明显，也因此成为中国传播学研究者们关注的领域，不仅相关论文明显增多，译著也偏向于这个领域。清华大学出版社的“清华传播译丛”、北京大学出版社的“媒介环境学译丛”，多数是关于这个研究课题的，内容包含早期英尼斯、麦克卢汉的著作，以及约书亚·梅罗维茨、保罗·莱文森、尼尔·波兹曼、林文刚的著作。尤其是在互联网技术助力下全球互联互通的大背景下，麦克卢汉的“地球村”、波兹曼的“媒介娱乐化”等媒介环境学派概念受到广泛追捧。

（四）传播学批判学派拥有了研究空间

中国引进的传播学，最早来自美国，因而在较长的时期内，所谓传播学研究，主要是指经验-功能学派的传播学，还有部分根据维纳、香农关于控制论、信息论研究传播的论述。20 世纪 80 年代中期有少量关于批判学派的研究文章（主要作者是王志兴），但不成气候。进入 21 世纪，传播学结构主义批判学派的研究人气上升，文章逐渐增多，关于批判学派（包括符号学、文化学派、政治经济学派、法兰克福学派等）的译著多有出版。中国批判学派研究的代表作是陈卫星 2004 年的《传播的观念》，主要以法国结构主义传播学的观点考察中国的传播现象。

（五）中国传播学研究存在的主要问题

1. 研究的功利目的过强

德国哲学家黑格尔指出：“科学，作为服从于其他部门的思考，也是可以用来实现特殊目的，作为偶然手段使用的；在这种场合，就不是从它本身而是从对其他事物的关系得到它的定性。从另一方面看，科学也可以脱离它的从属地位，上升到自由的独立的地位，达到真理，在这种地位，只实现它自己所特有的目的。”[①] 显然，学术研究虽然可以服务于功利目的，但是它的本性拒绝功利目的。

传播学研究存在两条路径：一是在人文主义的视野中审视媒介的统治力量；二是在科学主义的视野内继续发展信息传播理论，为不断加强的媒介统治力量构筑更精细的技术理论，使人们获得对媒介统治的更深的认同。第二种研究路径在中国占主导地位，量化考核和行政研究取向统领研究本身，研究者们卷入急功近利的课题争夺：看重为具体的利益服务，轻视对传播理论的研究，对策性研究远比基础性研究受欢迎；欠缺系统研究的理念，有时候把传播学研究化约为如何获得单向宣传的效果，使得舆论学变成了对网络舆情的功利性研究；追求“实用、管用、易用”，以获得上级褒奖、评奖、晋级的利益。传播学者适当研究一些政策性问题是可以的，

① 黑格尔．美学：第 1 卷［M］．2 版．朱光潜，译．北京：商务印书馆，1979：10.

但若要求学术研究像政治理论那样“联系实际”，这样的学术制度不利于传播学的健康发展。

2. 研究层次总体停留在介绍层面

目前我国传媒学研究缺乏原创性和深厚的理论积累，国人的传播学书籍大多数是教材，有独到见解、有系统观点的国人传播学专著为数不多。国人发表的传播学论文数量虽急遽增长，但多数文章或介绍外国的观点，或引证教材而不是专著来说明问题，整体水平较低。网络研究的多数文章停留在介绍传播新形态和路径上，因而很快过时，很少能够提出理论上有创见的认识。最近几年，年轻一代的传播学研究者开始了较为规范的学术研究，沙龙式的小型研讨会经常召开，学术论文的质量有所提升，有更多的传播学专著而不是教材被翻译出版。

3. 没有形成学派，研究的话题长期分散

我国传播学研究者之间缺乏沟通与传承，没有形成思想谱系（学派），研究话题过于分散，应景而作的热点成果较多，有学术影响和社会反响的学术成果较少。研究话题的分散表现为每一个话题，每年只有一两篇文章涉及，此后就很少再被关注，研究缺乏连贯性。

4. 传播学理论研究跟不上社会变化

网络传播技术的发展变化极快，传统的传播学理论难以解释各种新型的传播现象。如果说经典传播学的一些假设诸如议程设置、第三人效果等还可以在互联网时代的上半场进行移植后分析，那么在元宇宙、ChatGPT、AI 技术的新环境下，紧跟形势变化，论证人与人、人与物、物与物的传播关系的文章不少，但提不出被学术共同体认可的有效理论。

5. 课堂教学没有完全从大众传播学中走出来

在高校教学领域，教学实例大多数还停留在大众传播阶段，以经验-功能学派的观点为主的讲述仍然较多，而自我传播、人际传播、组织传播、符号学、批判学派、技术-控制论学派，特别是虚拟化的网络人际传播，只在教学中简要提及；教学不能跟进网络传播技术的发展。除了教材跟进不力外，教师本身对网络传播新现象、新问题的跟进研究也很不够。

（六）中国传播学研究的“新十六字方针”：守正创新、融通中外、根植实践、引领时代

2022 年 7 月 2—3 日，以“中国传播学 40 年再出发：新时代与人类共同价值”为主题的第十五届中国传播学大会暨中国传播学 40 周年纪念大会在苏州召开。大会回顾了从 20 世纪 90 年代初期媒体市场化下受众研究的需求到如今的数字媒体研究与国际传播研究，认为中国传播学学科已然具有较为先进的研究基础设施、较为完善的人才培养机制和充分火热的学术思潮，而本土化的原创性理论是真正让传播学在中国落地的根本条件。大会提出了中国传播学发展的“新十六字方针”：守正创

新、融通中外、根植实践、引领时代。

要点思考

1. 简述传播学在20世纪形成的两个社会条件。

2. 简述传播学较为直接的学科思想先驱及其基本观点。

3. 简述传播学经验-功能学派的两位主要奠基者和后来的系统整理者的主要贡献。

4. 简述传播学经验-功能学派的实证主义研究方法和功能取向的学术立场。

5. 简述传播学技术-控制论学派的理论来源——“三论”。

6. 简述传播学技术-控制论学派主要代表人物的基本观点或代表论著。

7. 简述结构主义符号-权力学派的符号学代表人物巴特、梵·迪克的观点。

8. 简述结构主义符号-权力学派的文化研究学派和传播政治经济学派关于传媒权力背景的观点。

9. 简述引进阶段中国传播学研究的大体演进过程。

10. 简述中国传播学发展的“新十六字方针”。

第三章
自我传播

自我传播在所有传播形态中是最容易被忽略的，因为它是人与自己的对话，是一种发生在个人体内的信息交流活动，很少能留下外在的传播痕迹；但自我传播又是一切外在传播的基础。自我传播的过程常常是传播主体在有意无意中发生的，对它的研究涉及大量心理学尤其是社会心理学的知识。人是社会语境中的主动的、具有反思性的参与者，因而，人的自我传播具有重要意义和价值。

第一节　认识自我传播

自我传播（intrapersonal communication）是人与自己进行的交流，有时表现为自言自语，当自己下决心做或不做某件特殊的事情时则表现为大脑中进行的“思想斗争”。由于思考依赖于语言——用语言为现象命名、用语言表现现象，因此这就是一种传播。[①] 当个体把自己变成自己的对象、客体或者他者，产生了“自我”时，自我传播也就随之发生了，并且这种自我传播是在一定的社会过程中，在与他人的互动中产生的。

一、无处不在的自我传播

在《论语·学而》中，曾子曰：“吾日三省吾身：为人谋而不忠乎？与朋友交而不信乎？传不习乎？”

在这里，曾子的行为并不是与他人交流，也不是人际传播，更不是大众传播，而是在自己的内心中对自己的反思，属于自我传播的范畴。自我传播的具体形式，既包括自己对自己的内心独白，也包括书面形式的私人日记，推而广之，一切以自己为传播对象的行为都可以纳入自我传播的范围。现实生活中每一个正常的人，都得通过自我传播来判断、接收或拒绝来自外部的信息，自己与自己“商量”着下一步做什么或说什么。

马克思读大学时向父亲诉说自己时写道：

---

① 伍德．生活中的传播［M］．董璐，译．北京：北京大学出版社，2009：22.

> 生活中往往有这样的时刻，它好像是表示过去时光结束的界标，但同时又明确地指出生活的新方向。
>
> 在这样的转变时刻，我们感到必须用思想的锐利目光去观察今昔，以便认清自己的实际状况。而世界历史本身也喜欢回首往事、审视自己，这往往使它显得是在倒退和停滞不前；其实它只是坐在安乐椅上反躬自省，从精神上探究自己的活动——精神活动。
>
> 个人在这样的时刻是富于感情的，因为每一变化，既是绝笔，又是伟大的新诗篇的序曲，这新诗篇力图留住正在渐渐消失的辉煌的色彩。但是我们还是要给一度经历过的东西竖立一块纪念碑，使之在我们的感情上重新获得它在行动上已失去的地位。①

这实际上是马克思在讲述自己头脑里进行的自我传播：现在的“我”与过去的“我”在进行交流，目的是探索未来的“我”。哲学家约翰·杜威把这样的思维过程称作“深思熟虑”，他说：“深思熟虑是对各种难以取舍的行动路线，[在想象中] 进行生动的预演……深思熟虑是对各种可行动路线进行的试验，是对各种已选定因素进行不同组合的试验……以期了解，一旦采纳了某一行动路线，行动的结果将如何。”② 这个思维过程，就是自我传播的过程，即个体向自己发出信息，并由自己接收和处理信息的过程。

自我传播，又称“内向传播”或者“人内传播”，如图 3-1 所示。

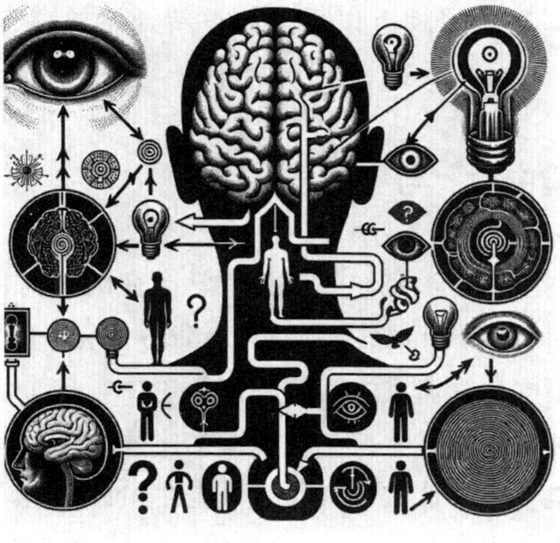

图 3-1 眼睛接触到外界事物后在头脑中发生的自我传播

资料来源：本图片为 AI 生成，ChatGPT 4.0 image generator，核心提示词 the expression of what is seen is self-transmitted through the brain，2024 年 2 月 21 日。

通常的传播活动主体至少是两个人，即一个为传播者，另一个为接收者。但在

① 马克思，恩格斯．马克思恩格斯全集：第 47 卷 [M]．2 版．北京：人民出版社，2004：5.

② 特纳．社会理论的结构 [M]．邱泽奇，张茂元，等译．北京：华夏出版社，2006：326.

自我传播中，传播者与接收者是同一个人，所以自我传播是规模最小的传播类型。而即使是规模最小的传播，也有完整的传播流程：

传播者与接收者：处在某个社会环境中的一个人。

传播的信息：面临的事件、现象或问题。

传播渠道：大脑神经。

传播效果：做出分析、判断以及采取某种行动。

人为什么有自我传播？

人需要通过自我传播构成对自己的看法，形成某种认识，赋予社会感知和行为的连贯性。因此，曾子自我追问：替别人做事有没有尽心竭力？和朋友交往有没有诚信？老师传授的知识有没有实践过？这实际上是提升自己认知能力的过程。自我传播是自我认知的过程。但它的作用不仅是对自己的思想、感觉、偏好的理解，更重要的是，这些理解都需要建立在与外界相关联的基础上。“自我”这一概念并非一个先验且自给自足的存在，而是在与他人、社会的互动和反思中不断更新的身份聚合。人通过自我传播对外界环境中的事件、现象或者问题进行观察、分析和判断，从而找到适应环境、得以生存和发展的途径。也就是说，自我是在交流、互动和反思中不断更新的，而这一过程的实现，离不开自我传播的参与。

其他的传播形态，无论是人际传播、组织传播、群体传播还是大众传播、跨文化传播，都得建立在自我传播的基础之上。即使像鲁滨孙那样长期一个人生活在孤岛上，也要不断将遇到的各种现象与自己头脑中已有的经验、知识进行交流，做出判断，以便生存下来。遇到星期五以后，他重新开始了在自我传播基础上的人际传播。

二、认识自我：“镜中我”与“符号互动”

“认识自己”，自古就被哲学家们公认为哲学探究的最高目标。文艺复兴时期法国思想家蒙田（Michel de Montaigne，1533—1592）说：“世界上最重要的事情就是认识自我。”“在各种不同哲学流派之间的一切争论中，这个目标始终未被改变和动摇过：它已被证明是阿基米德点，是一切思潮的牢固而不可动摇的中心。即使连最极端的怀疑论思想家也从不否认认识自我的可能性和必要性。”[①]

每一个人都要经历认识自我的过程。“自我认知是我们对自己的思想、感觉、偏好和信仰等的理解。”[②] 按照美国心理学会创始人威廉·詹姆斯（William James，1842—1910）的解释，人类有将自身看作客体，进而发展自我感觉和关于自身的态度的能力，因此“自我是一本书，同时也是这本书的读者；这本书充满着长期累积

---

① 卡西尔．人论［M］．甘阳，译．上海：上海译文出版社，2003：3.

② 吉洛维奇，凯尔特纳，尼斯比特．吉洛维奇社会心理学［M］．周晓虹，秦晨，等译．北京：中国人民大学出版社，2009：116.

下来的引人入胜的内容，而这本书的读者则是一位在任何时刻都能自由读取章节、任意增添章节的人”①。

美国社会学家米德将“自我”划分为两个层面：一个层面是“主我”(I)，即已有的经验、知识构成的自我；另一个层面是“客我”(me)，即刚刚接受新经验、新知识的新的自我。“‘主我’既导致‘客我’，又对它做出反应，它们共同构成了一个出现在社会经验之中的人格。从实质上说，自我就是一个社会过程，它借助于这两个可以区分的方面而不断进行下去。”② “主我”与“客我”不断接触，融合为新的“主我”，这个“主我”又在不断地与新的“客我”进行接触……

9～11个月大的婴儿开始将自己与他人区别开来，两岁的孩子就有了自我概念。起初，这种自我概念还仅仅是对自己的生理特征的认知；随着年龄的增长，社会阅历增加，自我概念就逐渐从关于生理特征的认知转向关心其他人如何评价自己，即詹姆斯所说的社会自我。

自我包括这样几个部分：关于自己的记忆，关于自己的特质、动机、价值和能力的信念，你最想成为的理想的“我”，你要扮演的可能的“我”，对自己的积极或消极评价（自尊），以及关于别人怎么看待自己的认识。③ 你可以有多种方式来完成“我是谁?”的自问自答，把这些答案综合起来，就是你对自己的自我概念的定义。当一个人开始思考类似“我是谁?”的问题时，正是这个人的“主我”对“客我”进行思考的过程，其结果构成自我觉知。

自我源自跟他人的交往。马克思在《资本论》里说过：“人来到世间，既没有带着镜子，也不像费希特派的哲学家那样，说什么我就是我，所以人起初是以别人来反映自己的。名叫彼得的人把自己当做人，只是由于他把名叫保罗的人看做是和自己相同的。因此，对彼得说来，这整个保罗就以他保罗的肉体成为人这个物种的表现形式。”④

美国社会学家库利将自我的形成过程阐释为“镜中我”。人们对彼此而言都是一面镜子，映照着对方。既然人们关于自我的感知源于同他人的互动，那么就像詹姆斯所说的，一个人，有多少人认识他，他就有多少个社会自我，也即“他我”(alter-ego)。这是单方面理解反思他人的评价或他人即将做出的评价，从而调整形塑自我的过程。这个自我的形成过程分为三个阶段：

第一个阶段：设想自己在他人面前的行为方式（“别人会怎样注意到我的行为”)。

第二个阶段：做出行为后，设想他人对自己行为的评价（“别人是这么认为我的……”)。

第三个阶段：根据自己对他人的评价理解，来评价自己的行为（直接感觉他人

---

① 阿伦森，威尔森，阿卡特．社会心理学：第5版［M］．侯玉波，等译．2版．北京：中国轻工业出版社，2007：111.

② 丁东红．米德文选［M］．北京：社会科学文献出版社，2009：86.

③ 格里格，津巴多．心理学与生活［M］．王垒，王甦，等译．北京：人民邮电出版社，2003：405.

④ 马克思，恩格斯．马克思恩格斯文集：第5卷［M］．北京：人民出版社，2009：67.

对自己的评价）。

比如《红楼梦》中有一个情节：宝玉笑话宝钗像杨贵妃一样体丰怯热，宝钗便冷笑了两声，说道："我倒像杨妃，只是没一个好哥哥好兄弟可以作得杨国忠的！"于是宝玉知道自己说了不得体的话，这是他对自己的行为给宝钗造成的印象的知觉。聚会上，宝玉感到宝钗对自己淡淡的，显然气还未消，这是他关于宝钗对自己的评价的知觉。于是他也觉得没意思，所以表现得没精打采。

上述三个阶段严格来说是自我传播与人际传播的一个结合体。通过人际传播，与他人交流，别人才会对我们的行为产生印象和评价。而自我传播体现在哪里呢？体现在这三个阶段中的知觉和感觉部分，即我们通过人际传播中别人的反应来评价自己、理解自己，从而形成自我的概念，包括"我"的思想、"我"的情感、"我"的态度等。这就是马克思所说的："人不仅通过思维，而且以**全部**感觉在对象世界中肯定自己。"①

米德进而提出"符号互动论"（symbolic interactionism），解释了自我如何构成的问题。个体通过与他人的互动而认识自己，他人告诉这些个体他们是谁。没有人天生就有一个自我，它也不是本能地发展起来的，是通过与他人互动的社会过程而得到发展的。人从来到这个世界开始，就不断与他人发生互动，逐渐认识到别人如何看待自己，然后把他们自己关于这个世界、关于我们是谁以及应该是谁的观点加以内化。通过内心对话或内向传播，用已有社会的价值观，以及在与家庭成员、朋友的互动或其他社会互动中形成的对自己的看法，不断提醒自己。②

三、认知失调理论

自我认知还会影响自我判断。例如色盲的人看到的颜色是混乱的，在他们意识到自己的问题之前，不会察觉被自己的感知骗了。美国科研人员曾进行过一项有趣的心理学实验，名曰"伤痕实验"。他们向参与者宣称，该实验旨在观察人们对身体有缺陷的陌生人做何反应，尤其是面部有伤痕的人。每位参与者都被安排在没有镜子的小房间里，由好莱坞的专业化妆师在其左脸做出一道血肉模糊、触目惊心的伤痕。参与者被允许用一面小镜子查看化妆效果，然后镜子就被拿走了。关键的是最后一步，化妆师表示需要在伤痕表面再涂一层粉末，以防止它被不小心擦掉。而实际上，化妆师用纸巾偷偷抹掉了化妆的痕迹。对此毫不知情的志愿者，被派往各医院的候诊室，他们的任务就是观察人们对其面部伤痕的反应。规定的时间到了，返回的参与者竟无一例外地叙述了相同的感受——人们对他们比以往粗鲁无理、不友好，而且总是盯着他们的脸看！可是实际上，他们的脸与往常并无二致，没有什么不同。他们之所以得出那样的结论，是错误的自我认知影响了他们的判断。

一个人内心怎样看待自己，在外界就能感受到怎样的眼光。"伤痕实验"中的参

---

① 马克思，恩格斯．马克思恩格斯文集：第1卷［M］．北京：人民出版社，2009：191.

② 伍德．生活中的传播［M］．董璐，译．北京：北京大学出版社，2009：68.

与者之所以感觉别人对自己不友好，其实是他们自己将内心的想法向外投射，用自己的观点去分析他人的行为，与外界发生了一次“不友好”的“主观互动”的结果。

这一案例可以用认知失调理论进行解释。费斯廷格（Leon Festinger，1919—1989）假定人有一种保持认知一致性的趋向。认知不一致时会使人产生心理的紧张、不安和烦躁，这就是认知失调的症状，人们会采用多种办法来协调认知。在上述实验中，参与者对自己脸上的“伤痕”已经形成认知，为了保持认知的一致性，他们对别人的态度产生了投射效应（projection effect），把自我既有的感情、意志、特性等投射于他人身上，认为他们对自己“态度恶劣”。

一般有四种协调认知的方式。以“吃肉”为例，假设你酷爱吃肉，一顿不吃就难受，可是吃多了肉会发胖，而且摄入过多饱和脂肪酸对健康有害。此时——

你的态度：爱吃肉。

你的知识：肉里所含的饱和脂肪酸对健康有害。

你的行为：吃肉。

这时认知失调就出现了：吃，对健康不好，发胖；不吃，忍不住。

协调的第一种方式是改变自己的认知。“既然相信脂肪对身体是没好处的，权衡健康和习惯，想通了还是健康第一，那么就改变爱吃肉的习惯，少吃肉。”

第二种方式是增加新的认知。“吃肉虽然容易长胖，可是人体需要的铁和蛋白质也可以从肉里摄取啊，要是没有了这部分营养，身体很容易垮的。”

第三种方式是改变认知的相对重要性，有意识地强化对选择的正面理解。“如果真的放弃吃肉，也没什么，不吃肉的又不止我一个。”“如果不放弃吃肉，也没什么，吃肉的也不止我一个。”

第四种方式是改变自己的态度，使自己的态度符合行为的要求。“心情不好身体怎么能好呢？既然心情愉悦更重要，那就心安理得地吃自己喜欢的东西吧。”

以上所有的想法，都是自己在与自己“对话”。

当想从根源上避免认知失调时，人们在接触信息时就会选择性地接触自己想知道的。所谓“情人眼里出西施”，谈恋爱时恋人只会注意到对方好的地方。这是个体主动选择想看的。但在互联网时代，网络传播的算法会将个人被动置于这样的情况，让用户只搜得到自己想看的，也即“过滤气泡”，例如音乐 App 中的“猜你喜欢”、广告的个性化投放……此时尽管个体的认知协调了，但对世界的认知却可能会产生较大偏差。

第二节　记忆——自我传播的前提

记忆是一个人在社会互动中关于活动、感受与经验的印象累积，大脑对外界输入的信息的编码、储存和提取的过程，都离不开记忆。自我传播是在有序的信息编码中进行的信息再加工，如果丧失记忆，“主我”变成了一片空白，与“客我”失去了正常对话的功能，自我传播也就无法实现。

一、自我感知与记忆

人的自我感觉在很大程度上取决于回首过去时的主观体验。那些保存在我们心中的对希望、愿望、目标和责任的回忆，无论是现在还是未来，无时无刻不左右着我们。心理学上称这样的回忆为“自传体记忆”，它具有三种功能，即自我功能、指导功能和社会功能。古希腊哲学家柏拉图是提出记忆概念的第一人，他就此提出了“蜡版假说”，即人对事物获得印象，就像有棱角的硬物放在蜡版上留下印记一样。

记忆可以分为三种类型：第一，“情景记忆”，这是每个人对自己经历的事情的记忆，也是自我传播中唤起最多的一部分记忆。第二，“语义记忆”，这是人对学到的各种关于外部世界的知识的记忆。第三，“程序性记忆”，这是人对学到的各种操作技术的记忆，例如打字、驾车和其他各种技能。①

无论哪种记忆，它的形成和运用，都有三个阶段：编码、储存、提取。信息首先要转换成某种可用的形式以便正确地编码，这是日后回忆的前提。如果编码没成功，也就无所谓储存和提取了。

“一个人究竟是确实在回忆某事，还是只是知道自己想起了某件事，取决于他当初对此事给予了多少关注，以及事情在情感方面引起了多大的重视。人的所见所闻、所思所感，都被自己以不同的关注程度所感知，并被转化为记忆。”② 之所以具有回忆能力是一种幸运，是因为这意味着在编码、储存和提取这三个记忆阶段上，我们没有任意一个环节发生问题。

张爱玲的小说《金锁记》中有主人公七巧的一段回忆：

> 七巧立在房里，抱着胳膊看小双、祥云两个丫头把箱子抬回原处，一只一只叠了上去。从前的事又回来了：临着碎石子街的馨香的麻油店，黑腻的柜台，芝麻酱桶里竖着木匙子，油缸上吊着大大小小的铁匙子。漏斗插在打油的人的瓶里，一大匙再加上两小匙正好装满一瓶——一斤半。熟人呢，算一斤四两。有时她也上街买菜，蓝夏布衫裤，镜面乌绫镶滚，隔着密密层层的一排吊着猪肉的铜钩，她看见肉铺里的朝禄。朝禄赶着她叫曹大姑娘。难得叫声巧姐儿，她就一巴掌打在钩子背上，无数的空钩子荡过去锥他的眼睛，朝禄从钩子上摘下尺来宽的一片生猪油，重重地向肉案一抛，一阵温风直扑到她脸上，腻滞的死去的肉体的气味……

七巧是一个出生在卖麻油人家的姑娘，嫁到大户人家，但丈夫患有先天性软骨发育不良，虽然有丫头伺候着，但她的生活并不幸福。记忆对情绪也有调节作用，因为有对过去的回忆，七巧对现状的不满、失望和厌恶便越加明晰。

---

① 加德纳．日常生活心理学［M］．刘军，等译．北京：中国人民大学出版社，2008：107.

② 卡斯特．依然故我［M］．刘沁卉，译．北京：国际文化出版公司，2008：113.

自我本身就是由记忆构成的。“通过记忆，‘主我’才持续不断地在经验中呈现出来。我们可以直接回忆我们的经验的少数几个时刻，然后我们就可以通过诉诸记忆意象来回忆其他内容了，所以，‘主我’在记忆中是作为一秒钟、一分钟，或者一天以前的自我的发言人而存在的。”① 可见，正是有记忆的存在，才有自我传播的主客体的存在。

当回忆开始时，人既是回忆的主体，又是回忆的客体。现在的“我”是主体，过去的“我”是客体。记忆不是冷冰冰的数字、人名、地点，回忆是人重温那个时间与那个空间的唯一途径，也是认识过去的途径，就如瑞士女心理学家维蕾娜·卡斯特（Verena Kast，1943—　）在《依然故我》（见图 3-2）一书中所说的，它“是对往事的复制，或清晰，或模糊，总之是过去的一部分。对于回忆者来说，他所做的是‘一次精神上的穿越时空，重新经历发生在过去的事情’”②。同时，回忆并不是事件的简单重现，“它包含着一个创造性和构造性的过程”，“记忆乃是更深刻更复杂的一种现象；它意味着‘内在化’和强化，意味着我们以往生活的一切因素的相互渗透”③。

只有真正面对自己的回忆，才最接近于当时那刻。自传在形式上是对自己的回忆的整理，但这个回忆的过程已经不完全是自我传播了，因为要公之于众，所以它变成了一个外在传播。这导致了自传的内容通常少于能够回忆到的内容，是经过筛选的回忆和经过改良的回忆。就像德国哲学家弗里德里希·尼采（Friedrich Nietzsche，1844—1900，见图 3-3）在《善恶的彼岸》一书中所写的：“我这样做了，我的记忆说；我不可能这么做过，我的自尊说。自尊寸步不让，让步的最终还是——记忆。”④

图 3-2　《依然故我》中文版封面

图 3-3　弗里德里希·尼采

① 丁东红．米德文选［M］．北京：社会科学文献出版社，2009：82.
② 卡西尔．人论［M］．甘阳，译．上海：上海译文出版社，2003：81.
③ 同②.
④ 卡斯特．依然故我［M］．刘沁卉，译．北京：国际文化出版公司，2008：128.

通过情景回忆，现在的“我”与过去的“我”进行交流。所有的自我传播都建立在记忆仓库的基础之上，无论是刚刚见过的一个人、经历过的一件事，还是更为久远的一个人或者一件事、一个场景，只有落入记忆的仓库里，才有可能使当事人得以面对。因为有了关于过去的相关记忆，在面临一个相关情境的时候，当事人才可以确定自己的位置或者形象，从而保持对自己的连贯认知。自我感知的过程，其实就是一个不断从记忆的仓库里调取回忆片段并加以分析判断的过程。

比如林海音的小说《城南旧事》中，英子在毕业典礼上想到：“宋妈临回她的老家的时候说：‘英子，你大了，可不能跟弟弟再吵嘴！他还小。’兰姨娘跟着那个四眼狗上马车的时候说：‘英子，你大了，可不能招你妈妈生气了！’蹲在草地里的那个人说：‘等到你小学毕业了，长大了，我们看海去。’虽然，这些人都随着我的长大没有影子了。是跟着我失去的童年一起失去了吗？爸爸也不拿我当孩子了……”这些人对英子说过的话让英子意识到在他们眼里已经长大的自己，经历了毕业典礼后就真的长大了，再也不会被看作小孩子，也再不是小孩子了。

二、失忆：从反面让人感受到自我传播

失忆与记忆相对应，失忆会阻断自我传播，造成很大的甚至完全的不确定性。不过，要区分失忆与遗忘的区别。

现代心脑神经科学研究表明，遗忘是大脑的自我保护机制。因为人每天接触到的大量信息需要有选择地进入人的大脑。因此，遗忘是一个正常的大脑运作机制。德国心理学家艾宾浩斯（Hermann Ebbinghaus，1850—1909）对遗忘现象做了系统的研究，他用无意义的音节作为记忆的材料，把实验数据绘制成一条曲线，称为艾宾浩斯遗忘曲线（见图 3－4）。艾宾浩斯遗忘曲线也常常被应用于通过特定时间节点的复习来提高学习效率。

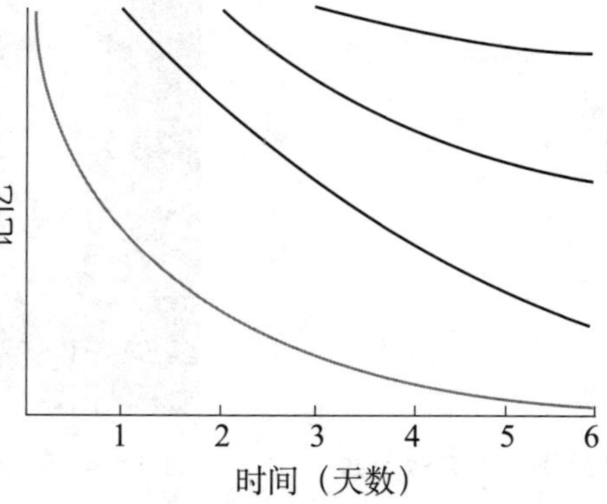

图 3－4　艾宾浩斯遗忘曲线

资料来源：Forgetting curve［EB/OL］.［2024－02－25］. https://en.wikipedia.org/wiki/Forgetting_curve.

注：以上从左往右的曲线分别为第 1 次至第 4 次记忆的记忆保留比例（也即遗忘程度）。记忆次数的累积曲线弧度越来越小，表明记忆越来越牢固。

如果不遗忘那些不必要的内容，那么要想记住和恢复那些必要的材料是困难的。有正常记忆的人会通过不断整合现实环境中的相似经验来调整关于自我的认知，这是一个与时俱进的过程，伴随着不断接受外部信息和进行分析判断的过程。但除了正常的遗忘，还可能出现一些病理性的遗忘，如醉酒、精神创伤或脑部病变导致的遗忘，表现为失忆症。在现实生活中，遭遇失忆的患者每天感知外界信息会使记忆仓库发生部分缺失，这些失忆患者无法与变动中的他人进行有效的互动。

记忆丧失的情形形形色色，会导致各种不同的后果。2000 年的美国电影《记忆碎片》（见图 3-5）中，一对新婚夫妇遭到了一名歹徒的袭击，妻子死亡，而丈夫莱昂纳多虽然从死亡线上挣扎了回来，却因为脑部的严重损伤而患上了一种奇怪的“短期记忆丧失症”——他只能记住几分钟前发生的事情。在警方看来，这对夫妇的遇袭是一起每天都会发生的普通抢劫案件。莱昂纳多不满于警方草草结案，发誓要追查到凶手，替惨死的爱妻报仇。可是，支离破碎的记忆令莱昂纳多举步维艰，他只能凭借一些零碎的小东西诸如文身、宝丽来快照等，回忆起过去的点点滴滴，每当他找到一些有价值的线索时，就必须使用一切方法立即将之记录下来，因为很可能在十几分钟后，他就根本无法记起自己在什么地方、来做什么。

图 3-5 《记忆碎片》电影海报

莱昂纳多迷茫、困惑、不安，因为失忆失去的不仅仅是对过去某一片段的记忆，甚至可能丧失对身份的认同，不知道自己是谁，这意味着没有办法跟自己说话。记忆是证明我们存在的最重要的部分，失去记忆，就会意识不到自己的存在。

严重的失忆症患者常会离开原来的家庭或工作，到另一个陌生的地方建立另一个家庭或从事另一种工作。当他们被寻获后，他们已经有一个新的“自己”，无法记起个人过去的重要资料，包括自己原来的姓名、家人、工作，而且新的“我”与旧的“我”并不会交互出现。当感觉不到自我时，患者会觉得自己很陌生且不真实，像机器人一样，又像在梦境中，离开了自己的身体，这种感觉让患者很不舒服，而且他们也知道这些感觉不是真的。

在多重人格的失忆症中，患者通常有两种以上的人格，在不同的时期，某一个人格会成为主要的人格，而且彼此忽略，当一个人格出现时，另一个人格就隐没不见。多个人格有各自的记忆、情绪、行为模式、态度等，而且差异通常很大，好像多个灵魂住在同一个躯体身上。如电影《致命ID》中，通过治疗，患者的所有人格在精神世界内的旅店里见面，然而他们相互间并不认识。这就是多重人格的失忆症造成的“分裂”。

这一切都发生在人失去记忆之后。这时，人们才能意识到记忆的无可替代性，意识到能知道自己是谁、能跟自己交流有多好：纵使我们平时非常忙碌，没有闲暇去观照自己，我们也能对自己的过去了如指掌；纵使我们再厌恶自己的行径，我们也知道这是自己在做，是“我”的行为；我们随时可以进行自我调节——只要我们愿意。

实际上，“人类的自我意识是他最高品质的根源。它构成了人类区分‘我’与世界这种能力的基础。它给予了人类留住时间的能力，这仅仅是一种超脱于当前，想象昨天或后天的自己的能力。因此，人类能够从过去中进行学习，并为将来做出计划。人类之所以是一种历史性的哺乳动物，是因为他能够站到一边，审视他的历史；因此他能够影响他自己作为一个人的发展，并且还能够在较小的程度上影响作为整体的民族和社会的历史进程。自我意识的能力还构成了人类使用符号这一能力的基础……使得我们能够像他人看待我们那样来看待自己，并能够对他人进行移情……实现这些潜能就能成为一个人”①。

第三节　自我传播的渠道与方式

人通过感觉、知觉，将来自外界的信息（无论这个信息来自自然界还是他人，无论是听到的鸟叫还是看到的一个陌生人）以刺激的方式传递给大脑，这是自我传播的外在信息渠道。

基于对于外界刺激的感觉、知觉与情绪，自我传播的方式既可以是脑海中无声的思维，也可以是自言自语，或以日记为外在形式表现。再隐蔽一点的自我传播，是潜意识的梦境。这些都是正常的自我传播方式。

① 梅．人的自我寻求［M］．郭本禹，方红，译．北京：中国人民大学出版社，2008：85－86．

一、感觉、知觉与情绪

感觉是指将感觉感受器收到的身体刺激转换成大脑可以理解的神经（电）脉冲的过程。知觉是大脑对感觉进行释义的过程，包括确认、解释、整合和分离。

马克思说过：“人以一种全面的方式，就是说，作为一个完整的人，占有自己的全面的本质。人对世界的任何一种**人的**关系——视觉、听觉、嗅觉、味觉、触觉、思维、直观、情感、愿望、活动、爱，——总之，他的个体的一切器官……通过自己的**对象性**关系，即通过自己**同对象的关系**而对对象的占有，对**人的**现实的占有。”①

马克思和恩格斯谈到人与现实生活的关系时说：“人们和他们的关系就像在照相机中一样是倒立成像的，那么这种现象也是从人们生活的历史过程中产生的，正如物体在视网膜上的倒影是直接从人们生活的生理过程中产生的一样。”② 我们的眼球就像一台摄像机，摄像机镜头将颠倒的影像聚焦到胶片上，我们的眼睛也将颠倒的影像聚焦到眼睛后部的视网膜上，送达大脑视觉皮层，感应到光和颜色。经过这个物理过程与化学过程，我们便看到了外面的世界。这是一个自我传播的过程，传递的是外面的影像。

如果不幸是盲人，那就意味着通过视觉接收信息的通道中断了，这时候格外依赖听觉感觉外部世界来引发自我传播。即使是正常人，也需要通过听觉引发自我传播。例如听到闹钟的铃声，告诉自己该起床了；听到收音机报时，告诉自己要赶不上早班车了；走在大街上听到有人叫自己的名字，会迅速反应出来遇到熟人了；听到上课铃声，告诉自己不能再说话了；夜里听到远处传来的蛙声，就知道夜已经很深了。

与视觉一样，听觉过程也是一个物理与化学结合的过程：鼓膜因为外部的声音开始振动，这种振动被鼓膜与耳蜗之间的三根听小骨传递着。这是一个物理过程。耳蜗里的基底膜接收到振动后，产生神经脉冲，由听觉神经收集并传递到大脑。这是一个化学反应过程。

图 3-6 海伦·凯勒

海伦·凯勒（Helen Keller，1880—1968，见图 3-6）的故事很动人。她是聋哑盲人，没有视觉、听觉，但是，她可以用嗅觉感知事物的味道，同时，触觉也是她在无声和无形世界里的重要感知来源。水流过她的掌心带来的触觉，告诉她这是水。她克服难以想象的困难，掌握英语、法语、德语、

① 马克思，恩格斯．马克思恩格斯文集：第 1 卷［M］．北京：人民出版社，2009：189.

② 同①525.

拉丁语、希腊语，完成了《假如给我三天光明》《我的生活》《我的老师》等作品。

正常人也依赖触觉。婴儿的皮肤软软的、丝绸滑滑的、松针尖尖的，这些都是触觉告诉我们的信息。当碰触一个盛着开水的玻璃杯时，我们会疼得把手抽开。如果没有触觉，我们的手即使被烫伤了也不会抽开。触觉通过神经纤维将疼痛信息传递给脊髓，抵达大脑，从而让人知道危险，把手迅速抽回以躲避伤害。

在接收外部信息时候，人与动物的感受原理并没有任何不同，但动物只是本能地做出反应，而人脑对信息的处理多了一层意识的控制。比如买东西时，我们自己对自己说，没有交钱不能拿走。这是一种在信息本身之外的第二条通道的自我传播。这种第二条通道就是帕洛阿尔托学派提出的"元传播"。吕施和贝特森受到麦卡洛克神经控制观念的启发，提出每一个神经细胞的信号发送都既具有"报告"的性质，又具有"命令"的方面。其中，"命令"是大脑通过神经细胞指挥身体器官活动的"信号"，而"报告"则是大脑对所传达的各个命令的知晓和管理。他们还发现，这个原理适用于所有人类语言交流行为。由此，他们在《传播：精神病理学社会模型》（1951）一书中提出了"元传播"的概念，并将其描述为"关于交流的交流"（communication about communication）。[①]

人的自我传播并不仅仅是一个单纯的内部思维过程，并且这个过程的结果也并不完全由外界的信息决定，而是伴随着一系列的生理与心理的机制，具有不确定性和一定的不可预见性。比如，即使食物再美味，人们也有食不甘味的时候；而在有的场景中，明明一点声音都没有，有人却觉得如五雷轰顶。这种感觉错位与情绪有关。情绪是心理状态的晴雨表，这个晴雨表不仅自己读得出来，旁人也可能读出来。自己读出来的是认知体验和生理反应的部分，比如在考试成绩出来之前，吃什么都觉得没味道，一颗心悬得老高，自己知道很紧张；通过行为表现出来的情绪，比如愁眉苦脸、天天在屋里转来转去，便可能让他人得知你有所担心。

测谎仪的原理，即通过心率、血管容积、呼吸、皮肤电反应和脑电波等一系列指标，将人的生理反应挖掘出来，让仅处在自我传播层面的活动为人所知。做了亏心事或者有秘密的时候，人心里会告诉自己不能说出去，保持镇定，可是这个劝慰自己的过程不可避免地会带来心理的波动——情绪带来的生理反应是当事人无法控制的。人可能骗得过别人，但理论上无法骗过自己。

不过，人的复杂性在于人有极强的可塑性和自我控制力。我们经常在《碟中谍》这一类电影中看到，经过特殊训练的人是有可能骗过测谎仪的。从科学原理来说，这是有可能的，因为传统的测谎仪是一种间接的测定方法，依赖的是人们在说谎时不同生理状态的伴随性症状。而若要进一步对大脑活动本身进行观测，那么借助目前新兴的功能性磁共振成像（functional magnetic resonance imaging，fMRI）技术，通过监测大脑内部的血流量差异来分辨人们在说谎还是在说真话，准确性更高。不

① RUESCH J，BATESON G. Communication，the social matrix of psychiatry ［M］. New York：Vail-Ballou Press，1951：152.

仅如此，随着新近不断发展的大脑芯片植入的应用，原本发生在人脑内的思维活动已经可以转换成电信号对外进行传输，这就使得原本发生在大脑内部的自我传播，将成为可被记录和还原的物理信号。随着这一技术的普及，“人心难测”的俗语是否将会被改写？那时候是否还有纯粹的“自我传播”呢？

二、自言自语与日记

中国第一部现代白话小说——鲁迅的《狂人日记》通篇是一个“狂人”的自述：

> 不要乱想，静静的养！养肥了，他们是自然可以多吃；我有什么好处，怎么会“好了”？他们这群人，又想吃人，又是鬼鬼祟祟，想法子遮掩，不敢直捷下手，真要令我笑死。我忍不住，便放声大笑起来，十分快活。自己晓得这笑声里面，有的是义勇和正气。老头子和大哥，都失了色，被我这勇气正气镇压住了。
>
> 但是我有勇气，他们便越想吃我，沾光一点这勇气。老头子跨出门，走不多远，便低声对大哥说道，“赶紧吃罢！”大哥点点头。原来也有你！这一件大发见，虽似意外，也在意中：合伙吃我的人，便是我的哥哥！
>
> 吃人的是我哥哥！
>
> 我是吃人的人的兄弟！
>
> 我自己被人吃了，可仍然是吃人的人的兄弟！

在自述者“狂人”看来，他人的任何举动都是吃人的阴谋计划。实际上，日常生活中的人总是在跟自己说话，就像演独角戏一样。有时，人们在心里自言自语，别人听不见，自己也常常因听不见而意识不到。但作家能够向人们展示出来，比如《金锁记》中的一段，主人公之一七巧守寡，已经分家的小叔子姜季泽来找她，表白对她的爱意：

> 七巧低着头，沐浴在光辉里，细细的音乐，细细的喜悦……这些年了，她跟他捉迷藏似的，只是近不得身，原来还有今天！可不是，这半辈子已经完了——花一般的年纪已经过去了。人生就是这样的错综复杂，不讲理。当初她为什么嫁到姜家来？为了钱么？不是的，为了要遇见季泽，为了命中注定她要和季泽相爱。她微微抬起脸来，季泽立在她跟前，两手合在她扇子上，面颊贴在她扇子上。他也老了十年了，然而人究竟还是那个人呵！他难道是哄她么？他想她的钱——她卖掉她的一生换来的几个钱？仅仅这一转念便使她暴怒起来。就算她错怪了他，他为她吃的苦抵得过她为他吃的苦么？好容易她死了心了，他又来撩拨她。她恨他。他还在看着她。他的眼睛——虽然隔了十年，人还是那个人呵！就算他是骗她的，迟一点儿发现不好么？即使明知是骗人的，他太会演戏了，也跟真的差不多罢？
>
> 不行！她不能有把柄落在这厮手里。姜家的人是厉害的，她的钱只怕保不

住。她得先证明他是真心不是。

这段400多字的描写，大部分是七巧的心理活动：她跟自己说还有今天的喜悦，跟自己说她和季泽是命中注定，季泽还是那个人；可是在欣喜之余她又警醒自己——季泽也许是为了她的钱而来；同时又跟自己说就算他是个骗子，也是好的；转而又清醒地跟自己说不能留下把柄。欣喜、矛盾、犹豫、绝望、爱、恨都包含在里面。如果是电影，我们只能看见七巧站在那里，低着头，可是她的脑子在飞速运转；她的嘴唇没动，可是她在不停地跟自己说话，肯定自己，否定自己，肯定季泽，否定季泽。

日记是对自己每天的所作所为、所思所想的记录，这是一个有意识地内省的过程。提出“镜中我”理论的库利终身写日记，他的许多有关人类行为的洞见都来源于反省。奥古斯丁的《忏悔录》也是日记。南京大屠杀中保护中国难民的德国人约翰·拉贝（John Rabe，1882—1950）在日记中记录了日军的暴行、自己的震惊、援救过程以及无奈，现在我们看到的《拉贝日记》是他在那一时期的经历与反省，无人能否认其真实性。

斯洛文尼亚共和国前总统雅奈兹·德尔诺夫舍克（Janez Drnovsek，1950—2008）的48天日记，被整理成《生命与意识的省思》（见图3-7）一书，被称为他的反省日记。

图3-7 德尔诺夫舍克《生命与意识的省思》中文版封面

虽然鲁迅的日记与情绪无关，但他也在反省自己每天做过什么，时间和钱都花在了什么地方，例如：

戊午日记 三月

一日晴。下午往通俗图书馆。夜商契衡来。

二日晴。午后寄家用泉百，二月分。夜钱玄同来。

三日昙。星期休息。上午得二、三弟妇信，二月廿七日发。午后往留黎厂买《张僧妙碑》、姚伯多、锜双胡、苏丰国造象记各一分，共大小十一枚，券八元。下午往铭伯先生寓。晚蔡国青及其夫人来。

四日晴。上午得三弟信，二月廿八日发。得宋芷生信并拓片一包，廿八日太原发。

五日昙。无事。夜商契衡来。

三、梦：无意识的自我对话

英国作家格雷厄姆·格林（Graham Greene，1904—1991，见图 3-8）曾写过一本书叫《我自己的世界：梦之日记》，书的扉页上写着古希腊哲学家赫拉克利特的一句话：

清醒者只有一个共同的世界，
睡眠能把它
变成自己的世界。

这段话可以用美国精神分析学家埃里希·弗罗姆（Erich Fromm，1900—1980）的观点来做进一步的阐释："人们醒着时是活动的、理性的人，急于努力地遂其心愿，同时保护自己免于被攻击。我们行事，我们观察；我们观察外物，或许不是依照它们的原样，但至少是以一种我们能使用和操纵它们的方式来观看。但我们也是极其缺乏想象力的，并且极少——除了孩子或者我们都是诗人——使我们的想象力能超出对构成我们实际生活的一部分的故事和情节的复述。"但是，"沉睡之际，我们就以另一种存在形式苏醒了。我们做梦"①。

图 3-8　格雷厄姆·格林

梦境，在格林看来，是一个完全自我的世界，"这个世界中的一切经验，旅行，危险，幸福，都不用与人分享，没有见证人，没有诽谤罪"，"有时，知道有一个完全自我的世界，这种想法让人觉得宽慰"②。

亚里士多德认为，梦是睡眠状态下的内心生活的表现，是一种深层的心理现象。阿基米德·冯·达尔狄斯是与亚里士多德同时代的析梦师，他也认为不能孤立地看

① 弗罗姆．被遗忘的语言［M］．郭乙瑶，宋晓萍，译．北京：国际文化出版公司，2007：导论 5.

② 格林．我自己的世界：梦之日记［M］．恺蒂，译．南京：译林出版社，2008：自序 1.

待梦，要参考做梦者的秉性。在他们之后，“人们对于梦的认知有了重大转折：命运和上帝不再是决定性的因素，只有自身才是关键性的因素。梦属于做梦者，并与其生活状态有关，对于自我反省者来讲，梦的作用不可忽视”①。

瑞士心理学家卡尔·荣格（Carl Gustav Jung，1875—1961）将梦境分为“小梦”和“大梦”。其中，前者是人在进入睡眠之前接收到某种暗示或提示后，人为制造出的临时梦境，即“梦孵化术”（dream incubation）；后者则是带有个人意志色彩的“潜意识库”。② 每一个人的内心世界里都有一些在白天意识不到的经验和记忆储藏室，梦则打开了这扇通往自己世界的门。大多数梦使用象征语言编织而成。象征语言的逻辑不是由时空这些范畴来控制的，而是由激情和联想来组织的。这不是人们在清醒世界里通用的语言编码。所以大部分梦就像是没有被启封的信，让我们好像在与自己交流，但又无法与自己交流。

著名心理学家西格蒙得·弗洛伊德（Sigmund Freud，1856—1939）在《梦的解析》（见图 3-9）中提出梦是愿望的伪装满足的理论。因为梦使用的是象征语言，所以表达得隐晦而婉转。比如妻子梦见给丈夫用草莓做早餐，但是在现实生活中，草莓是丈夫最不爱吃的东西。这个梦至少说明妻子对丈夫是有所不满的，无论这种不满源自哪里。

图 3-9　西格蒙得·弗洛伊德《梦的解析》

再如一个人梦见正在往山上爬，山路的两旁都是尸体。他爬到山顶，看见妈妈坐在那里，于是他忽然变成一个孩子，坐在妈妈的腿上，最后从梦中惊醒。在现实生活中，这个做梦的人是家里的长子，有一个弟弟。他的父亲溺爱弟弟，从不关心他。这导致他敌视自己的弟弟。而他的母亲偏爱他多一些，并且对婚姻失望，期望有一天这个儿子能超过自己的丈夫。

根据埃里希·弗罗姆的解释，这个梦可能反映了做梦的人想比别人优秀，因此他梦见爬向山顶；他想打败所有的人，但他认为自己没有能力做到，只有别人都死了他才安全，所以梦见的都是尸体；他想得到母亲的庇护，即使是获得了成功，所以他梦见自己爬到了山顶，但却变成了一个坐在妈妈腿上的孩子。他从梦中惊醒，表明他理性上知道这种躲回到母亲庇护下的想法是不对的。③

显然，不是梦创造了想象，而是想象的潜意识活动在梦的建构过程中发挥了重要作用。“属于梦的工作的一切事物，其实差不多都可以归为白天的潜意识活动，这

① 格林．我自己的世界：梦之日记［M］．恺蒂，译．南京：译林出版社，2008：自序 1.

② JUNG C G. On the nature of dreams［M］//HULL R F. Dreams. Princeton：Princeton University Press，1974：76.

③ 弗罗姆．被遗忘的语言［M］．郭乙瑶，宋晓萍，译．北京：国际文化出版公司，2007：107-108.

种潜意识活动即梦的诱发动因，同时也是神经症症状的诱发动因。”“梦是对很多来自日常生活并全都符合逻辑秩序的思想的替代。”[①]

正是这一点，赋予了梦以现实意义。人在白天清醒时感到焦虑和受威胁，但说不出敌人是谁，在哪里，也不知道该战斗还是该逃避。这些焦虑和威胁已经变成了内在的冲突，被压抑在最深层的潜意识里，当事人不知道最初的体验源自哪里。在梦里，这些被禁锢在潜意识里的东西被翻腾出来，提醒自己还有这些焦虑、欲望、威胁。

析梦师只能提供一些可供借鉴的分析元素，而最好的析梦师是自己，只有自己最可能明白内心的想法，当拒绝与自己对话的时候，很多想法就会在梦中出现。所以荣格说：“梦是一段不由自主的心理活动，它拥有的意识恰好用于清醒时的再复制。”[②]

第四节　有效的自我传播

美国政治家本杰明·富兰克林（Benjamin Franklin，1706—1790）曾说：“有三样东西是极端坚硬的，钢铁、钻石，以及认识自己。”[③] 可见，要进行有效的自我传播并不容易，但与自己进行开诚布公的自我传播不仅有利于自身心理健康，而且能为其他传播，尤其是人际传播打下良好的基础。

一、选择积极的“他人之镜”

无论是否意识到，自我传播都不是与外界隔绝的，恰恰相反，即使是内向化的自我传播，其实也是在折射与外界的交流，或者说，是外界刺激带来了自我传播。就像法国神经病学家皮埃尔·玛里（Pierre Marie，1853—1940）说的：“我们的个人倾向并非和我们的集体倾向相去甚远，它们反映了社会现实理性的缺席……重要的是我们和他人的关系。甚至当我们独自一人、自言自语的时候，我们还是处在和他人的关系中，是我们建立和他人的关系的方式决定了我们疯狂的形式。”[④]

自我实现的预言（self-fulfilling prophecy）认为，一个有关你的预测，会导致你按照预测的方式行为，从而使其变成现实。例如，当老师表扬某人工程设计能力强的时候，这个人树立了信心，在这方面更加努力，造成在这方面真的能力很强的结果。这个原理又称“托马斯假设”或“情境定义”（definition of the situation）：如果人们把情

---

① 弗洛伊德．梦的解析［M］．周艳红，胡惠君，译．上海：上海三联出版社，2008：307-308.

② 卡斯特．梦：潜意识的神秘语言［M］．王青燕，俞丹，译．北京：国际文化出版公司，2008：23.

③ 迈尔斯．社会心理学［M］．侯玉波，乐国安，张智勇，等译．北京：人民邮电出版社，2006：27.

④ 玛里．对面的疯子：解读平常的疯狂［M］．黄荭，王佳玘，译．上海：华东师范大学出版社，2007：引言 6.

境界定为真实的，那么它们在结果上也就是真实的。

当然，并非所有他人对于自己的看法都会被自己关注。恩格斯在悼词中谈到马克思所处的情形："各国政府——无论专制政府或共和政府，都驱逐他；资产者——无论保守派或极端民主派——都竞相诽谤他，诅咒他。他对这一切毫不在意，把它们当作蛛丝一样轻轻拂去，只是在万不得已时才给以回敬。"① 现在的网络互动中，也总有一些关于当事人的看法会被当事人当作蛛丝一样轻轻抹去，一般来说这些人不是当事人觉得特别重要的人，即不是特定的他人，因此不被关注。但那些特定的他人——这些人最有可能包括恋人、家人、老师、朋友、同事等——他们是当事人的"镜子"，他们的评价会被当事人极为看重。

图 3-10　尼克·胡哲

1982 年出生的澳大利亚人尼克·胡哲（Nick Vujicic，1982—　，见图 3-10），生下来就没有四肢，当他进入学校时，同学嘲笑他、欺负他，他非常在意，甚至想到自杀，因为从这面"他人之镜"中，他看到的是对他的否定，他将这些否定内化为对自我的否定。但是他的父母鼓励他，给他关爱，让他在这面镜子里看到自己是值得被珍爱的，这种积极的看法让尼克能够积极地看待自己，在内心中与自己进行积极的互动。

自我传播的内容是有选择性的。当尼克选择与能积极看待他的人互动的时候，他从这面"他人之镜"中看到的是自己的价值和魅力；如果他选择与仅仅注意到他的身体缺陷的人互动，那么他从这面"他人之镜"中看到的就只是自己的缺陷。所以，积极的互动意味着主动去寻找那面"他人之镜"，意味着寻找信任和发展的动力。

二、角色扮演

"角色扮演"（role taking）是一个重要的自我传播概念。米德认为，角色扮演就是"自我个体像对其他人行事那样社会性地对他自己"②。

戴上面具，扮演角色，在古希腊的戏剧中就开始了，"角色"这个词就源自那时的面具。可见角色与面具不可分割。现代生活中更不缺乏这种例子，比如在迪士尼乐园中，工作人员不仅需要装扮成公主、王子等形象，更需要以人物的行为方式及语气与游客互动，完成对角色的"扮演"。维蕾娜·卡斯特说："演员戴上某个传奇人物的面具，形成一个角色，并且进入这个角色，通过表演将他们搬到现实生活中来。而当现实生活中的我们戴上这样的'面具'的时候，我们就会将自己等同于对

---

① 马克思，恩格斯．马克思恩格斯全集：第 25 卷［M］．2 版．北京：人民出版社，2001：598.

② 罗杰斯．传播学史［M］．殷晓蓉，译．上海：上海译文出版社，2005：146.

自身的想象：如何在不同的情境中做出最佳表现？怎样做最能得到他人的认可？”①

角色扮演是每个人看到“镜中我”后的必然反应，可是如果当事人扮演的角色不适合自己，那么戴上面具就可能让他的内心感受到沉重的负担。毕竟“角色面具是一种折中，介于理想自我和那些与我们息息相关的周围的人对我们的期待之间。为了尽可能地引人注目，我们会掩饰那些影响自我美好形象的东西，这样就产生了人格暗影，即我们自身的不为自己所接受的、无法面对的一面”②。

卡斯特接着说：“有些人感觉生活变得毫无轨迹可循、毫无意义可言、让人心力交瘁，那是因为他们往往在不知不觉中屈服于外界的期望压力，所做的都是他人希望自己做的，而并非受真实情感的驱使。”③ 这个时候，当事人不是感到对外界万事万物的愤怒和不满，就是将自己打入对自我的消极看法中，不断进行自我谴责。前者导致人愤世嫉俗，后者导致人孤独和抑郁。

找到自我，意味着自我同一：“个体感到自己是独一无二的、拥有充分的心理稳定性的、不因内部或外部变化而改变的整体。”④ 即始终知道自己是谁，自己要做什么、想什么，自己为了什么而做什么，不会以自己的尊严为代价来获得他人的认可。如果一个人的内心认为自己不足以得到这种认可，认为自己与这种认可不相称，认为自己微不足道，那么即使得到了这样的认可，这个人依然无法获得内心的平静，对自己的消极看法并不会因此改变。这个人只有改变对自己的看法，才会感到内心的平静与坦然。

在吴宇森进军好莱坞拍摄的电影《变脸》（1997，见图 3－11）中，FBI 探员西恩为了套出炸弹的放置地点，取下自己的脸皮，换上昏迷中的恐怖分子凯斯特的脸，混入监狱与其匪党搭上线，但是清醒后的凯斯特也换上了西恩的脸，摇身一变为 FBI 探员，二者由此拥有了黑白颠倒的错位身份，上演了一部精彩纷呈的对决大戏。在警匪片中，讲述警察卧底因为扮演黑社会成员而实际上成为黑社会成员的剧情很多，国内的影片如 2002 年刘伟强、麦兆辉执导的剧情犯罪警匪电影《无间道》。它们的共同特征是，角色身份的扮演会对真实身份本身产生冲击，甚至改变角色的本色，从警察变成真正的匪徒，或反之，由匪徒变为好人。

天津的一名叫乐乐的男孩是一个铁杆哈利·波特迷，一直想象自己可以像哈利·波特一样骑着扫帚在天上飞，还可以穿越时空和变成各种各样的东西。一位长辈因此送给乐乐一套哈利·波特的戏服，然而没想到惨剧就此发生。某天乐乐自己在家时穿上戏服，想起电影中的情节，便拉开阳台的窗户，骑着道具扫帚从十层楼的家里一冲而下……在现实生活中，对虚构角色的认同和扮演也容易产生自我投射。适度的扮演和投射能够为心理和生活带来正面效应，然而一旦过于沉迷，便常常容

---

① 卡斯特．依然故我［M］．刘沁卉，译．北京：国际文化出版公司，2008：87.

② 同①.

③ 同①96.

④ 同①98.

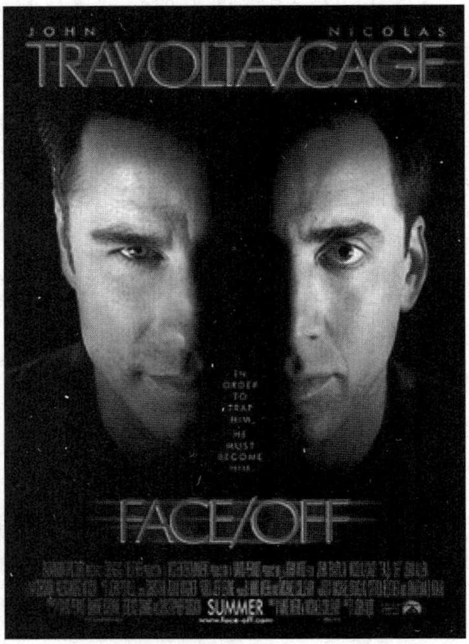

图3-11　吴宇森执导电影《变脸》的海报

易造成与现实的脱节和错位，甚至酿成严重后果。

三、积极的自我传播

既然人们每天都在跟自己交谈，那么这种交谈也可以成为鼓励自己的源泉。任何对自己说的话都表明了自己的一种态度、观点或认知，都将影响到自我的心态。

美国北卡罗来纳大学教授朱莉娅·伍德（Julia Wood，1950—　）在她的《生活中的传播》中认为，别人如何看待我们影响着我们对自己的看法，但对我们的自我概念产生影响的并不只是他人，我们也会与自己交流，因此我们自身也影响着我们如何看待自己。一种最能削弱自我的暗示是自我诋毁式谈话——告诉自己“我不行”“我学不会”“不可能改变”等。我们可能在重复他人对我们的判断，也可能是新创造了自我实现的预言。无论哪种方式，自我诋毁都摧毁了我们的自信。①

过于自尊与自卑都是消极的自我传播的结果。《红楼梦》第七回中，周瑞家的挨家送宫花，最后送到林黛玉那儿，黛玉冷笑道：“我就知道，别人不挑剩下的也不给我。”显然这是自卑心理的一种强化的表现。在对待与宝玉的感情上，她也同样自卑而多疑。与黛玉相比，英国女作家夏洛蒂·勃朗特的小说《简·爱》中的女主人公简·爱，有着积极的自我认同。她看到罗切斯特打算结婚的对象是年轻漂亮的英格拉姆小姐，认为英格拉姆小姐“不值得嫉妒；她太低下了，激不起我那种感情。请原谅这表面的评论：我是表里一致的。她好卖弄，但并不真诚。她风度很好，而又

① 伍德．生活中的传播［M］．董璐，译．北京：北京大学出版社，2009：88.

多才多艺，但头脑肤浅，心灵天生贫瘠；在那片土地上没有花朵会自动开放，没有哪种不需外力而自然结出的果实会喜欢这种新土。她缺乏教养，没有独创性，而惯于重复书本中的大话，从不提出，也从来没有自己的见解。她鼓吹高尚的情操，但并不知道同情和怜悯，身上丝毫没有温柔和真诚。她对小阿黛勒的心怀恶意，无端发泄，常常使她在这点上暴露无遗，要是小阿黛勒恰巧走近她，她会用恶言毒语把她撵走，有时命令她离开房间，常常冷淡刻毒地对待她”。即使在场的每一个人都对简·爱不屑一顾，即使她知道自己长相平庸、一贫如洗，她也并不因此而在自我传播中否定自己的价值，始终对自己有客观的认识，这使她能不卑不亢地向罗切斯特表白她的爱意：“我的心灵跟你一样丰富，我的心胸跟你一样充实！要是上帝赐予我一点姿色和充足的财富，我会使你同我现在一样难分难舍，我不是根据习俗、常规，甚至也不是血肉之躯同你说话，而是我的灵魂同你的灵魂在对话，就仿佛我们两人穿过坟墓，站在上帝脚下，彼此平等——本来就如此！”

积极的自我暗示，可以有效地抵制关于自我的破坏性交流。一般情况下，关于自我的认知往往是“镜中我”这种反射性评价，如果仅仅通过他人对自己的评价来认识自己，往往就会迷失自己。所以，相信自己，相信自己的选择，肯定自己的价值，这种自我传播的内容能为自己提供更多的动力与信心。1955 年 12 月 1 日，42 岁的美国黑人女裁缝罗莎·帕克斯拒绝为白人让座，因为她厌倦了屈服，她相信身为黑人的她有与白人同等的乘坐公共汽车的权利，在其他黑人大都屈从于压力而否定自己的权利的时候，她肯定自己。

海伦·凯勒讲述过她开始学说话时自己的积极想法：“我的任务是练习、练习、再练习。失败和疲劳常常将我绊倒，但一想到再坚持一会儿就能把音发准，就能让我所爱的人看到我的进步，我就有了勇气。我急切想看到他们为我的成功而露出笑容。‘妹妹就要能听懂我的话了’，这成了鼓舞我战胜一切困难的坚强信念。我常常欣喜若狂地反复念叨：‘我现在不是哑巴了。’一想到我将能够自由自在地同母亲谈话，能够理解她用嘴唇做出的反应，我就充满了信心。”当有人对她报以怜惜的时候，她心里明白：“这些人不太了解我的生活情形，他们当然也不知道我有多少朋友，看过多少书，旅行过多少地方。每当我听到有人说我的生活圈太小时，我总忍不住暗自好笑。”“我要说，虽然我的眼前是一片黑暗，但老师带给我的爱心与希望，使我踏入了思想的光明世界。我的四周也许是一堵堵厚厚的墙，隔绝了我与外界沟通的道路，但在围墙内的世界却种满了美丽的花草树木，我仍然能够欣赏到大自然的神妙。我的住屋虽小，也没有窗户，但同样可以在夜晚欣赏满天闪烁的繁星。”

伍德教授就此总结说：“接受现在的自我，并把它作为起点。你不必喜欢自我中的所有方面，但是重要的是把今天的情况作为前进的基础。现在的自我是你的生活中所有互动、反射性评估和社会比较的结果。你不能改变自己的过去，但是你的未来不必永远如此。”①

---

① 伍德．生活中的传播［M］．董璐，译．北京：北京大学出版社，2009：87.

如何让自我传播展现正能量？要像简·爱一样既正视自己的弱点，也肯定自己的存在、价值；要像帕克斯一样不屈从于他人的价值观判断和决定；要像海伦·凯勒一样鼓励自我成长，用建设性的自我交流激发自己在逆境中成长的动力。

四、发挥人的意识系统对信息系统的调整能力

人的生命中有两个系统：一个是信息系统，它有很强的自我组织能力；另一个是意识系统，它具有非常强的自我控制能力。每个人的生命中都具备这两种既相互矛盾又相互帮助的能力。如果意识系统比较顽强，就可以通过信息系统进行“自我组织”，达到自己解决自身问题（如生病）的目的。开心愉快的事情会使人感觉神清气爽，五脏六腑都沉浸在“恩宠状态”（state of grace）中；反之，如果突然遭受精神打击，就会寝食不安。可见，人的信息系统在很多时候也是受意识系统影响的。

2007 年 9 月 12 日，美国一家报纸报道了旧金山一个叫安琪的 11 岁女孩的故事。她得了一种神经系统方面的怪病，医学上判定她将终身瘫痪。为她治疗的康复师每天早上给她做 2 个小时的理疗，做理疗的时候就对她说：“安琪，医生给你做完理疗，你回到床上就想：理疗做完以后我马上就会动了，我马上就会站起来了，我马上就会出去跳舞了。”安琪每天做完理疗后就这样想，盼望自己很快就能站起来。有一天，安琪突然感觉床动了，一会儿发现房子也动了，还发现走廊里面一片嘈杂声，半小时以后，医生进来了，安琪说：“医生，我会动了，我会动了，真的，床也动了，房子也动了。”医生说：“是的，你再坚持想下去，你就真的很快会好起来的。”其实刚刚是旧金山发生了地震，但是医生不想告诉她实情，而是让她以为自己会动了。在这种信念的支持下，几年内这个女孩真的能坐起来、能走路、能蹦跳了。“大脑决定健康”在一定意义上可以奏效，就在于人的意志系统可以通过信息系统达到一定的目的。

要点思考

1. 为什么人不能没有自我传播？
2. 简述“镜中我”理论。
3. 简述符号互动论。
4. 简述自我传播的认知过程。
5. 简述三种记忆类型。
6. 简述自我传播的渠道与方式。
7. 结合自己的心理活动，思考如何进行有效的自我传播。

第四章
人际传播

传播学是在人类社会运行中发生的学问。社会是由一个一个具体的人构成的，因此，研究传播学首先应该先了解人与人怎样建立关系。与大众传播、群体传播或组织传播等其他传播领域的研究相比较，人际传播研究是最贴近人的生活和最为实用的一类研究，对它的需求，遍及随时发生的各种社会现象之中，因而也是最具人性和情趣，具有强烈心理色彩的研究。人际传播是两人或者多人之间直接进行的一种双向交流活动，是社会其他传播的基础形式，若对它缺乏科学的理解，就难以进一步研究群体与组织传播、大众传播、文艺传播、跨文化传播。

第一节　人际传播发生的必然性

人际传播是在两个或两个以上的人之间面对面进行的或凭借媒介进行的信息交流活动。人是社会的人，故作为社会个体的人与人之间的交流是必需的，也是人们确认自我、通过对话实现心灵沟通的重要手段。所以恩格斯说："**两个**人比一个人更人性一些。"①

一、人不能没有相互的交流

人在生命之始，本能的传播就是人际传播，孩子与母亲之间的嗅觉、触觉和视觉传播是最早、最原始的人际传播形态。作为个体与个体间的联系，人最早的社会联系是与母亲的联系，以后随着年龄的增长，逐步扩大到整个社会。这种社会联系从家庭到社会的递进不可逆转，人际传播的范围也随之逐渐扩大。

关于人与社会的不可分割的联系，马克思总结说："**人的**本质是人的**真正的社会联系**，所以人在积极实现自己**本质**的过程中**创造**、生产人的**社会联系**、社会本质。"② 这句话说明了人的精神交往得以产生和发展的最重要的内在动因。达尔文(Charles Darwin，1809—1882，见图 4 - 1）也有类似的观点："谁都会承认人是一

① 马克思，恩格斯．马克思恩格斯全集：第 42 卷［M］．北京：人民出版社，1979：361.

② 同①24.

图 4－1　达尔文

个社会性的生物。不说别的，单就他不喜欢过孤独的生活，而喜欢生活在比他自己的家庭更大的群体之中，就使我们看到了这一点。独自一人的禁闭是可以施加于一个人的最为严厉的刑罚的一种。"①

人在积极地建立社会关系中形成自己的社会本质，一旦割断他与社会的脐带，禁止他与社会交往，他就会极为痛苦。马克思本人曾注意到自己的女儿们缺乏家庭以外的人际交往的痛苦，他对恩格斯说："我希望我家庭的惨状不致妨碍你**来这里呆几天**。女孩子们非常需要在家里再一次看到'人'。不幸的孩子们过早地受到苦难生活的折磨。"②

马克思和恩格斯曾多次谈到单身牢房制度的残酷。马克思指出："甚至拥护这种制度的官方人士都不得不承认，这种制度迟早会使囚犯发疯的。"③恩格斯也指出，单独监禁"通过孤独生活使人兽化……单独监禁会把人逼疯；伦敦模范监狱在成立三个月之后已经不得不把三个疯子交给疯人院"④。这种情形从反面说明，人有一种天生的积极进行社会交往的本能，用强力扼杀这种本能，对个人来说是一种致命的毁灭；用阻力隔绝一个社会与外部世界的交往，则会造成整整几代人精神上的压抑和愚昧。人有了相互的交流才是社会的人，才能在积极地建立社会关系的过程中形成自己的社会本质，因此人际传播是人的本能，是人成为社会人的重要基础。正如杜威所说："社会不仅通过传播而存在，而且我们可以正当地说，社会存在于传播之中。"⑤

通过人际传播，人建构自我认知，建立与外界的关系，认识与控制环境，并通过交流获得人生经验和满足各种情感需要。

二、人际需要的三维理论

1958 年，美国社会心理学家威廉姆·舒茨（William Schutz，1925—2002，见图 4－2）提出"基本人际关系取向"。他认为，当人们聚集在一起的时候，有三种基本的需要，即包容需要、支配需要和情感需要。⑥

---

① 达尔文．人类的由来［M］．潘光旦，胡寿文，译．北京：商务印书馆，1983：163.

② 马克思，恩格斯．马克思恩格斯全集：第 29 卷［M］．北京：人民出版社，1972：500.

③ 马克思，恩格斯．马克思恩格斯全集：第 2 卷［M］．北京：人民出版社，1957：238.

④ 马克思，恩格斯．马克思恩格斯全集：第 3 卷［M］．2 版．北京：人民出版社，2002：581.

⑤ 杜威．民主主义与教育［M］．王承绪，译．北京：人民教育出版社，1990：5.

⑥ SCHUTZ W. FIRO：a three-dimensional theory of interpersonal behavior［M］．New York：Rinehart，1958.

图 4-2　威廉姆·舒茨

包容需要指个体想要与人接触、交往，隶属于某个群体，与他人建立并维持一种满意的相互关系的需要。这种心理需求，按人格特质可以分为主动型包容和被动型包容两类。有人会主动与他人和睦相处，求同存异；也有人在交往上不大主动，被动期待和感受群体的包容。

孩子刚上幼儿园时，虽然家长们不一定知道舒茨提出的包容需要，可是都明白，一旦孩子熟悉了幼儿园的环境，有了几个新朋友，就会很喜欢去幼儿园。如果你是一个新环境的外来者，比如新近转学的学生、新近入职的职员、新搬来的邻居，就会更为需要一个包容的环境。你需要主动与他人交往，期待其他人能够接纳自己，力图使自己不被冷落。

支配需要指个体控制别人或被别人控制的需要，这是个体在权力关系上与他人建立或维持满意人际关系的一种需要。逃避型的个体倾向于谦逊与服从，在人际互动中拒绝权力和责任；独裁型的个体倾向于在人际互动中占据主导地位；民主型的个体能根据情境在人际互动中适当确定自己的权力范围和地位。

俗话说："会哭的孩子有奶吃。"哭实际上就是婴幼儿的一种支配他人的手段。随着年龄的增长以及现实的刺激，本能的支配需要会逐渐被有意识的支配欲望替代。在动画片《蜡笔小新》里，小新看中了商场里卖的刨冰机，妈妈不给他买，于是他在地上打滚。好面子的妈妈只得顺从他，小新的支配欲望得到了满足。这种支配欲望会伴随人的一生。我们常常说"谁做主""谁拍板"，这个做主、拍板的人就是处于支配地位的人。

情感需要是个体在人际交往中建立并维持与他人亲密、友好的情感联系的需要。

婴儿在还不会说话的时候，就已经会向自己认为可以依赖的人伸出小手要求拥抱。与自己在意的人之间，这种情感需要会表现得更为明显。一句“我爱你”、一张贺卡、一顿热腾腾的晚饭、一声电话问候、一杯茶、一个回眸，传递着恋人之间、朋友之间、家人之间、邻里之间、同事之间、擦肩而过的陌生人之间的情感联系，满足着彼此的情感需要。

人与人之间保持适度的人际关系，能使个体恰当地看待自己，根据情境与他人保持一定距离，同时建立相对亲密的关系。

三、人际传播的社会交换理论

人际传播的社会交换理论（social exchange theory）由美国社会学家乔治·霍曼斯（George Homans，1910—1989，见图 4-3）在 1958 年提出。他认为，人际吸引有三个基本原则：第一，强化原则，即我们喜欢能给予我们奖励的人；第二，联结原则，即我们喜欢那些与美好经验或患难经历联结在一起的人，而厌恶那些与不愉快经验联结在一起的人；第三便是社会交换理论。

图 4-3 乔治·霍曼斯

霍曼斯借助经济学的概念，将其扩大到人际传播领域，认为人们因为自我利益的需要而进行人际传播，通过相互的传播活动，获得地位、信息、金钱、感情、荣誉等一系列自己想得到的东西。当我们认为从人际交往中得到的回报超过成本时，便会喜欢和我们交往的人。他将人际传播定义为：“人际传播是处于一个关系之中的甲乙双方借以相互提供资源或协商交换资源的符号传递过程。”[①] 这样的概括，把所有的人际传播归纳为类似商品交换的行为，这样就把人的行为商品化了，是有偏差的。

该定义把交往中提供的信息看作一种商品，以此为交换从而得到他人的爱、地位、顺从等；同时不仅把传播看作一种目的，也看作一种达到目的的手段，因为通过人际传播能够确定对方的交易期望，也能够向对方提供我方交易目标的信息。按照这种理论，处于人际关系中的两个人会不断权衡得失，并试图维持双方关系的均衡。因为人们总是倾向于从事预期会出现报酬的人际行为。如果人际交往的投资报酬率与期待或满意度相符，人们就会认为互动愉快而舒服，会持续互动；否则就会改变或终止互动行为或者不再发生人际互动。显然，这种理论强调的是通过人际传播从他人处获取回报，与他人交流要符合自我利益。

人际传播的社会交换理论揭示了人际传播中追求回报的显在的或潜在的动机。

---

① 罗洛夫．人际传播：社会交换论［M］．王江龙，译．上海：上海译文出版社，1997：25.

它认为，正是这种交往的动力推动了人与人之间建立关系，并为持续交往提供了充分的价值依据。这种理论在交易行为中是经济的、合理的思维模式，但不宜扩展到其他社会领域，不能把人视为纯粹的“经济动物”，人是有思想、有情感的高级动物，思想和情感是多彩的、无限的，不能用交换价值来衡量。

人际传播有其必要性，无论是基于自身的基本需要，还是基于偏向功利的利益交换，都为我们展示了人际传播的重要性。一个人想要在社会中生存下去，离不开与他人的交流，但在交流的过程中，我们常常会遇到沟通不畅的情况，这是因为人际传播中意义的多样性。

第二节 人际传播的符号、媒介与意义

我们每天跟他人打交道时，会回忆自己说过的话、做过的事，揣摩一下他人说过的话、做过的事，他人的某个眼神、某个动作，为什么？因为我们要捕捉其背后的意义。

如果没有意义的创造和交换，只有无须解释的信号传递，人际传播就不会有丰富的内容了。人的独特性，还有人的情感、人的感觉以及人的精神赋予了人与人之间关系的不可测量性。

任何一种可以感知到的行为，都具有潜在的传播特征。这意味着，只要有另外一个人在场，即使你不认识他，即使你不想跟他有任何瓜葛或联系，你还是在通过信息（沉默本身亦是一种信息的表达）向他传递意义。

一、人际传播符号形式：语言与非语言

施拉姆曾说，最好的传播效果是人际传播。面对面的人际传播有两个特点：一是传递和接收信息的渠道多，传收双方不仅可以使用语言，而且能用肢体动作、眼神表情等多种手段传递信息，方法灵活；二是传播过程的双向性强，反馈及时，它以一来一往的形式进行，双方可随时根据对方的反应来把握自己的传播效果，对传播内容进行修正、补充或改换传播方法。

因而，人际传播在沟通感情方面，其效果要好于其他形式的传播活动。

电视剧《欲望都市》中有这样一段情节：

女作家凯瑞在公寓的屋檐下避雨，那里已经有一个穿风衣的男子在避雨。看到凯瑞，风衣男子没有表情，只是让了让。凯瑞却觉得躲雨无聊，突然跟他说道：“你会娶我吗?”风衣男子一愣，看看她，没说话，又把头回过去。凯瑞赶紧解释道：“我只是背了一句台词而已。说实话，刚刚有人跟我求婚，可是我不知道该不该答应他……”她的话还没说完，风衣男子竖起衣领冒着雨走了。

在这段情节里，风衣男子的行为是有意义的。让位置给凯瑞，这是个礼节性行

为；他会看她一眼，是想确认凯瑞出于什么原因说这句突兀的话；最后的离开，表明他不想看凯瑞或者让凯瑞看见自己，不想跟凯瑞有任何接触。

非语言有时比语言具有更强大的力量，重在意义。心理学家詹姆斯·林奇（James J. Lynch）在《破碎的心》中讲了一个故事：一个佩戴心电监护仪的患者正处于昏迷状态，就快死了。这时，一个护士走进他的房间，紧握着他的手。好几分钟之后，他的心脏又开始慢慢跳动，逐渐恢复了平静和稳定。

人与人之间的交流，常常会发生此时无声胜有声的情形，一个眼神、一个动作就能折射出人物的内心。在日常生活中，我们常常忽视非语言传播的力量，殊不知自己已在众多无意识的动作中，传递了很多的信息。

二、人际传播的媒介

人际传播带给人的直观感受，通常是以两人在场的口语并辅以身体姿势展开的交流。但细加考察，人际交流的媒介是多样的。如果将人际传播分为面对面的直接人际传播和经由媒介进行的间接人际传播，则会发现人际传播涉及的媒介是极其丰富的。并且随着网络时代的进一步发展，人际传播的形态正在变得更加复杂多样，非常值得研究。

在面对面直接进行的人际传播中，当传播双方使用口语或肢体语言时，双方使用的媒介常常被忽略，凸显的是具体的符号形式。但实际上，任何一次传播活动的产生都会包含相应的媒介。在双方使用口语对话的过程中，声音借助空气实现声波的传递，而肢体语言或姿势则必须借助一定程度的光线条件实现传播。据说，新生儿视力尚未发育充分，但可以通过嗅觉辨别母亲的气味，这里的媒介则是在空气中传播的气味分子。失明的人可以通过触觉、嗅觉来识别他人。

间接进行的人际传播，涵盖了大部分其他传播形式所用到的技术性媒介。比如，信物可能是古老的人际传播中较具有代表性的一种。《诗经·郑风》云："维士与女，伊其相谑，赠之以勺药。"实际上，在传统中国社会中，由于封建观念，恋爱双方常常无法见面，而托媒人捎带信息，这就是一种以人为媒的人际传播。在更多的情况下，人们以书信形式互诉衷肠。书信这种媒介形式，是伴随人类文明发展的重要媒介，也是人际传播的常用媒介。到了电子时代，电话、电报所具有的双向性传播特征使它成为人际传播的重要媒介。今天，在数字新媒介时代，人际传播的媒介同样得到了巨大的发展。它们改变了传统人际传播的时空距离和效率，提供了更多人际传播的形式。在互联网时代，mail（书信）加上了一个"E"字头而成为E-mail（电子邮件）；聊天软件让传统面对面聊天的"口语＋身体语言"转变成"文字＋语音＋表情包"；当然，你也可以通过视频电话直接目睹对方的实时在场状况。可以说，新媒介不仅没有弱化人际传播的重要性，反而为人际传播带来了更多的可能和形式。因此，新媒体时代的人际传播更值得深入研究。

三、人际传播的意义交互原则

人际传播中的意义是多方面的。我们不仅要注意对方的语言所表达的意义，还要注意非语言所表达的意义，以及在与他人互动中形成和修正的意义。在对意义的感知中，我们实现了人际传播，同时也不断建立社会关系。如果我们只为自己的观念辩护，就无法继续交流。如果我们只期望别人听我们说，而没有心情去听别人说什么，那么也无法做到共同思考。

有效的交流不是仅靠轮流讲话达到的，它需要双方协同的努力。想要得到别人的倾听，最好的办法是先让对方感受到你在倾听。“在没有确信你倾听了他们并欣赏他们之前，大多数人是不会真正倾听和关注你的观点的。”

美国知名主持人阿特·林克莱特访问一名小朋友：“你长大后想要当什么呀?”小朋友天真地回答：“我要当飞机的驾驶员!”林克莱特接着问：“如果有一天，你的飞机飞到太平洋上空，所有引擎都熄火了，你会怎么办?”小朋友想了想说：“我会先告诉坐在飞机上的人绑好安全带，然后我挂上我的降落伞跳出去。”现场的观众笑得东倒西歪。林克莱特继续注视着小朋友，想看他是不是自作聪明的家伙。没想到，接着小朋友的两行热泪夺眶而出，林克莱特这才发觉这个小朋友的悲悯之情远非笔墨所能形容。于是林克莱特问他：“为什么要这么做?”小朋友的答案透露出了一个孩子真挚的想法：“我要去拿燃料，我还要回来!”

人们有时会出现沟通障碍，原因在于缺乏共通的文化、经验、观点等。“讲不到一块儿去”是常有的事。例如，女儿问父亲：“您觉得《菊花台》怎么样?”父亲回答：“没喝过。”

类似的事常发生在我们日常生活里的人际传播中，但若能像林克莱特那样持续地观察与交流，意义就能够得到更好的传达，人与人的互相理解也会加深。

第三节　社会关系与人际传播

美国语言传播学者约翰·斯图尔特（John Stewart，1941—2022）认为：“人际传播不同于含有（人际）交往成分的非人际传播。这意味着，为了让人际传播得以发生，每个参与者都必须愿意并且能够以最能体现个人存在的方式进行交谈和倾听。这种意愿和能力只有当事人遇到以下情况时才会出现：（1）熟悉人际传播的基础；（2）愿意并有能力准确感知和倾听自己与他人，使他人了解他们本人及其思想；（3）知道在各种关系中，基本的传播过程是如何发生的；（4）拥有处理难题的某些资源。”①

---

① 斯图尔特．沟通之桥［M］．王怡红，陈方明，译．北京：北京大学出版社，2017：10.

人际传播是一种非制度化的传播，但并不意味着不受社会关系的影响。恰恰相反，人际传播的方式和内容反映个体的个性特征，更反映他们的社会角色及其关系。处于人际传播中的双方或多方不仅是独立的个体，而且其社会性及其对人际传播的影响始终是无法摆脱的存在。乔治·赫伯特·米德提出的符号互动论，主张人们根据特定社会情境中产生的符号意义来行动。该理论有三个重要假设：（1）人们基于他人赋予某个事物的意义对他人采取行动；（2）意义是在人与人的互动中创造的；（3）意义在解释中得到修正。我们生活中的大部分事物本身并无特殊的意义，但经过人们的社会互动和对其重要性的肯定，逐渐具有了特殊意义。这种意义包括如何实现自我在社会中的定位，并以一定方式展开与其他人的交流。实际上反映了人际传播并不是个人之间的关系，而是在一个社会中实现的意义生成。

一、交流产生自我

我是谁？我想怎么样？我的形象自我感觉如何？别人是如何看待我的？我是否在与他人共建自我形象？这样的问题，可能不少人追问过。

古希腊特尔斐的阿波罗神庙上刻着："人啊，认识你自己！"这是人来到这个世界上首先要确定的问题。通过什么来确定呢？不是与大自然交流，而是与人交流。

当我们与对面走来的人打招呼的时候，其实说什么是次要的，重要的是通过这个行为确认自己的存在，并通过与对方的联系确认自己是谁：我是他的同事、同学、邻居等。

人际传播的第一个目的便是确认自己的身份，以及自己在群体中的位置。马克思说："他自己的感性，只有通过别人，才对他本身来说是人的感性。"① "这个人所以是国王，只因为其他人作为臣民同他发生关系。反过来，他们所以认为自己是臣民，是因为他是国王。"②

最初，"我"通过与母亲的交流，确认自己是母亲的子女；来到学校，认识了老师，也就确认了自己学生的身份。长大成人后，每个人更要通过每时每刻的人际传播来确认自己是谁，这种确认是不断变化和更新的。

当婴幼儿获得一系列的经验、他人对婴幼儿做出反应时，他们便逐渐发展出本我的边界，即意识到个体是独立的单元。他们开始倾听并观察别人，并在此过程中定义自己。

一位母亲说："我女儿11个月以前，她认识不到自己的手脚是自己的。我指着她的脚说'莱妮的脚'，然后她指着我的脚说'莱妮的脚'。她认为自己是身边世界的一部分。但是一个月后，她就不这样看了。如果我问莱妮的脚在哪里，她会指指自己的脚。如果我指着自己的脚说'莱妮的脚'，她会摇头或者咯咯地笑。"

---

① 马克思，恩格斯．马克思恩格斯文集：第1卷［M］．北京：人民出版社，2009：194.

② 马克思，恩格斯．马克思恩格斯全集：第44卷［M］．2版．北京：人民出版社，2001：72.

随后，孩子在与特定的他人发生互动时，他们了解了他人如何看待他们，这是自我认知的开端。

自我认知起源于在与他人的交流中他人对自己的看法。人时常把他人给予的评价，把从他人那里看到、听到的“自我”，看作对自己某种身份、成就的确认。通过知人而知己，这是一种伴随人一生的、必需的，却又是有意无意的人际传播。因为人无法离开这面“他人之镜”来认识自己，并通过人际传播展示“我”与他人的不同。反射性评价不仅仅存在于童年时期，它贯穿人的一生。

人际传播的另一个重要目的是社会比较，即通过比较自我与他人，形成对自己的天赋、魅力、才干、技能等的判断。

对相似性或差异性的判定使我们可以判断我们属于哪一类人。人们通常同与自己类似的人在一起比较自在，因此我们倾向于被那些我们认为与自己相同的人吸引。但是，这种倾向也剥夺了我们了解与我们的经历、信仰不同的人的可能。当我们只与类似的人打交道时，我们对自己和世界的理解会变得贫瘠。

我们还通过与他人的比较衡量自己。但要小心那些不恰当的比较标准。当我们拿明星和模特作为判断标准、拿专业运动员作为判断标准时，就无法对自己的能力做出符合实际的判断。

我们对自我的认识，影响着我们后续的人际传播，以及与他人建立的社会关系。

二、社会关系影响人际传播

在社交媒体中，我们常会根据交流对象转换不同的传播内容。例如，与长辈交流，我们会更多地发送语音，使用“中老年”表情包。根据对方 IP 属地的不同，我们可能会先入为主地判断对方的态度，或带着地域刻板印象编辑传播内容。

类似的人际传播“规则”在实际生活中很常见。传播中双方或各方显示或暗示的身份和地位（人际关系），在相当程度上决定了人际传播的内容和方向。人际传播的“第一个特征是，人际传播发生于有关系存在的环境里。事实上，通常给关系和人际传播所下的定义是一致的……我们知道某人之所以与他人发生关系，是因为他们极有可能彼此交流。而他们进行交流的方式是由关系的约束所决定的。……关系还受到彼此怎样看待对方的约束。有些关系被人们认为着重于彼此扮演的角色。关系双方的相互行为既基于本人扮演的角色，也基于对方扮演的角色”[①]。

我们的生活经验也是这样。在你开始人际传播的时候，心里已经有了一种“传播理论”在指导行动，它来自你的文化背景、社会认知、传播实践和对经验的亲证。只要交往发生，交往者就在有意无意地发送两种信息，一种是实在的、可以感知的内容信息，一种是关系的信息。关系的信息通常没有显在的形态，是一种暗示，需要由接收者来揣摩。

---

① 罗洛夫．人际传播：社会交换论［M］．王江龙，译．上海：上海译文出版社，1997：22.

在实际的人际传播中，关系的信息不仅通过话语，也通过声调、陈述的节奏、眼神等非语言符号显示出来，还会通过接收者的心理感受间接地被体会到，诸如对方总体上给接收方留下的期待、追究、爱慕、怀疑、忧愁、绝望、躲闪、奚落、犹豫等心理感受。甚至传播的时间、空间也是一种无声的关系的信息。例如你在宴会前一天从主人那里接到宴会邀请，如果别人在一星期前就接到了邀请，这种时间上的差异可能就在无形中传递出了一种关系的信息，据此你可能会产生各种联想：主人较为勉强、缺少诚意，本人被忽视、无关紧要等。这类关系的信息会带来诸多的猜测，也很容易生出对关系的误解，成为传播的障碍。

人总是生活在具体的文化氛围中的，因而人际传播中会有一种无形的“文化契约”，决定着人际关系，并影响传播的内容、情感的表露。孔子就深谙于此。《论语·乡党》记载：“孔子于乡党，恂恂如也，似不能言者。其在宗庙朝廷，便便言，唯谨尔。朝，与下大夫言，侃侃如也；与上大夫言，訚訚如也。君在，踧踖如也，与与如也。君召使摈，色勃如也；足躩如也。揖所与立，左右手，衣前后，襜如也。趋进，翼如也。宾退，必复命曰：‘宾不顾矣。’”孔子在不同的场合对待不同的人，容貌、神态、言行都不同。在朝廷上，当国君不在场时，他同下大夫说话，自信从容；同上大夫说话，和颜悦色。国君来了，他表现得举止得体，又小心谨慎。国君让孔子接待宾客，他的脸色立刻庄重起来，脚步也快起来。为什么孔子在待人接物时会表现出不同的非语言体态符号？因为他惯于用周礼的等级和尊卑观念看人，同时也强烈地意识到自己所处的等级，因而在不同的场合会采用对应的交流方式。

关系的信息包括如下几种类型：

(1) 社会角色的信息。这种信息在官本位和社会等级较为森严的社会中显得最为强大，而在法治化国家则较弱。

人际行为受外界强加在一个“社会演员”身上的道德规则的统治。其中，意义重大的他者（significant others），即与你关系最为接近而重要的人，他们对你做出的回应会对你产生很大的影响，因此与之交流必须考虑双方的社会角色。

当人们相遇时，面对面互动的处境会使互动双方透露出彼此的外表、阶层、关系等信息，并借由社会仪式化的过程将这些信息传达给对方。在此过程中，互动双方会有意无意地加强、制造并表现出符合社会规范的自我形象。

(2) 伦理的信息。这种信息有意无意地传播着姓氏的差异、辈分的高低、血缘或亲缘关系的远近、长幼次序等，这类关系的信息甚至能够在通报姓名之时马上产生，因为一些姓氏本身就显露了身份信息，诸如孔子之后的孔姓、朱元璋之后的朱姓等。在传统文化较为浓厚的地区，这种关系的信息还透露了一定的权力等级。

(3) 礼节的信息。这种信息显示的是一种无形的施与报的要求。为了保持和发展某种既定的关系，一旦一方施予（从好话到实际的好处），那么另一方至少要对等地给予回报。

在人际传播中，关系的信息远远不止以上这些类型。换一个角度，我们还可以根据人际传播的三大矛盾来考察关系的信息：

（1）“亲密 vs. 距离”。人际传播中，“亲密 vs. 距离”也是一种关系，即空间关系。人们常遇到这种情形：既要与他人保持密切关系，又想与他人保持一定距离。即使在夫妻、血亲之间，也存在这种问题。若不想让一种亲密的关系吞噬自我，就需要与他人多少保持一定的距离，而这样又可能会伤害已有的关系，很难协调。例如对老年人而言，来人多了会感到被打扰，没有人来又会感到孤独，甚至产生被伤害感。“亲密 vs. 距离”是人际传播中的一个悖论。

（2）“确定 vs. 不确定”。这也是一种人际关系，涉及交往认知范围。传播双方确定的关系会给人一种安全感，因为参与交往者可以预见到交往的发展方向。可是长此以往，过多的确定性也会因为习以为常而使交往变得平淡和枯燥。人总是希望关系中带有一定的神秘、未知、猜测、意外等。但当“不确定”真的来了，也可能潜藏着危险。显然，这也是人际传播中的一个悖论。

（3）“开放 vs. 封闭”。这是人际传播中的一种心理空间层面的关系。每个人在与他人的交往中都有对“向他人倾诉”和“保持私密”两种分寸的把握，即使是在夫妻和密友之间也不例外。但对交往的另一方来说，很难出现完全的对应，于是这在传播中又构成一个悖论。

由于存在诸如此类的人际传播中的悖论，人际关系通过其张力构成了交往的多样化和多变的特点。关系的亲密不是对距离的否定，人需要交往亲密感，也需要适当的距离感，有时距离感反而产生亲密感。交往中的“不确定”虽然产生了某种障碍，但在寻找确定性的过程中，人也尝到了交往的悲喜。开放的交流使人能够从外部获得能量，而在“满足自我”的需要占上风时，封闭交流也可能带来宁静。

三、“我—你”传播关系

“我—他”之间的传播，“他”多少是陌生的，因而“我—他”传播的功利性就会强些；“我—你”之间的传播，就显得亲近了许多，因为“你”已经以“相识”作为无形的前提了。

约翰·斯图尔特在他的人际传播著作《沟通之桥》（见图 4-4）中谈到人作为传播者的五个特性，这是从人的特性角度考察人际传播。

第一，人具有的经验均是独特的。人的经验可以通过符号的编码与传播来同他人分享，但是这种交流永远是有限的，因为每个人独特的经验难以完全传达给他人，例如对某些人生经历的体验。

第二，人的精神世界是不可测量的。经验-功能学派经常采用抽样调查和量化分析的方法研究传播现象，但是这种测量无法对人的情感、灵魂、精神等给出数据。

第三，传播中的人通常会有回应，而且能够经过选择以后来回应，这种回应与那种无生命事物的“反应”，性质完全不同。

第四，传播中的人具有反思的能力，这不仅指感知周围环境的能力，还指反观这种感知的能力。

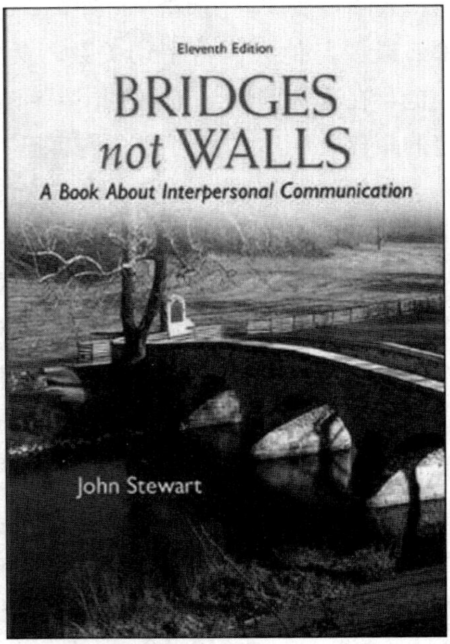

图 4－4　斯图尔特《沟通之桥》2011 年英文第 11 版封面

第五，人的传播是言说的，可以为事物诉说、命名。如果人不称呼事物，它便什么都不是。

我国研究者王怡红补充了第六点，即人在传播中具有创造性，人可以建构个性化的交往。①

斯图尔特还以“人格”作为一种区分人际传播品质的标准，由此将人际传播划分为三类。

第一类是人格（personal）关系的传播。在这种传播中，交流者相互注视，认识个性的差异，充分表现出自我属性。在这种关系中，人的差异不是人与人之间的交往的鸿沟，而是作为个人的魅力，不断吸引对方，从而不断创造着“我—你”性质的人际传播关系。

第二类是准人格（quasi-personal）关系的传播。在这种传播中，交流者主要由于不同的社会角色而相遇，除了角色需要的传播外，常依交流各方的信仰、人品在某一方面的接近，例如宗教、政治、做人的准则等方面的接近，或者诚信、真诚、性格等方面的接近，从而建立接近于人格关系的人际传播关系。

第三类是非人格（impersonal）关系的传播。这是一种工具性或者说物性的人际传播关系，人与人相遇完全由于需要把对方作为利用的工具，对方亦然。人在这种传播中免不了期待得到好处，因而交往经常表现为周旋和应酬。②

我们对他人了解得越多，越是将他人作为截然不同的个体来看待，与他人的交

---

① 斯图尔特．沟通之桥［M］．王怡红，陈方明，译．北京：北京大学出版社，2017：27－31；王怡红．人与人的相遇［M］．北京：人民出版社，2003：52－53.

② 斯图尔特．沟通之桥［M］．王怡红，陈方明，译．北京：北京大学出版社，2017：26－27.

流就越具有个人化特征。依据这个标准，我们可以说，与朋友之间的深入谈话比与售货员的简单交谈要私人化得多。

犹太哲学家马丁·布伯（Martin Buber，1878—1965，见图 4-5）是更早从人、人格角度切入进行人际传播研究的研究者。他在 1923 年出版的小册子《我与你》（见图 4-6）中鼓励人们跳出主体与客体相互对立的“我—他”传播关系，转向具有人格特点的“我—你”传播关系，提倡用“对话”的方式改善人际传播，不因意见分歧而拒绝交流，把显示个体的独特存在放在传播关系的第一位。

图 4-5 马丁·布伯

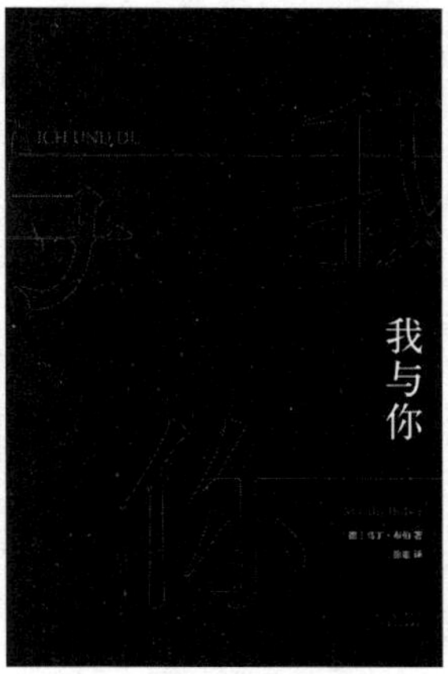

图 4-6 马丁·布伯《我与你》中文版封面

1957 年 4 月 18 日晚上，79 岁高龄的布伯从以色列来到美国，与当时美国最有影响力的心理治疗学专家卡尔·罗杰斯（Carl Rogers，1902—1987）进行了一次公开对话，主题是“人际传播的相互性”。他们关于心理治疗的学术观点本来有较大差异，然而通过这次对话，两人至少在五个问题上达成了较为一致的看法。

第一，在对话时，治疗者显得更为积极一些，他创造对话的环境和条件。

第二，对话是主动地请他人进入“我”的思想中来，或者双方相互邀请。

第三，对话的相互性是在一种不完全平等的关系中发展的，因为在社会生活中，人与人之间不可能有绝对公平的关系。

第四，对话中的“相互性”是短暂的现象，对话双方会有瞬间接通的思想，瞬间体验到这种相互性的共同关系。当这种瞬间发生时，人特别容易改变自己。

第五，当双方体验到对话的相互性以后，都会愿意更多地经历这种瞬间的相遇。[①]

这里提到的虽然是心理治疗时的谈话情形，但在日常的人际传播中，这种现象屡见不鲜。即使在较为熟悉的、地位平等的人之间，谈话中也总有一方在某个时段或话题上居主导地位，显得更积极些，双方不会是绝对平等的；在思想的交

---

① BUBER M. The Martin Buber-Carl Rogers dialogue: a new transcript with commentary [M]. Albany: State University of New York Press, 1997.

换中，真正达成一致的时刻表现为茅塞顿开的一瞬间，而这个瞬间正是人际传播的最有意义之处。

人际传播到底应该从哪个角度来认识，学者们见仁见智。但是每一种模式、理论都在某一个层面揭示了这种传播的特点。从早期关注人际传播的个人功效、工具性价值，到现在从人性、人格角度切入进行研究，这是人际传播研究的发展趋势。

四、人际传播中的本相与装相

有人际传播，首先要有人际关系，可是生活中每个人多少都有过对建立某种人际关系感到“发怵”的时候，这在学术上被称为“交往焦虑”。这种对某种交往莫名的、不可思议的恐惧，源自社会关系的复杂和多变，以及对人的情感把握的难度。这会使人感到人际关系的深不可测，担心在交往中发生难堪或失败。

出于对实际利益的考虑，或难以理清的微妙的心理动因，人在交往中虽然一般情况下谈的内容是真实的，但也不同程度地存在虚假内容，真消息和假消息混合于人际传播中。马丁·布伯就此提出了一对范畴，即交往中的“本相”（being）与“装相”（seeming）。装相是人们在交往中自我披露的部分，含有不同程度的本相，但也含有假象。[①]

人有一种相互纠缠的悖论难以克服：一方面，渴望按照自己做出的样子给别人留下印象，怕他人用某种固定眼光看自己；另一方面，又喜欢戴着有色眼镜看别人。越是这样，就越可能使装相不真实。布伯用保罗和彼得这两个最普通的名字为例，说明本相、装相之间矛盾关系的发展。第一对关系是：有一个向保罗“装相”的彼得，还有一个向彼得“装相”的保罗。第二对关系是：当彼得把真实的自己呈现给保罗时，保罗对彼得的认识还停留在彼得“装相”的阶段，可是，这并非彼得自己此刻希望保罗看到的样子；反之，保罗对彼得亦然。长期只见装相不见本相的结果是：即使后来披露的是本相，也不会被相信是本相。发展到极端，可能双方谁也不了解对方，谁也认不出对方的本相。

任何人际传播中都潜藏着本相与装相的矛盾，这是一个令人痛苦的事实。在今天的网络交流中，对话过程常常是匿名的，披露自己的一切可以不用承担社会交往的责任。市面上还出现了一种类似 2003 年出品的电视剧《DA 师》中“开心坞”的店面，服务生以不相关的陌生人的身份，陪心情郁闷的人喝茶聊天。剧中的一段话道出了人们对实际交流的恐惧：“陌生是一种美，因为在陌生面前不需要设防，想说什么就说什么。”这种情况反映出人们对真诚交流的渴望，但这是人际传播永远追求而难以完全实现的目标。

---

① BUBER M. The knowledge of man，selected essays［M］. New York：Humanities Press International，1965：65.

第四节 如何实现人际传播

正常的人天生就会说话和表现自己。当面对其他人时，即使是在很小的场合，我们说话或表现自己，双方以一定的关系相联结，就构成了一种人际传播。今天，除了面对面交流、写信和打电话等人际传播方式以外，通过微信、QQ、MSN以及其他方式进行的交流也是一种人际传播，但是这里依然要强调面对面交流的重要性。面对面交流是人一生中大部分时候与他人建立联系的交流方式，新传播技术可以开启更多的经过一定中介或路径的人际传播，延伸和延续人与人之间的联系，但最终人们还是要回到面对面交流上来。

人际传播与自言自语不同，传播的目的是希望对方接受，对方依据你的言语和表现决定是否继续这种传播的关系，因而，面对他人说话和表现，需要知识和技巧。

一、何为传播能力

美国传播学荣誉教授萨拉·特伦霍姆（Sarah Trenholm）和心理学家亚瑟·延森（Arthur Jenson）在他们的论著《人际传播》（见图4-7）中关于传播能力的定义是："一个人以有效而得体相宜的方式进行传播的能力。"[①] "有效"指传播者知道在行动时自己要做什么，对眼前的事物有能力辨别和判断，预测结果，妥善处理问题。"得体"指以适当的方式传播，符合一般的社会行为规范，懂得人心之道。

图4-7 特伦霍姆、延森《人际传播》英文第7版封面

另一位美国传播学者马尔科姆·帕克斯（Malcolm R. Parks，1951—2015）在

① TRENHOLM S, JENSON A. Interpersonal communication［M］. Oxford: Oxford University Press, 2013: 6.

中观层次上提出了关于传播能力的三个主题：（1）控制。两个以上的人在交流中，控制自己的言谈和控制整个谈话局面，使之达到预想的目的，这是一种能力，需要锻炼和经验。（2）适应。在动态的传播中，根据对方的态度不断地调整自己的传播方式和内容，以适应新情况，这也是一种能力，它要求思维的敏捷。（3）合作。传播能力不仅表现为个人的力量，也表现为在传播中与他人共同建构自我的能力，人际传播中会有很多协商和妥协。①

当代社会的变化很快，“当内容生产和消费与人们的社交活动的关联越来越密切，当内容越来越多地依赖于人们的社会关系渠道流动时，传统的点对面的大众传播日益演化为‘社交化’的大众传播”②。社会化媒体时代到来的重要特征，就是传播的普遍社交化倾向。换言之，也就是一种人际化倾向。从某种意义上说，人际传播是各类传播的“元传播”。因此，要把握当今各种纷繁复杂的传播类型，同样离不开人际传播能力的提升。人们适应新的环境的能力之一，便是不断增添新关系，学会面对不同情境的恰当表达，展开更广泛的人际传播。网络看起来使得人际传播的手段多样化了，但最终还是要落实到面对面的人际传播上。提升人际传播的能力，是网络时代人的素养的标志之一。

二、人际传播的策略

人际传播的方式多种多样，对方的语言、语气、神态无不包含着信息。在人际传播的过程中，我们不仅要考虑对方的关系、地位，还要考虑“面子”、行为等信息，以采用正确的传播技巧。

人际传播具有高度情境性和互动性，在具体回应过程中，两个说话者甚至会根据情况改变传播风格。1973年，英国社会心理学家霍华德·贾尔斯（Howard Giles，1946—　）在论文《关于语言中人际适应的一个理论》中提出了传播适应理论（communication accommodation theory，CAT），对回应现象做了研究，讨论了为什么两个说话者会改变其传播风格，这种改变会产生什么结果。

该理论将在传播过程中调整言语风格的过程分为两个方向：趋同和趋异。趋同行为往往发生于传播者希望增加吸引力、寻求赞同、表示认同的情况下。某种程度的趋同行为是得到认可的。例如，说话人模仿对方的行为，或者不断调整自己的口音、语速和手势、表情，变得和对方更相似。通常来说，面对一个试图模仿你的说话风格的人，你的反应多半是积极的，比如在外地遇到一个跟自己说家乡话的人。

趋异即向着不同的方向移动，和趋同正相反，它夸大了彼此之间的差异。当事人使用趋异主要是为了保持自己的社会身份特征、群体特征以及谈话中的权力和角色差异。当然，在某些特定情况下，表现趋异行为的目的仍是追求趋同，这样能让

---

① SASS C P. On interpersonal competence [M]. Albany: State University of New York Press, 1994: 146.

② 彭兰. 网络传播概论 [M]. 4版. 北京：中国人民大学出版社，2017：273.

人愉快地接受。

趋异同样能表现在语言，包括方言、术语、行话上。当说话人刻意强调这种差别的时候，动机就很明显。例如，学生 A 和学生 B 都是上海人，都在学生会担任一定的职务，且 A 是 B 的上级。有一次，B 有事想向 A 请假，他用上海话与 A 交谈、商量，希望拉近两人的关系。在明了 B 的意图之后，A 立即转而使用普通话，告诉 B 不准假，因为得公事公办，这是学校规定。在交谈中，A 刻意由上海话转为普通话，已经暗示了 B：他作为一名干部，是会秉公处理，不会准许 B 请假的。这种趋异传达了 A 坚定的办事态度，聪明的 B 自然也心领神会，知道请假无望。这种刻意转换的趋异方式表明了身份的差异。

面子被看作每个人要求他人认可的公众自我意象，在交往中是需要被时时留意的东西。因此交际参与者考虑到对面子的共同需求，就需要时刻照顾彼此的面子，理性地采取某些交际策略以减少对面子的威胁。面子在本质上是社会文化层面的而非纯粹心理的建构。

在人际互动中，一个人不仅应该注意自己的面子，还应该维护他人的面子。马克思说："我们每一个人都是更多地受环境的支配，而不是受自己的意志的支配。"①

当一个人没能完全表现他的自我意象时，他会采取挽回面子的行动，即所谓的面子功夫。面子功夫指一个人所采取的使其行为与其面子相一致的行动，既包括言语行为，也包括非言语行为。研究面子功夫就是研究人际互动的交往法则。

最理想的交际情况是既考虑到自己的面子，同时也考虑到他人的存在，即通过自我尊重与为他人考虑使得自己的面子和他人的面子均得以维持，其本质上也就是精致化的礼仪性目标。一个人愿意做面子或帮助他人完成面子功夫，是其参与社会化的表现。由于个体的表演场域被限制在面对面互动的框架当中，他必须遵守适当的社会交往规则，才能够顺利地与他人互动。但事实上个体永远无法符合所有的社会规则，因此就必须运用各种行动策略来使自己安全过关。

三、谈话技巧

在人际传播中，能够直接感知的是传播者的说话能力。日常生活中人们会有体验，说话时要随时根据所面对的人的情况，选择能够让对方领悟的语言或非语言符号。因此，说话能力的第一个标准就是准确传递信息。第二个标准是使用恰当的词汇。会说话的人，说的话特别贴心或十分煽情，让人感觉舒畅或激情澎湃。当然，这里的"用词"也包括非语言符号，当交往中出现"失语"时，就需要非语言符号来救场。第三个标准是给事物"命名"的能力。这是一种对互动中的信息进行及时处理的能力。交往中会出现许多需要给予意义或冠名的谈论对象，谁能够在这样的问题上主控，谁就能在这场人际传播中取得主导权。

人是通过语言建构精神世界的，而且在交往中不断地建构着新的精神世界。当

① 马克思，恩格斯．马克思恩格斯文集：第 10 卷［M］．北京：人民出版社，2009：295.

使用一种语言界定某一事物或人物时，所使用的符号本身可能通过传播而具备了较大能量。例如很多人都认为某人是一个什么样的人，即使这个人实际上并不是这样的人，在如此“命名”的包围下，他也只能是人们所想象的那个形象。交往中的语言不仅有一种无形的力量，而且可能构成圈套，因为语言中莫测的转化、替代、隐喻，会让人不知不觉地落入陷阱，有意无意地对接收者造成伤害。

图4-8 弗吉尼亚·萨提亚

在不同的情境下，为了达到和谐相处的目的，要学会在交往中正确使用语言，避免造成伤害。

这里以美国女学者弗吉尼亚·萨提亚（Virginia Satir，1916—1988，见图4-8）研究父母对孩子使用的语言作为例子，谈一谈正确使用语言对维持传播关系的重要性。她发现，以下十个常用的词在使用时需注意：

一是“我”。在西方国家，许多人在说话时不喜欢使用“我”字，潜在的动因是不想对自己说的话承担更多的责任，于是常使用“他”“他们”。其实，第三人称使用过多，会无意中扩大话语范围，扯出更多不必要的东西，造成误解。而在中国的文化氛围里，似乎使用“我”字又太多了，这会在无形中造成咄咄逼人的态势。

二是“你”。在人际传播中，抱怨他人、推卸责任时使用“你”字的频率增高。当与他人共做一件事，并对事情发表评论时，要注意少说“你”字，诸如“你怎么搞的”。当说“你伤害了我”“你让我感觉糟糕”时，是在把对自己情绪的控制权交给别人，减弱了对自己感受的管理能力，也减弱了自己做出改变的动力。为了不引起误解，对“你”字的使用要带有明确的对象，诸如“我想让你……”“我准备同你一起去……”

在谈及对方时，为避免过多使用“你”造成某种压力，可以改用“我”。用第一人称描述关系的现状，容易减少冲突，缓和气氛，达到沟通目的。例如，将“你烦死我了，别吵了”，改成“我心很乱，别吵了”，传播效果会不一样。

三是“他们”。在“我—你”的传播中，含糊其词地使用“他们说”“他们会难过”等，会让人搞不清楚怎么回事，仿佛受到了什么威胁。如果明明知道“他们”是谁，却又语焉不详，就很容易破坏“我—你”的关系。因此，不妨在说话前问一下自己：谁是他们？

四是“那个”。这个词的内涵经常含混不清，有时，“那个”背后掩藏着“我”的信息。为了避免误会，一定要把“那个说得不清楚”改换为“我说得不清楚”或“你说得不清楚”。传播中的信息越清晰，猜测就越少。

五是“可是”。这个连词是用来表明“是”或“不是”的一种较为委婉的方式。这种表达在英语中转折得较为突然，例如“我爱你，可是希望你睡前不要吃东西”，改用一个轻度的转折词会好些。在中国的表达习惯中，这是一种温和的转折，例如“我喜欢那个地方，可是现在我无法成行”。这样既给对方留了面子，又表明了谢绝的态度。

六和七分别是“是”和“不是”。为了安全起见，人们在谈话中常采取迂回的方式说话，诸如“是的，可能吧”。特别是对于“不是”这一否定回答，常附带上“大概”“也许”“可能”等词，潜在地对说出“不是”存在恐惧。当“不是”说得不清楚的时候，“是”也自然成了问题。明确地说出“是”或“不是”，对建立信任关系非常有益。

八和九分别是“总是”和“从不”。人们强调这两个词通常是为了加强语气和情感的强度，但实际生活中没那么多“总是”“从不”，诸如“你总是惹我生气”“你做事从不与我商量”。应该就事论事，强调眼下的状态，将刚才的话改为“我现在很生你的气”“这件事你没和我商量”。不然，在遇到关系危机时，这样的词句会成为危机爆发的导火索。

十是“应该”。这是一种个人内在的道德律令，是一种无形的自我约束。如果用来描述“你应该”，诸如“你应该知道得很清楚”，就带有指责的意思了。换一个词，例如“你需要知道”，就好一些。[①]

为了保持人际传播的和谐，要尽可能避免发出伤害性信息。在不同的人际关系中，以下十种表达方式容易出现伤害性信息：指责、评论、命令、提意见、表达愿望、发布信息、提问、威胁、开玩笑、说谎。

比如“如果我当初遇到他，肯定就不跟你好了”“你玩得太臭”等，是不宜说的。不过，人际传播的心理因素很微妙，据约翰·斯图尔特的调查，64.8%的伤害性信息被认为是“非故意伤害”。这要根据具体情况判断是谁说的、对谁说的、何时何地说的、说了什么等。在亲密关系下，伤害性信息有时带有反语性质（所谓“打是亲，骂是爱”）；但在陌生的或敏感的人际关系下，伤害性信息的杀伤力很大，可能会毁了关系本身。

在容易出现伤害性信息的情形中，较为复杂的情形是说谎。根据美国传播学研究者奥哈尔（H. Dan O’Hair，1953—2022）和柯迪（Michael Cody，1951—2013）的研究，说谎的动机有六种：（1）为个人摆脱窘境或不丢面子而说谎（利己）。（2）为了不伤害他人、为朋友保密而说谎（善意）。（3）为了加强或修复关系，借用谎言避免导致冲突（功利性）。（4）通过说谎，利用他人达到某种目的（利用）。（5）用谎言故意伤害他人（恶意）。（6）关系破裂后的报复性说谎（倒退）。他们认为，前三种动机至少对一方具有积极结果，因此被列为积极动机，这些动机不会伤害关系。后三种动机至少会对关系中的一方造成伤害，因此被列为消极动机。其中，利己和利用分别是自我相关性动机的积极形式和消极形式，善意和恶意与其他因素有关（例如为保护犹太人对纳粹说谎、为毁掉他人而进行欺骗），功利性和倒退则与关系有关。[②] 不过，从道德角度应当谨记：谎言的传播首先构成了自我欺骗；纸包不住火，谎言从来都是灼人的火焰。

---

① SATIR V. Paying attention to words［M］//STEWART J. Bridge not walls：a book about interpersonal communication. 5th ed. New York：McGraw-Hill Publishing Company，1990：93－97.

② 斯图尔特．沟通之桥［M］．王怡红，陈方明，译．北京：北京大学出版社，2017：297.

好的谈话不仅要注重自己的发言，同时也要倾听别人的发言。古罗马哲学家爱比克泰德（约55—约135）说过："造物主给了我们两只耳朵，但是只有一张嘴巴，这是为了让我们多听少说。"

倾听是传播中主要而且非常重要的部分，但是我们在生活中，很多时候并没有把它看得和说话一样重要。在倾听中也有几个技巧：（1）集中注意力；（2）暂不判断；（3）理解他人的看法；（4）表示支持（不一定赞同）。

四、建立亲密关系

1987年，英国心理学家阿盖尔（Michael Argyle，1925—2002）和亨德森（Monika Henderson，1954— ）通过对美国、英国、意大利、日本和中国进行调查，归纳了六方面的交友原则：（1）相互尊重隐私。除非朋友向你寻求帮助，主动说出隐私，否则不要探问朋友的私事。（2）谈话时相互注视，保持目光的交流，不要显得心不在焉。（3）为朋友保密，不对第三者谈论朋友对你说过的心里话。（4）朋友之间保持纯粹的友谊关系。（5）顾全朋友的面子，不公开批评朋友。（6）对朋友的帮助要予以回报，包括对赞扬和恭维你的人致谢。①

1994年，朱莉娅·伍德提出了八条交友原则：（1）分享成功的喜悦。（2）给予感情上的支持。（3）相互信任。（4）当朋友需要帮助的时候，伸出援助之手。（5）尊重朋友的隐私。（6）让朋友感觉愉快。（7）能接纳朋友的朋友。（8）看到朋友的长处。②

这些交友原则虽在具体表述和内容上有所差异，但大体一致。

朋友关系和家人关系差异较大，朋友的关系多少还是"有私"的（参见上面阿盖尔、亨德森谈到的六个方面），很少像母爱那样绝对无私，尽管我们喜欢把好朋友比喻为自家人，但那通常是为了说明看重朋友关系。每个人在朋友面前都会自觉地有所克制或自我退让，与朋友说话一定会比对家人说话更小心、温和，对朋友会比对家人宽容，朋友也会更委婉地评价你的为人处世，倾听你的心声。而家人关系，特别是夫妻之间的交流，就不会像朋友之间那样有所顾忌。总体而言，家人关系较为牢固，朋友关系较为脆弱。正因为脆弱，才会在交往中有意呵护。

以亲密与否衡量人际关系时，有一种关系常被关注，并且有时十分敏感，这就是性别之间的关系。性别关系也是一种人际关系，自然会伴随人际传播。一般认为，男性间的关系主要表现为"共事"关系，其次是"共同情趣"关系。"朋友有信"是男性间友谊关系的一个重要标准。而女性交友的突出特点是通过谈话建立友谊。对女性而言，与之交谈最多的人，往往是与之关系最密切的人。女性更喜欢在同性间自我披露。

女性交谈时使用的是"联系式交谈"，她们用这种语言促成与别人的亲密关系，交流经验并建立相互关系。而男性则使用"报告式交谈"。在这种说话风格中，说话

---

① PERLMAN D，DUCK S. Intimate relationships［M］. New York：Sage，1987：69－73.

② WOOD J T. Communication mosaics［M］. New York：Wadsworth，2001：192.

者的目的是维护身份、显示知识与技能和建立自己的心中地位。在记者招待会上，女性发言人倾向于使用“联系式交谈”，其显著特点是具有亲和力；男性发言人则倾向于使用“报告式交谈”，其显著特点是具有权威性。

男女间的关系，除了爱情关系外，是最难说清楚的。在这方面，有的研究显示，异性朋友难以保持长久的关系。异性间缺少爱的吸引，关系就会疏松，变得可有可无。朱莉娅·伍德在调查中说：“女性总是把男性的友谊动机看作性行为的企图，或者有性的吸引。可是如果她们不这样做，她们也就不会结交异性朋友了。”① 朋友的标准中不能有性，一旦有了性的关系，就会转换为爱情关系。我国研究者王怡红认为：“如果不排除性爱存在，我们就有充分的理由对异性间是否存在真正的友谊持不信任的态度。不仅社会不情愿接受婚后异性的友谊关系，而且如果我们扪心自问，就连我们自己对此也大有怀疑。一旦有了这种心理障碍，社会规范反倒不如我们自己来得有约束力了。看来，对异性朋友关系的认识，大有‘人一思考，上帝就发笑’的尴尬。”②

五、约哈瑞窗口

人际传播涉及传播的双方、多方之间心理、智力上的微妙关系。在交往中总要向对方披露些什么，否则无法形成传播关系；而一旦披露，就可能降低安全感。在这些悖论中，人们处于何种状态？

1955 年，美国心理学者约瑟夫·卢夫特（Joseph Luft）和哈瑞·英厄姆（Harry Ingham）提出了分析人际关系和传播的“约哈瑞窗口”（Johari window，两个人的名字各取一部分而成）理论，用四个方格（见图 4－9、图 4－10）说明人际传播中信息流动的地带和状况。

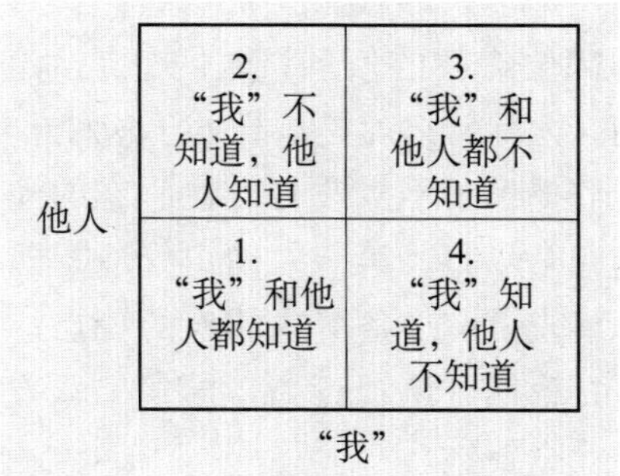

图 4－9　约哈瑞窗口平面四方格

资料来源：ARECCHI V，BAKER E. Effective strategies to move from change to resilience［C］. PMI® Global Congress 2012—North America，Vancouver，British Columbia，Canada. Newtown Square，PA：Project Management Institute.

① WOOD J T. Gendered relationships［M］. New York：Mayfield，1996：119.

② 王怡红．人与人的相遇［M］．北京：人民出版社，2003：246－247.

图4-10　约哈瑞窗口立体四方格

资料来源：The Johari window [EB/OL]. [2024-02-26]. https://todayilearnt101.wordpress.com/2017/08/03/the-johari-window/.

第一个方格被称为“开放区”，在这里，传播各方均认为可以公开的信息都集中在这个方格内。

第二个方格被称为“盲区”，传播各方的“我”所不知道的他人评价“我”的信息被置于这个方格内。这些信息“我”不知道，但是别人都知道，看得很清楚。

第三个方格被称为“无知区”，传播各方都不知晓的信息被置于这个方格中。这是指每个人身上尚未开发出来的信息或潜能，当遇到新情况或新问题时，这类信息会生成和表现出来，为传播各方所察觉。

第四个方格被称为“封闭区”，这里面是传播各方均认为不能公开的纯私人信息，除了隐私，还包括不愿意暴露的弱点，有些甚至对至爱亲朋也不能说。

在人际传播的互动中，每个人都可能会获知部分盲区的信息，也会暴露部分封闭区的信息，同时从无知区生成新的信息。人们总是希望探求到对方更多的信息，但总是无法完全达到目的。人际传播就是这样处于这种永恒的矛盾动态中。

鉴于这种情形，学者们提出了不少改善交往心态的建议。例如，特伦霍姆和延森提出了确立人际关系的四个步骤：第一，确定处境，即明确自己所处的情境和位置；第二，品评他人，即事先了解准备交往的人的特点；第三，判断关系，即明确自己与对方存在何种关系；第四，解释行为，即找出双方需要建立关系的起因——他为什么要做或“我”为什么要做。

英国传播学者斯蒂文·杜克（Steven Duck，1950— ）提出的四种“印象范式”，涉及的是在交往初期、尚未建立明确的人际关系之时，如何进行细致观察，以树立交往的信心。一是由身体结构造成的印象。多数人比较相信自己的眼睛，仅通过观察人的外形，就得出各种印象。尽管很不可靠，但毕竟有了一种实在的看到的东西，心里踏实些。二是由角色结构造成的印象。这种印象与人的身份关联，不同的角色携带着不同的信息。在对他人身份的认识中，可能会获得关于自己身份的再定位。三是由互动结构造成的印象。人与人最初接触时往往只暴露出自身的少许想法，这时的一个动作、一个眼神或遣词造句，都会给人留下友善/敌对、文雅/粗鲁、听话/捣乱、观点相近/观点迥异等印象。四是由心理结构造成的印象。这种印象不是通过可听可见的言辞和体态语言造成的，而是在接触中的内心感应，得出亲近/疏远、喜爱/厌恶、接受/排斥、热烈/冷淡等结论。①

人与人之间不会有完全相同的感受，人的心灵和行动也无限多样化，不可能完全遵循交往原则，但这些带有明显的个人体验性质的理论，或多或少能够给人提供一些启示。

六、网络上的人际传播

网络的无界性提供了前所未有的广阔的虚拟传播空间。脱离了现实条件的桎梏，网络中的人际传播变得更为自由，也具备了日常生活中的人际传播所不具备的特点。彭兰在《网络传播概论》中将网络中的人际传播特征概括为六点。

其一，传播渠道以网络这一大众传媒为中介。网络人际传播的渠道具有一定的技术平台依赖性，平台和技术影响着人际交流的手段、广度和深度，人际传播的范围也从一对一拓展到了一对多。比如社交媒体推特标志性的特征便是其对用户推文字符的限制（140 字以内），以至于后来当人们看到“140”这个数字时，往往第一时间联想到推特。

微信常被人们用来和亲朋好友交流，而微博则被用来和陌生人结识沟通，因为它是更广阔的公众平台。抖音因为短视频而被人熟知，人们在抖音上的交流通常以短视频形式为主，很少看到有人会将微信的使用法则搬到抖音上。这就是不同平台对人际传播的限制。

其二，多种传播手段并存，以文字交流为主。文字因具有简短易看的特点，一直是网络传播的主要手段。后来微信推出了发送语音的功能，有人欢喜有人忧，喜的是可以解放双手，减少打字的劳累，忧的是对方发来的长长的语音，总是需要费时费力聆听。于是微信又推出了语音转文字功能，人们可以选择把语音转换为文字。如今，在年轻人中，交流的方式更加多样，除了最基本的语音和文字，还有各种表情包、流行语、缩写词等，其更迭速度较快，流行范围较广。

其三，传播情境具有虚拟性。网络人际传播的环境没有现实场景的障碍，避免了现实因素的干扰和社会等级的影响，个人交流技巧的重要性得到凸显。网络的自由性也体现在这里，在现实中因为身份、地位、职业、收入等差距没有机会沟通的人，在网络上也许能够发现彼此在心灵上的相似。在现实中因外在条件而不够自信的内向的人，在网络上也许能够释放被压抑的天性，成为热爱互动的外向的人，这也是许多人在网络上和网络下表现截然不同的原因。

其四，传播主体具有匿名性和多面性。在网络中，人们不必再扮演自己日常生

① DUKE S. Interpersonal communication in developing acquaintance［C］//MILLER G R. Exploration in interpersonal communication. New York：Sage，1976：47－127.

活中的社会角色，会更主动地进行自我形象设计和控制，甚至扮演自己希望扮演的社会角色。有的人能够在网上做回真实的自己，但也有的人借助匿名的隐身衣，肆意释放自己平日积攒的压力，制造网络暴力。

其五，传播范围具有广泛性与偶然性。网络大大扩展了人们的交流网络，允许人们对交流的对象和时机进行选择和控制。由于部分社交媒体平台中私域与公域的混合，在网络上发表一句自以为私密的话，却有可能被公之于众，引起不好的甚至要负法律责任的后果。

其六，传播的辐射作用基于人际交流的社会网络。在社交媒体的作用之下，“一传十，十传百”的辐射速度越来越快，“病毒式营销”便由此而来。其创新了广告的形式与技巧，萌生了更多公益互助手段，但也加剧了谣言的传播，网络管理的难度随之提升。

网络放大了现实中人际传播的作用。比起现实中的人际传播，网络上的人际传播更加自由，但也有更多风险。即使有匿名性这一外衣，我们也要在网络中注意自己的传播技巧与媒介素养，做合法与真诚的传播者。

要点思考

1. 简述以他人为镜的人际传播的首要目的（参考马克思的观点和库利的“镜中我”观点）。
2. 简述影响人际传播的三种“关系的信息”。
3. 简述斯图尔特以“人格”为标准划分的“我—你”传播关系的三种类型。
4. 简述马丁·布伯提出的人际交往中的本相与装相。
5. 简述“约哈瑞窗口”中四个方格的内涵。
6. 简述帕克斯提出的人际传播中传播能力的三个主题。
7. 简述网络人际传播的六个特征。
8. 简述人际传播中“回应”的两个方向。

第五章

群体与组织传播

除了孤立生活的人，组织传播对社会中的人来说是一种不可能摆脱的社会存在。在笛福的小说《鲁滨孙漂流记》（见图 5－1）中，主人公鲁滨孙搭救了岛上的野人“星期五”，一开始他们之间的交流是普通的人际传播，一旦他们之间确定了一种关系，萌芽状态的组织传播便开始了——鲁滨孙以主人的身份与仆人“星期五”之间发生传播关系，这是一种统治关系带来的传播关系。马克思在《资本论》第 1 卷里提及鲁滨孙 10 次，提及“星期五”1 次；恩格斯在《反杜林论》里提及鲁滨孙 17 次，提及“星期五”15 次，他们通过鲁滨孙和“星期五”的故事详尽地论证了人的社会性。

图 5－1　《鲁滨孙漂流记》插画

资料来源：Robinson Crusoe and Man Friday［DB/OL］．［2024－02－25］．https：//commons. wikimedia. org/wiki/Image：Robinson_Crusoe_and_Man_Friday_Offterdinger. jpg？uselang＝zh.

组织是一个遍在的历史现象。为了应付自然对人类的威胁，为生存而群居、为狩猎而协作、为分享猎物而协约，都是一种组织活动或组织形态。这种组织现象说明，组织根源于人类的社会协作，以完成特定意义的行为，显现出较强的社会性。在英语中，“组织”（organization）源于生物学“器官”（organ）；后演化为专门之人群，被运用于社会管理；最后成为现代管理学最普遍使用的基本概念。

然而，组织本身并不能自动实现目标，需要人们在组织内外通过不断的交流形成共识。现代社会的人离不开组织，其实都在一定的组织（而且往往每个人在不同的情境下属于不同的组织）内外进行着有意无意的多种形式的传播活动。

第一节 群体传播

谈组织不得不先谈群体，因为组织实际上是一种特殊的群体。群体通常是指联系松散的人自发形成的集合，例如街头围观的人群、某一传媒的受众、某场球赛的观众等，他们的传播行为具有不确定性，即使某些群体成员之间可能会有较长期的关系，甚至有一定的习惯性的聚会场所和时间（例如牌友聚集）。而组织是指结构相对严密的群体，有分工和内部规范，存在时间相对较长，有成员的确认程序和管理层，有特定的目标；组织成员有共同的志趣、观点或信仰。

群体与组织在传播过程及传播目的、效果、影响等方面有明显差异，组织传播有自己独有的原则、模型、动机，但既然组织是一种特殊的群体，那么组织传播就是一种比较特殊的群体传播。由于组织成员具有个体人和组织人的双重属性，他们作为个体人在组织传播中的心理与表现，也会在组织传播中投下影子。

一、群体意识与群体思维

群体意识是参与群体或组织的成员所共有的意识，包括群体感情、归属意识、群体目标和群体规范。群体意识是群体传播作用下的结果，一旦形成就会对群体成员的个人态度和行为产生制约作用。

群体意识的形成与群体内部的黏合性（cohesiveness）有直接关系。黏合性指群体成员彼此认同的程度。如果大家彼此在意对方，黏合性就高，群体意识也就强。我们通常所说的凝聚力，就是指黏合性较高，这也是群体意识的一种表现。

对于群体或组织来说，群体意识具有一定的积极意义，它像胶水一样，把群体或组织的成员聚合在一起，使成员们把关注点放在维系群体或组织的团结上，群体成员相互依赖，遵从群体规范，从中得到安全、友谊、威信和对自我价值的肯定。当群体意识足够强时，便形成群体思维。

群体思维（groupthink）是由美国社会心理学家厄文·贾尼斯（Irving L. Janis，1918—1990，见图5-2）首先提出来的一个假设，指群体或组织中达成一致诉求的需要足够强大时，谨慎的思考和合理的决策就会丧失，甚至一些群体或组织成员会为了维护群体或组织的和谐一致，压制不同意见；或者，当意见不一的争论可能影响到群体或组织的和谐一致时，成员们宁愿牺牲自己的观点和明智的决策，而顺从大多数人的意见。其结果是群体或组织缺乏批判性思维，成员们更愿意讨论简单明白、多数人赞成的解决方案，以便迅速达成一致。显然，虽然这时群体或组织成员之间满意度很高，可是效率却很低。

图 5－2　贾尼斯《群体思维》英文版封面

组织内的群体思维往往更普遍。打破群体思维有时是做出正确决策的一个重要前提。因为“尽管一般来说达成一致是一个群体所追求的特征之一，但是如果走到极端，那么它将变得毫无功用甚至具有毁灭性”①。

二、集合行为和小众群体传播

即使再松散的群体，也可能会在某种刺激条件下发生非常态的集合行为，它不受现有社会规范的控制，具有人数众多、自发、无组织的特点。引起集合行为的刺激因素既可能是社会结构性压力，比如普遍失业、物价飞涨、政治歧见、民族冲突、自然灾害等，也可能是某一个突发事件或刺激性信息。集合行为多以群集、骚动、恐慌奔走、流言散布等形态出现，往往会干扰和破坏正常的社会秩序。如 2018 年 11 月法国爆发的以追求经济正义为诉求的大规模抗议示威活动（因抗议

① 甘布尔 T K，甘布尔 M. 有效传播［M］. 熊婷婷，译. 北京：清华大学出版社，2005：291.

民众身着黄色反光马甲，这场抗议被称作“黄马甲运动”，见图 5 - 3），就是十分典型的集合行为案例。《澎湃新闻》曾这样描述这次运动：

> 法国政府原本决定自 2019 年 1 月起，对每升柴油和汽油分别征收 6.5 欧分和 2.9 欧分的二氧化碳税，相当于平均每升燃油加税人民币 0.5 元。这一决定引发了中下层民众的极大不满。
>
> 2008 年，法国法律规定，每个司机都必须准备一件黄色的反光马甲，在遭遇紧急情况时需穿上，以减少交通事故发生。2018 年 5 月，网上已出现针对燃油税上调的抗议零星请愿。到 10 月下旬，来自法国南部的一位汽车修理工在社交媒体上发布的一条视频呼吁民众穿上黄马甲，上街抗议燃油税上调。这段视频迅速走红，黄马甲运动由此发轫。
>
> 自 11 月 17 日起的每个周六，法国全国各地都有少则 10 万人，多至近 30 万人举行抗议，抗议活动中夹杂着程度不一的暴力活动。新年以来，抗议声势减弱，但在 1 月 5 日举行的连续第八个周末的抗议活动中，全法国仍有约 5 万人参加。到 1 月 12 日的第九个周末，全法国有约 84 000 名民众参加抗议活动。①

图 5 - 3　黄马甲运动

资料来源：是什么让法国的“黄马甲运动”持续了五周？［EB/OL］.［2024 - 02 - 25］. https://baijiahao.baidu.com/s?id=1620158693814096940&wfr=spider&for=pc.

“黄马甲运动”是一次无领袖、无组织、无工会或政党领导的“三无运动”，在这一集合行为中，网络社交媒介已经成为群体相互联络的主要方式。实际上，社会化媒体时代的传播媒介为群体的集合提供了新的形态和可能性。他们不仅以社交媒体作为集合行为的联络手段，更将其作为集合行为发生的直接场所。例如 2016 年 1

① 全球民粹浪潮涌动中的法国“黄马甲运动”［EB/OL］.（2019 - 01 - 15）［2024 - 02 - 24］. https://www.thepaper.cn/newsDetail_forward_2849384.

月20日“帝吧”[①] 网友在“三立新闻”“苹果日报”等媒体的脸书主页集中留言反对“台独”分裂势力的“帝吧出征”事件，便是近年来典型的网络集合行为，并且正在从亚文化“变成一种主流的日常仪式”[②]。

现代社会越来越彰显个性和意见、兴趣的多元化，因而带来具有强烈个性色彩的亚文化群体日渐兴盛，而网络提供了最好的聚集方式或途径。网民可以在网上寻找自己的兴趣归宿，可以在众多小群体内交流，并以群体的名义向外传播。当代社会经济分层，带来了多元的小群体。经济分层影响到文化分层，不同经济能量、不同文化素质、不同兴趣品味的小众群体传播的地位日益上升，传播效应超过大众传播，成为信息经济和资源分配的一种新方式。但随着群体逐渐成为网络传播的中心，一些显见的问题也暴露出来。

美国政治学家哈罗德·伊罗生（Harold R. Isaacs，1910—1986，见图5-4）曾在20世纪70年代预见到一种趋势——将人聚合形成共同体的行为是人类历史中的寻常情形，但在现代愈演愈烈，“形成了一种讽刺、痛苦而又危险的吊诡：人类的科技越来越全球化，政治却越来越部落化；人类的传播系统越来越普及化，对于该传播哪些东西却知道得越来越少；人类离其他的行星越来越近，对自己这颗行星上的同类却越来越不能容忍；人类越来越得不到尊严，却越来越趋于分裂。面对世界资源与权力的前所未有的激烈争夺，人类社会正把自己撕裂，撕裂成越来越小的碎片”[③]。在网络传播时代，这一预见已经成为寻常：普遍的群体集合和价值撕裂已然是社会的基本特征。

图5-4　1933年伊罗生在宋庆龄寓所与众人合影

资料来源：杨杏佛.1933年伊罗生在宋庆龄寓所与众人合影［EB/OL］.［2024-02-25］.http://laiba.tianya.cn/laiba/images/4177063/12490220861126380853/A/1/m.jpg.

注：自左至右依次为史沫特莱、萧伯纳、宋庆龄、蔡元培、伊罗生（后排）、林语堂、鲁迅。杨杏佛拍摄。

---

① “帝吧”是网民恶搞李毅及中国足球、发泄不满情绪的空间，并逐渐由体育社区演化为中国用户数量最多的网友俱乐部，形成了独特的戏谑与反讽亚文化。刘海龙.像爱护爱豆一样爱国：新媒体与“粉丝民族主义”的诞生［J］.现代传播（中国传媒大学学报），2017，39（4）：27-36.

② 同①.

③ 伊罗生.群氓之族：群体认同与政治变迁［M］.邓伯宸，译.桂林：广西师范大学出版社，2015：21.

三、集合行为的心理机制

集合行为的心理机制包括群体暗示、群体模仿、群体感染等，相关理论包括模仿理论、感染理论（contagion theory）、匿名理论等。

法国社会学家塔尔德（Gabriel Tarde，1843—1904）是社会心理学中模仿理论的创始人，他认为模仿是最基本的社会关系，社会就是由互相模仿的个人组成的群体，一切社会过程无非是个人之间的互动，不存在任何超越个人心理体验的实体，每一种人的行动都在重复某种东西，是一种模仿。根据塔尔德的模仿理论，模仿分为无意识模仿和有意识模仿，集合行为中的模仿更多地表现为前一种，当人们面临突发事件或被卷入突发事件中时，他们往往丧失理智状态，失去自我控制能力，也就更容易本能地模仿他人，力求与在场的大多数人的行为保持一致。[①]

对群体心理机制研究做出突出贡献的是法国社会心理学家古斯塔夫·勒庞（Gustave Le Bon，1841—1931），他把被某些因素激发起来的大众看作乌合之众，他们在冲动之下往往表现极端，情绪夸张，偏执而专横，还容易轻信，易受暗示。他在1895年出版的《乌合之众》（见图5-5）中指出，人在群集时的行为本质上不同于人的个体行为，在群集情况下，个体会放弃独立批判的思考能力，让群体的精神代替自己的精神，进而放弃自己的责任意识乃至各种约束，这时即使是最有理性的人也会像动物一样行动。[②]

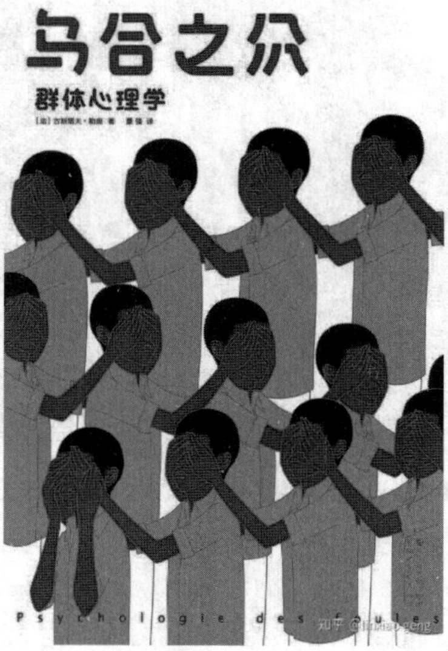

图5-5　勒庞《乌合之众》浙江文艺出版社2018年中文版封面

勒庞提出了感染理论，认为激情和情绪传播程度的增加，会使得群众的无意识

① 塔尔德. 模仿律［M］. 何道宽，译. 北京：中国人民大学出版社，2008：15，309，391.
② 勒庞. 乌合之众［M］. 冯克利，译. 北京：中央编译出版社，2005：22，28.

思想通过一种神秘物的作用互相渗透，暗示的影响使集群心理朝着某一方向发展，导致群体中的成员以相同方式行动，个人的理性思考和自我控制减弱甚至消失。在相互感染的作用下，个体会为一时的冲动所主宰，卷入非理性的狂乱之中。他在书中记述，法国大革命时群众攻占巴士底狱，狱长并没有得到公正的审判和对待，而是被愤怒的人们捆绑并殴打折磨，人们大声疾呼着如何处置他——烧死、吊死或者别的什么。此时一个因为好奇而赶来凑热闹的屠夫看着众人对狱长的羞辱和折磨，也狠狠地对狱长踢上一脚、痛打一顿，得到了人群的欢呼，他志得意满，因为他的行为被赋予了革命的崇高意义。

激情之下的群众往往凭直觉行事，野蛮粗暴、喜怒无常，并且此时的人显现出色厉内荏、欺软怕硬的本性，这种本性裹挟着每一个人，致使他们一见到稍有不同意见的人，就一拥而上，群起而攻之，势头极其迅猛。保加利亚籍德语作家埃利亚斯·卡内蒂（Elias Canetti，1905—1994，1981 年获诺贝尔文学奖）在他的自传《耳中火炬》一书中记叙了一件往事：1927 年他亲身参与了维也纳群众焚烧正义宫（司法部）的事件。当时，他夹在人群的洪流中，感觉到自己完全融入其中，一点也不觉得群众放火是违法的行为。[①] 呐喊的人群使个人思维变得软弱无力，甚至彻底消失。

集合行为中的个体，之所以会做出他平时没有过的越轨行为，是因为他处于匿名地位。匿名理论认为，在集合行为中，每个人都认为自己处在一个互不认识的陌生环境中，个人的标志被掩盖起来，自己干的事别人不会知道，也不用对自己的行为后果承担责任，或者责任被分散，构成法不责众的心理态度。“群体感情的狂暴，尤其是在异质性群体中间，又会因责任感的彻底消失而强化。意识到肯定不会受到惩罚——而且人数越多，这一点就越是肯定——以及因为人多势众而一时产生的力量感，会使群体表现出一些孤立的个人不可能有的情绪和行动。”[②]

信息流动状态是影响集合行为生成和走向的重要因素。塔尔德在 1901 年的论著《舆论与群集》中，对舆论的结构及其形成、运动过程做了详细的分析，认为报刊是公众的“精神纽带”，它在“理性的舆论”的形成过程中发挥着重要的作用。[③] 如果包括报刊在内的正规的传播渠道不畅或者功能减弱，那么流言这种信息流动的异常状态就会出现。虽然流言信源不明，但是当事发突然并且涉及人们的切身利益而人们又无法从正规渠道了解情况时，人们会通过流言渠道寻求信息，流言流通就会非常快。流言具有快速增殖的特点，并且伴随大量谣言。

四、群体压力与沉默的螺旋

群体压力是指群体中多数人的意见对个体造成的心理压力，迫使个体（或使个

---

① 卡内蒂．耳中火炬［M］．陈良梅，王莹，译．上海：上海文艺出版社，2015：247－254.

② 勒庞．乌合之众［M］．冯克利，译．北京：中央编译出版社，2005：36.

③ 塔尔德．传播与社会影响［M］．何道宽，译．北京：中国人民大学出版社，2005：227－228.

体盲目）放弃自己的真实想法而与多数人保持一致。经济学里经常用“羊群效应”（见图 5－6）来描述个体的这种跟风心理；哲学家认为这是人类理性的有限性导致的；心理学家认为这是人类的从众心理；社会学家认为这是人类的集体无意识。

图 5－6　“羊群效应”

资料来源：本图片为 AI 生成，ChatGPT 4.0 image generator 平台，提示词 grassland、approaching sheep、stampede、camouflaged wolves，2024 年 2 月 21 日。

群体压力与权威或制度命令不同，它主要施加于人的心理。作为社会性的人，人们有合群倾向，避免遭到心理孤立和制裁。同时，基于对生存环境不确定性的判断，人们倾向于认同多数人的意见，以获得心理安全。

群体压力导致组织成员在行为上的“从众”现象。社会学家库利认为“从众”是“为了保持某个群体确立的准则而做出的努力，它是一种对普遍行为方式的自觉模仿”①。美国社会心理学家阿希（Solomon Asch，1907—1996）对此的阐释是：“为了追随别人，人们宁愿放弃自己的正确意见。”② 群体压力导致的从众行为有利于节约时间和精力，但也可能会导致成员不假思索地进行决策和行为。

“沉默的螺旋”（spiral of silence）实际上就是群体压力之下的一种意见现象。这方面的理论表述始于 1974 年德国学者伊丽莎白·诺尔-诺依曼（Elisabeth Noelle-Neumann，1916—2010）的一篇论文《沉默的螺旋：一种舆论学理论》，1980 年形成德文版著作《沉默的螺旋：舆论——我们的社会皮肤》（见图 5－7），该书在传播学界影响很大。诺尔-诺依曼强调人的社会天性，为防止交往中的孤立，人总是寻求与周围关系的和谐。这样就形成了一种“沉默的螺旋”的意见现象：当人们感觉到

① 库利．人类本性与社会秩序［M］．包凡一，王源，译．北京：华夏出版社，1999：205.

② ASCH S. Social psychology［M］. New York：Prentice-Hall，1952：468.

自己的意见属于“多数”或处于“优势”时，便倾向于积极大胆地发表这种意见；当发觉自己的意见属于“少数”或处于“劣势”时，遇到公开发表的机会，可能为防止被孤立而保持“沉默”。意见一方的沉默造成另一方的增势，如此循环往复，便形成一种一方越来越强大，另一方越来越沉默的螺旋发展过程。她关于“沉默的螺旋”的定义既简要又全面地概括了这一社会现象，即“一方表述而另一方沉默的倾向便开始了一个螺旋过程，其不断把一种意见确立为主要的意见”①。

图 5-7　诺尔-诺依曼《沉默的螺旋》中文版封面

大众媒介的内容公开而显著，加之报道内容的类同、传播时间上的持续和造成的信息积累，它们所提示和强调的意见很容易被视为主流意见，这些意见可以被从容表达而不会受到孤立。诺尔-诺依曼所说的“沉默的螺旋”现象，主要是指在公众接受大众媒介时，这种认知带来一种心理上的压力或对安全感的需求，使得多数公众在公开表达意见时采用传媒上不断重复的词汇和观念，并产生判断和行为上的连锁反应。

该理论从社会心理的角度认为舆论与其说是“公共意见”，倒不如说是“公开的意见”。所以，说舆论是“我们的社会皮肤”，是指人们用它来感知社会“意见气候”的变化，调整自己以适应社会环境。这种舆论在维持社会整合方面起着重要作用，防止意见由于过度分裂而引起社会解体。该理论的核心概念“意见环境”，实际上是由大众传播营造的，传媒所提示的意见环境并非与客观存在的意见环境完全吻合，

---

① 诺尔-诺依曼．沉默的螺旋：舆论：我们的社会皮肤［M］．董璐，译．北京：北京大学出版社，2013.

因此即便是少数人的意见，在大众传播过程中也可能被误认为多数人的意见，从而引起相反意见的“沉默的螺旋”，导致人们在判断和行动上产生连锁的拥护前者意见的反应。

该理论的依据主要是人的社会从众心理和趋同行为、人对被孤独的恐惧、个人对强势意见的知觉和对意见未来趋势的评估，以及公开表达个人意见的意愿强度等。对此，有学者指出，从众心理和趋同行为依问题的性质而表现出很大的差异，不同的社会、文化传统和意识形态的特点也会影响从众和趋同的表现形式。

有学者认为，该理论过分强调了人们对被孤立的恐惧这个动因，其实意见表达后面的利益期待这一动因，超过了对被孤立的恐惧；对问题的了解程度也是人们决定是否公开表态的重要因素；这一理论还忽略了个人所在社团、群体作为他发表意见的后盾的角色。还有人指出，“沉默的螺旋”奏效的条件有二：一是当个人不能相互交流私人意见时，这个理论才能成立；二是只有当传媒意见和多数受众的观点具有特定的一致，并产生过预期的意识积累时，持不同意见的人才会出现“沉默的螺旋”。① 随着互联网的飞速崛起，不少人认为去中心化的互联网传播特性会使得意见环境对意见表达的压力下降。但也有研究表明，即便是在当下的社交媒体环境中，“沉默的螺旋”也并没有消失，对意见环境的估计和政治观点表达之间的关系甚至比以前更强、更牢固。②

第二节 组织传播研究

关于组织传播的思想表述，可以追溯到 19 世纪。世界上第一个以科学社会主义为指导思想的国际无产阶级的政党——共产主义者同盟建立于 1847 年 6 月，从此也开始了共产党组织的内部传播和对外传播。最早的组织章程包括同盟（包括目的和对盟员的要求）、支部、区部、中央委员会、代表大会、一般规定和接收盟员七章。这既是组织结构，也是组织内部的传播结构。1847 年 8 月 5 日，共产主义者同盟的布鲁塞尔支部和区部建立，马克思担任支部主席，为此他亲自做了记录（见图 5－8）：

> **8 月 5 日**。建立新支部。
>
> 马克思当选为主席，日果当选为秘书兼财务员。
>
> **区部委员会**：日果、荣格、马克思、沃尔弗 ③

---

① GLASSER T，SALMON C. Public opinion and communication of consent［M］. New York：The Guilford Press，1995.

② MATTHES J，KNOLL J，VON SIKORSKI C. The “Spiral of Silence” revisited：a meta-analysis on the relationship between perceptions of opinion support and political opinion expression［J］. Communication research，2018，45（1）：3－33.

③ 马克思，恩格斯．马克思恩格斯全集：第 4 卷［M］．北京：人民出版社，1958：571.

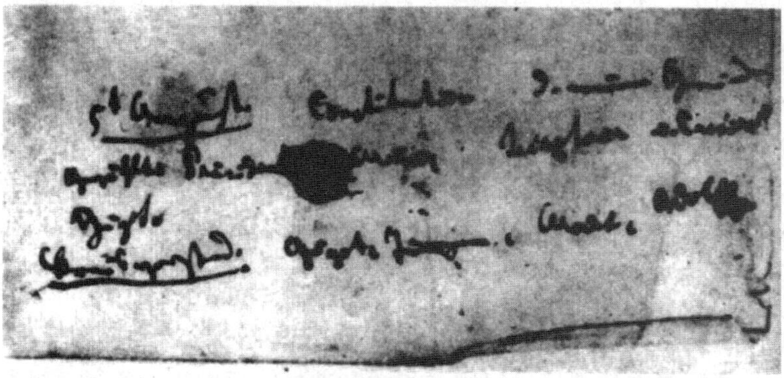

图 5-8　马克思于 1847 年 8 月 5 日所写的关于建立共产主义者同盟布鲁塞尔支部和区部的记录

资料来源：王学东．国际共产主义运动历史文献：第 2 卷［M］．北京：中央编译出版社，2011：61.

尽管组织的建立与传播已存在很久，但关于组织传播的研究直到 20 世纪才萌芽。1937 年，美国成人教育家戴尔·卡耐基（Dale Carnegie，1888—1955）出版的畅销书《人性的弱点：如何赢得友谊并影响他人》被视为第一本关于组织传播的著作。直到 20 世纪 60 年代，关于组织传播的研究才形成规模。1974 年，美国公关专家、记者本杰尔德·戈德哈伯（Gerald Goldhaber，1944—　）出版了第一本以“组织传播”为名的教科书。早期的组织传播研究者多数是企业管理学家或为企业管理服务的心理学家，因而大部分实例都与企业管理有关。实际上企业只是组织中的一类，政府机关、政党、行业（专业）组织、学术团体、社会兴趣团体、各种非政府组织，还有家庭、宗教团体等都是组织的类别。组织的结构特征差别很大，松散或严密程度差别也很大，因而对于组织的内外传播很难用一种模式来阐述。

一、组织与传播

组织传播指组织成员之间或组织与组织之间的信息交流行为。“所谓组织传播，是指某个组织凭借组织系统的力量所进行的有领导、有秩序、有目的的信息传播活动。”① 组织的目标、系统、规范的形成和运作都离不开传播，而组织传播活动又必须凭借组织的系统才能进行。

组织介于个人与社会之间，是二者的中介和桥梁。组织是微观的社会系统，远古时代就已经存在组织的雏形。人类早期为生存而群居、为狩猎而协作，这些都是一种组织活动或组织形态。显然，组织有较强的社会性，根源于人类的社会协作以完成具有特定意义的行为。现代组织为实现目标，仰仗一系列的制度化运作和管理，需要通过组织内外的各类信息传播来协调。

组织是个体的集合，但又不是个体的简单叠加，组织中的人各居其位、各司其职、各负其责，组织的功能大于个人功能相加之和。组织中的个人有自身的个性，

① 魏永征．关于组织传播［J］．新闻大学，1997（3）：31-34.

但由于身处组织内，因而带有组织赋予的种种烙印而成为组织人，所以组织中的人具有个体和组织成员的双重属性。

组织传播可以大体分为组织内传播和组织外传播，但两者很难截然分开。组织内部人与事的传播，会不同程度地涉及组织成员视野中的所有人与事，组织间和组织与外界的互动，也经常成为组织内传播的题中应有之义。外在世界发生的很多事情在组织内传播，需要得到组织的理解和阐释——或强调或弱化，或忽略或凸显，或顺应性解读或对抗性解读，等等。组织在此扮演“把关人”的角色。因此，组织传播研究虽然主要涉及组织内的人与事，但也包括不同场域和空间中的人与事，因为它们会投射到组织中，并经过组织的过滤和选择，反映出组织的某些特点。

除了对组织内外传播的划分，还可以根据组织内的关系结构特征，将组织传播分为正式传播和非正式传播；根据传播渠道的性质，将组织传播分为技术性传播和非技术性传播。

理解组织传播及其特点，需要注意以下几点：

首先，组织的信息传播行为只能由具体的组织成员担当，组织成员作为个体和组织人的双重属性，对组织传播具有影响。因此前文关于群体传播的知识，也是理解个体在组织传播中的行为表现的重要因素。

其次，除了以组织名义进行传播活动外，还存在着大量组织成员之间的个体互动以及组织内小群体的传播活动。在管理上是否为这种传播活动提供方便的渠道，对组织能否正常运转意义重大。

最后，组织内的等级决定了组织传播是一种制度化的传播。德国社会学家马克斯·韦伯（Max Weber，1864—1920）从科层制的角度谈到组织，认为科层制遍及社会的所有领域，是现代社会理性化的标志，也是现代人类的生存方式。他说：“在一个官员、职员和工人与行政管理物资分开以及纪律和训练有素都不可或缺的社会里，没有官僚体制的机构，除了那些自己还占有供应物资的人（农民）外，对所有的人来说，现代生存的可能性都将不复存在。”[①] 因此组织成员和组织内部各小群体间的传播活动，会受到组织的话语体系和特有符号的制约。

组织或多或少意味着一定的约束，没有约束就没有组织。组织意味着目标，没有目标就失去了组织的意义和合法性。因此，组织传播的“意图性”远大于人际传播。组织的结构和人在组织中的角色，是最重要的组织传播概念。

二、组织传播研究学派

美国组织传播学者凯瑟琳·米勒（Katherine Miller，1959— ）用类比（隐喻）的方式概括了四种组织研究的视角，为后来的组织传播研究奠定了框架。

---

① 韦伯．经济与社会：上［M］．林荣远，译．北京：商务印书馆，1997：246.

（一）以“机器”类比组织的古典学派

最早诞生的是古典学派。古典学派在工业革命的背景下，以机器来类比组织特征。他们主张组织的结构应该类似机器。机器具有专业化、标准化和可预测性等特点，任何机器都是依照一定的标准和原则组合起来的，各个部件具有特定的功能，可以替换，具备故障的可预测性。这样的类比强调由人组成的组织也应具有专业化、标准化和可预测性等特征。

18世纪法国哲学家拉美特利（Julien Offroy de La Mettrie，1709—1751，又译拉·梅特里）的《人是机器》（1748，见图5-9），已经显露出这种认识。这个学派的代表人物有法国管理学家亨利·法约尔（Henri Fayol，1841—1925）、美国古典管理学家弗雷德里克·泰勒（Frederick Taylor，1856—1915），以及马克斯·韦伯。韦伯将官僚组织视为一个由权威、权力和纪律组成的系统。无论类型如何，在这样的组织中，传播都主要表现为书面的、正式的、垂直流向的指令和简单的机械式回应。

图5-9 《人是机器》中文版封面

1905年俄国社会民主工党的孟什维克派批评列宁要把党员变成“齿轮和螺丝钉”，列宁接过他们的词句，论证党的出版物是“社会民主主义机器的‘齿轮和螺丝钉’”，随后又指出这个比喻是有缺陷的，“无可争论，写作事业最不能作机械划一，强求一律，少数服从多数”[①]。1902年，列宁将《火星报》在重新建党中所起的作

---

① 列宁．列宁全集：第12卷［M］．2版（增订版）．北京：人民出版社，2017：93-94.

用，比喻为建筑物修建中的“脚手架”和砌墙的“引线”，亦是用机械类比《火星报》。①

将组织看作机器，追求工作效率的提高，具有一定的合理性。但这一视角相应地忽略了组织的主体（即组织成员）的个人需要、自我满足以及社会互动的精神需求。列宁将组织比喻为机器是在孟什维克派将“齿轮和螺丝钉”强加于他的背景下发生的，他意识到了这个比喻的缺陷，并采取了一定的补救措施，例如他提出党内思想交流的原则：“批评自由和行动一致。”②

（二）以“家庭”类比组织的人际关系学派

一部分不赞同用机器类比组织的学者，重视情感在组织中的润滑作用，因而以家庭来类比组织，补充以机器来类比组织的不足，是为“人际关系学派”。

人际关系学派注重组织中人的行为动因，把行为动因看作一种社会心理现象。他们不赞同用机器类比组织，反对把个人看作能够随意替换、只受经济因素或政治理想驱动的齿轮；他们重视情感在组织中的润滑作用，主张把组织成员看作需要关心、社会互动和成就刺激的个人——不仅为经济和政治理想所驱动，也为满足较高层次的需要所驱动。于是，他们以家庭来类比组织，认为在组织里，成员应该像家庭成员那样获得归属、安全、自我实现等方面的满足。他们更重视组织中情感方面的人际传播、纵横交错的传播流向等非正式传播。

1924—1932年，以美国心理学家乔治·梅奥（George Mayo，1880—1949）为首的一批心理学家在由芝加哥西部电器公司管理的霍桑（Hawthorne）工厂进行了长达9年的心理实验。实验结果显示，组织中的小群体对员工行为的影响，超过正式组织权力结构所发挥的影响，工作中的人际关系所产生的社会性满足，有利于提高生产效率。霍桑实验第一次把工业中的人际关系问题提到首要地位，并且提醒人们在处理管理问题时要注意人的因素。

该派的代表人物、美国社会心理学家亚伯拉罕·马斯洛（Abraham Maslow，1908—1970，见图5-10）提出了一个与人的动机有关的需要层次论。他认为，人受到很多基本需要的驱动，并且这些需要有层次之分。这些需要由低到高分别为：生理需要、安全需要、归属与爱的需要、尊重需要和自我实现的需要。由第一层次需要依次类推，后一层次需要的产生以前一层次需要的满足为前提。③ 马斯洛的需要层次论为人际关系学派提供了理论基础。

另一些学者也以家庭类比组织，强调员工对组织的智力贡献和个人劳动是达到组织目标的重要因素。这些人被称为“人力资源学派”。该学派代表人物、美国行为科学家罗伯特·布莱克（Robert Blake，1918—2004）与美国管理学者简·莫顿

---

① 列宁．列宁全集：第6卷［M］．2版（增订版）．北京：人民出版社，2013：155-156.

② 列宁．列宁全集：第13卷［M］．2版（增订版）．北京：人民出版社，2017：128-130.

③ 马斯洛．动机与人格［M］．许金声，等译．3版．北京：中国人民大学出版社，2012：15-23.

图 5－10　亚伯拉罕·马斯洛

(Jane Mouton，1930—1987）于 1963 年提出的管理方格理论（management grid theory）体现了上述思想。该理论假设当领导者对人的关心和对生产的关心并重时，管理效率最高。他们分析了五种典型的管理风格，认为团队型管理实现了对人和生产的并重关心，能有效激发员工的潜力，实现生产和员工自我满足的双赢，是一种最为可取的管理风格。

毛泽东在《为人民服务》中说："我们都是来自五湖四海，为了一个共同的革命目标，走到一起来了……我们的干部要关心每一个战士，一切革命队伍的人都要互相关心，互相爱护，互相帮助。"① 这就是在用"家庭"比喻革命组织。

（三）以"系统""有机体"类比组织的系统学派

以上两种类比均偏重于关于组织的理想性建构，忽略了组织实际的运行状态，于是有部分学者把组织类比为系统或有机体，关注组织传播的实际运行，他们构成了"系统学派"。

该学派认为，一个有机的组织由若干个子系统构成，这些子系统按照一定秩序排列，相互依存。组织不是独立自足的机器，而是必须与周围环境互动以求得生存的复杂有机体。组织与外部环境之间、组织与各子系统之间、子系统与子系统之间必须彼此开放，允许各种信息在其中进行交流和反馈。

1976 年，美国传播学者托马斯·艾伦（Thomas H. Allen，1945—　）做了一项关于组织传播网络的分析，展现了组织系统的复杂性。组织成员的地位和角色各不相同，他们之间的连接方式也有差别，由此构成一个传播系统。她把在网络关系中处于不同地位和角色的成员分成四类：桥（bridge）、联络人（liaison）、孤立人（isolate）和明星（star）。桥是某一个群体中的个体，他与其他群体相联系，因此是两个或更多的群体之间的纽带。联络人像桥一样，将不同群体联系起来，但他与不同的群体都有很多联系，而不是仅仅与某一个群体有联系。孤立人如这个词语所示，

---

① 毛泽东．毛泽东选集：第 3 卷［M］．2 版．北京：人民出版社，1991：1005.

在传播的网络中属于不大活跃的个体，他们只与个别人有联系或不与其他人有相互关系。明星指的是组织中最有交际能力的个体。[①]

这个学派除了网络分析外，还运用个案分析、模型分析勾勒出组织传播中的复杂关系。个案分析通过观察与特定问题纠缠在一起的组织传播状况，来理解整个组织系统的传播；模型分析则用统计技巧等来建立组织中传播行为和过程的模型，评估组织传播系统的复杂变化。

（四）以“文化”类比组织的文化学派和批判学派

人和组织都是处于具体文化（文明）中的，文化表现为传统、仪式、图腾、宗教或信仰等，生活在某一文化圈内的人形成相近的认知。某种文化无形中控制着处于这种文化氛围下的人和组织。一部分学者以大比小，把组织类比为一种文化，侧重以文化的特点解释组织的特点，被称为“文化学派”；另一部分学者侧重揭示文化如何统治组织，被称为“批判学派”。

文化学派认为每个组织都有自己的行为方式以及关于这些方式的解释，研究组织的传统、故事、仪式、庆典、价值观、信念、行为是他们的主要工作。他们认为，传播贯穿组织运作的全过程，通过传播形成组织的文化，通过组织文化可以解释组织的行为。

美国管理学家埃德加·沙因（Edgar Schein，1928—2023）提出的组织文化层次模型是文化学派中较有影响的理论。他把组织文化分为三个层次。[②]

第一层次是该组织的外在价值观，如组织的建筑、家具、设备、服饰、文件、称谓、决策风格、会议风格等由组织成员创造的物质和社会环境。这是组织文化的外在表现。第二层次是该组织的主体价值观。假如一个组织的管理者持有新教伦理的价值观，那么他可能不仅要求自己，也要求组织成员勤奋工作，经常提出加班要求。如果这种价值观得到组织成员的认可，就可能成为组织成员的价值观。虽然管理者的价值观处于强势地位，但组织成员的价值观也会与管理者发生冲突，例如一个组织成员持有注重效率和享受的价值观，认为只要在工作时间中高效地完成工作，下班后就应该多享受生活，那么他可能会抵制加班。这时就需要组织文化的第三层次，即组织成员更高层面的世界观来协调，例如对人与自然、现实、真理、人性等基本问题所持有的观点，这些观点往往被组织成员认为是理所当然的。

文化学派关注组织文化的构成，但忽略了形成组织文化的深层次原因。批判学派则指出组织文化后面隐藏的权力结构，以及它如何控制组织的传播活动。批判学派认为，组织中存在广泛的权力来源，有些是明显的，如权威、对稀缺资源的控制、

---

① ALLEN T H. Communication networks：the hidden organizational chart［J］. The personnel administrator，1976，21（6），31－35.

② SCHEIN E H. Organizational culture and leadership［M］. 2nd ed. San Francisco：Jossey-Bass，1992：14.

对信息和知识的控制等；有些是隐蔽的。批判学派重点研究的是隐蔽权力的存在，例如对生产方式和技术的控制、对性别问题的控制和对话语的控制。

第三节　组织内传播

狭义的组织传播主要是指组织内传播。如前所述，对组织内外传播的划分是相对的，因为各种组织外的因素会渗透到组织内的传播中。组织内传播包括组织内同一层级的传播（即平行传播）和组织内上下层级之间的传播，情形有所不同。

一、组织内同一层级的传播

平行传播是组织内同一层次职能部门之间的信息传播。组织是一个系统，系统各部分各自承担不同的功能。各职能部门之间需要相互协作，才能保证组织的顺畅运行。平行传播的内容涉及需要共同协作而产生的工作信息。平行传播的渠道往往由组织规范加以保证，防止因部门利益的纠缠而出现各自为政的局面。由工作关系引起的平行传播，反馈性相对较强。平行传播在行政职能机关这类组织中较为多见，具有较强的开放性。而在高校、科学院这类组织中，同层级的院系、研究所之间，由于专业差别较大，平行传播较少发生。

马克思实际领导的国际工人协会（即第一国际，1864—1876），其中央委员会（后来称“总委员会”）有完整的会议记录（见图 5－11），是一种重要的内部传播和档案制度，能够从一个侧面展示出该党组织的风貌。在马克思的影响下，第一国际开启了一种民主的、开诚布公的会议记录制度，形成了一种“言责自负”的良好的内部传播传统，也为国际的对外传播提供了权威的党内法权依据。马克思仅是第一国际中央委员会委员和德国通讯书记，但第一国际的主要文献，包括第一国际的宣言（纲领）和章程，以及第一国际对内对外发布的主要文件，几乎都是马克思起草的，这些文件在组织内得以批准的程序十分民主，下面是 1864 年 11 月 1 日中央委员会通过马克思起草的《国际工人协会成立宣言》（含序言）和组织章程的会议记录：

中央委员会会议

1864 年 11 月 1 日

乔·奥哲尔先生主持会议。

上次会议的记录宣读后，根据吕贝的提议，**埃卡留斯**附议，予以批准。

下列诸位被选进中央委员会：

赛德先生——由**惠特洛克**提议，**克里默**附议；

普芬德先生——由**马克思**提议，**埃卡留斯**附议；

列斯纳先生——由**马克思**提议，**埃卡留斯**附议；

荣克先生——由**努斯佩尔利**提议，**吕贝**附议；

迪克先生——由**布莱克莫尔**提议，**卡特**附议；

梅里曼先生——由**德尔**提议，**布莱克莫尔**附议；

格罗斯密斯先生——由**德尔**提议，**布莱克莫尔**附议；

杜邦先生——由**吕贝**提议，**卡特**附议。

接着，**马克思**博士宣读了小委员会最后同意并提交中央委员会批准的序言、宣言和章程。

惠特洛克先生认为，应该对“氮”和“碳”等名词作些解释（以脚注形式）。

卡特、**格罗斯密斯**等先生发言赞成宣言。

惠特洛克先生提议，**卡特**先生附议：**按原样通过所宣读的宣言**。

而**沃利**先生提出一项修正案，**惠勒**先生附议：**删去“利润猎获者”一词**。

赞成修正案——11票，赞成原提案——10票。修正案被通过，删去“利润猎获者”一词。宣言被一致通过。

接着，**马克思**博士宣读了序言，并根据**惠勒**先生提议，**布莱克莫尔**附议，序言被一致通过。

接着讨论了章程，并根据**德尔**先生的提议，**惠特洛克**的附议，一致通过了序言、宣言和章程。

接着，**惠勒**先生提议，**德尔**先生附议：以中央委员会名义对马克思博士、韦斯顿先生和勒·吕贝先生在起草如此卓越的宣言方面所作出的努力表示感谢。一致通过。

关于章程的刊印问题，下次会议再议。

委员会即此休会至11月8日。

副　主　席　**约·格·埃卡留斯**

名誉总书记　**威·朗·克里默**[①]

原来马克思起草的如此重要的第一国际纲领和章程是这样在第一国际中央委员会的会议上通过的。我们可以关注一下会议中的“提议”权利，从一开始就是一人提议，必须至少有另一人附议，兼顾了个人意见与团体意见两方面。还可以关注一种情况，即会议记录中通常只记录表决的票数，而不记录具体是谁投了赞成票或反对票。这说明委员会看重的是执行多数人的意见，同时不使少数人感到孤立和尴尬。一旦多数票通过了某一事项或文件，所有委员都要在上面签名。这是少数服从多数原则的切实体现。可能某位委员不赞成某个已经通过的事项或文件，但是作为组织的一员，他要代表组织的整体来签署，表示行动上愿意与多数人保持一致。这种内部讨论、公开发表国际文件的惯例，充分体现了民主。

---

① 王学东．国际共产主义运动历史文献：第5卷［M］．北京：中央编译出版社，2011：10-11.

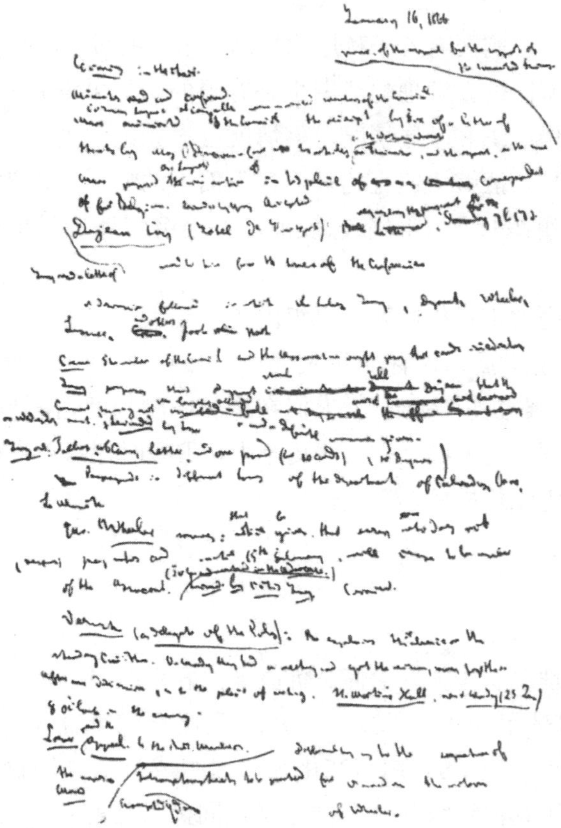
January 16, 1866

图 5-11　马克思执笔的国际工人协会总委员会 1866 年 1 月 16 日会议记录

资料来源：王学东．国际共产主义运动历史文献：第 5 卷［M］．北京：中央编译出版社，2011：120.

二、组织内信息的下行和上行传播

组织的正常运行离不开信息的有序传播，组织决策的贯彻、指令的下达以及日常工作的开展等，都要通过信息的传递。组织内传播的信息交流依照信息流向及特性可分为以下几种传播方式。

（1）下行传播，又称“领导传播”。下行传播是来自组织领导层的信息向基层流动的传播。下行传播的内容关涉组织规划、工作指令、人员任免奖惩等，这些信息的准确性和确定性都很强，一般不存在模糊或歧义的情况。并且，这类信息具有很强的单向性，一般只需要组织成员遵照执行即可。在传播媒介的选择上，下行传播往往采用书面的规范文本，领导层的口头表态也具有一定的权威性。

组织内下行文件的传阅秩序以及文件的批示与承办等，决定着组织信息的流转次序以及范围。文件精神往往成为领导和负责部门信息优势的来源。

（2）上行传播。上行传播是来自下层或基层的信息向上层流动的传播。它是对下行传播的反馈，包括上层决策及组织发展规划的落实情况，以及组织成员在组织运行中的表现情况，还有组织成员对决策的表态、要求等。上行传播往往也采用较为规范的文本，比如报告、总结、请求等。

这种上行传播一般需要有若干科层的控制，组织的科层也是一种信息筛选机制。上层领导的精力是有限的，管理的范围也是有限的。如果没有若干中间管理层，上层领导直接面对基层组织和基层情况，事情就会多到无力处理。组织自上而下的传播，因为有权力背景，能够快速直达；而自下而上的传播，因为层级限制，往往需要逐级传播，这是组织传播中的常态规范，但逐级传播也可能会造成信息稀释或扭曲。

除了上述组织内的正式传播外，组织内还存在大量的非正式传播。例如组织内的聚餐，目的是增进交流。这种非正式场合，接近于人际传播所追求的“我”和“你”的相遇（虽然很难真正实现）。人们在聚餐中聊到的话题是广泛的，与组织内正式传播的工作话题明显不同。在一些场合中，聚餐时还需要遵循一系列礼仪规范，因此，聚餐是一次组织传播的非正式仪式。

三、组织文化

组织的目标、理念、精神、信仰、价值等代表组织属性的符号和观念体系，构成了组织文化，它是组织的“人格”。美国管理学家斯蒂芬·罗宾斯（Stephen P. Robbins，1943— ）认为，组织文化是“组织成员的共同价值观体系，它使组织独具特色，区别于其他组织”[①]。共产主义者同盟与其前身正义者同盟得以区分的明显标志就是组织的口号——从“四海之内皆兄弟”转变为：“全世界无产者，联合起来!”

2015年美国哈佛大学教授特伦斯·迪尔（Terrence E. Deal，1939— ）和管理顾问艾伦·肯尼迪（Allan A. Kennedy）在《企业文化：企业生活中的礼仪与仪式》（见图5-12）一书中，提出了组织文化的诸要素：支持性的企业环境、共同的价值观、著名的公司英雄、有效的礼仪和仪式、正式和非正式的传播网络。[②] 在这里，传播网络也被视为组织文化的重要因素。组织文化作为一种组织管理方法，意味着全员参与，组织文化的形成也是组织成员之间以及成员与组织之间互动的结果，在此意义上组织本身就是文化。

组织文化的传播，在于增强成员的组织归属感，营造良好的组织环境。具有较强文化意识的组织，能使组织成员将内化的组织文化自觉地甚至是无意识地贯彻在日常言语、行为之中。

政治组织的交往活动，如各种政治会议、宣传活动通常是严肃的。但其实，马克思主义的传播观很看重文化娱乐在组织传播中的作用。翻阅第一国际历次代表大

① 罗宾斯．组织行为学［M］．孙健敏，李原，译．北京：中国人民大学出版社，1997：522.

② 迪尔，肯尼迪．企业文化：企业生活中的礼仪与仪式［M］．李原，孙健敏，译．北京：中国人民大学出版社，2015.

图 5-12　《企业文化：企业生活中的礼仪与仪式》中文版封面

会、第一国际举办的社会性政治大会的记录或新闻报道，就能够发现，第一国际展开的文化娱乐活动很活跃。第一国际成立后第一年的代表会议，白天讨论预先拟定的 10 项政治议题，晚上安排的是收费（票价 1 先令）茶会、歌咏、舞会、演奏，其间穿插各地代表向会议的祝词。从第一国际总委员会机关报《工人辩护士报》的报道看，晚会的形式十分独特，茶会由 300 多人围案而坐，政治性祝词激动人心，带有很强的鼓动色彩。在各国代表发表祝词的间隙，是意大利加里波第乐队和德国工人合唱团表演的音乐、歌唱节目，以及《马赛曲》和另一些节目；舞会演奏的乐曲共 18 种。茶会和后面的文娱节目、舞会从晚上 7 时持续到凌晨 2 时。席间备有茶点。[①] 如此热闹的晚会给各国工人代表们留下的印象，恐怕不亚于白天的政治讨论。此后，这种交往的方式在第一国际形成一种传统。每次代表大会的东道主支部，都精心安排丰富的文娱活动。

第一国际公开举办的专题性政治大会，也经常以这种方式进行。例如 1867 年 1 月由第一国际在伦敦剑桥大厅举办的纪念波兰 1863 年起义四周年大会，先是茶会，席间演奏乐曲 9 首，第一首乐曲就是波兰国歌《波兰没有灭亡》。茶会后，合唱团高唱波兰歌曲《上帝啊，保卫波兰》，主席简短致祝词，随后依次通过四项大会决议。决议通过后，乐队再次奏起波兰国歌《波兰没有灭亡》，会议结束。马克思出席了大会，并起草了会议的第二项决议。[②] 显然，如此把信息性的传播和文艺性的传播结

① 国际共产主义运动史文献史料选编：第 1 卷［M］．北京：中国人民大学出版社，1983：352-357；第一国际总委员会会议记录：1864—1866［M］．北京：中国人民大学出版社，1986：308-309.

② 第一国际总委员会会议记录：1866—1868［M］．北京：中国人民大学出版社，1987：271-273.

合在一起，其传播效果远比单纯的演说和通过决议要好，这就如恩格斯所说，因为“构成生活享受最内在的核心正是艺术享受”①。

1867 年，巴黎举行世界博览会，利用博览会进行宣传是一种很好的途径。1866 年 9 月召开的第一国际日内瓦代表大会提出，届时组织第一国际会员们前往巴黎参观博览会。10 月，总委员会为此事专门成立了一个委员会。这种文化活动方式，使得在拿破仑三世专制统治下的第一国际法国支部，有可能利用外国工人来到巴黎的机会，加强第一国际工人间的联系，促进第一国际基本原则的传播。

在各种组织文化的形式中，最为有效的是组织故事的叙述。所谓组织故事的叙述，即对组织历史上的人物、事件进行故事化处理和叙述，以灌输组织的理念或意识形态。讲述组织故事是成员组织社会化的一种方式，往往比直接的指令有效。政党经常讲述本党英雄的故事、叛徒可耻下场的故事，目的是传播党的政治信念。在企业管理中，运用组织故事宣扬组织文化的做法也屡见不鲜。组织规范诉诸强制和服从，而组织文化作为一种规范的力量则以潜移默化的形式发挥作用，以增强成员对组织的向心力。

在较大的组织中，统一的组织文化下分散着基于族群、团体、兴趣、利益等的各种组织亚文化。尤其是在经济全球化背景下，组织亚文化现象更加普遍和突出，例如 IBM 公司内有来自 50 多个国家的工作人员。这就需要为组织内部的亚文化提供一定的生存空间和交流渠道，这对组织的正常运转不无助益。

需要注意的是，过分强调组织文化的凝聚力和共识度，容易使组织成员滋生自傲狂妄的意识而失去对组织本身的省思。组织的文化是动态的，有一定的生命周期。富有朝气的组织，需要表现出组织文化的与时俱进与弹性，随时体察主客观环境的需求与变数，调整组织运作的方针与步伐，规划出组织最适当的发展方向。②

组织文化并不仅仅限于组织内传播，它也是组织对外传播的重要内容。

第四节　组织外传播

组织作为有机体，需要动态信息的输入和输出，从而应对组织内外环境的变化。组织外传播研究关注的主要内容，包括组织间的传播、组织形象的传播、组织的危机传播。

一、组织间的传播

组织存在于社会系统中，因而必须与外部保持联系和信息交流。组织外传播首先

① 马克思，恩格斯．马克思恩格斯全集：第 2 卷［M］．2 版．北京：人民出版社，2005：437－438.

② SAFFOLD G S. Culture traits，strength，and organizational performance：moving beyond strong culture［J］. Academy of management review，1988，13（4）：546－558.

体现为组织与组织之间的传播，这是组织与社会环境之间的互动体现。

早在19世纪中叶，马克思实际领导的国际工人协会（第一国际）就开创了马克思主义组织对外展开的组织间传播。他起草的第一国际致美国总统阿伯拉罕·林肯的公开信，显示出鲜明的对外传播、提升组织影响力的考虑。这个文件如何在组织内部通过？如何考虑对外传播的路径？取得了怎样的成功？可以看看第一国际中央委员会会议记录（前半部分）：

中央委员会会议

1864年11月29日

主席［奥哲尔］主持会议。

上次会议的记录宣读后，**埃卡留斯**先生提议，**列斯纳**附议：批准记录。一致通过。

接着，下列诸位被补入委员会：

…………

接着，**马克思**博士提出如下决议案，**方塔纳**先生附议，并一致通过：

本协会会员未预先缴纳其一年会费者，不得被选进中央委员会。

接着，**马克思**博士提出了小委员会的报告，以及他们起草的向美国人民祝贺他们再次选举阿伯拉罕·林肯为总统的公开信的草稿。一致同意公开信，全文如下：

…………

接着，就递交公开信的方法和国会议员参加代表团是否适宜的问题，进行了长时间的讨论；许多委员坚决反对议员参加代表团，他们说，工人应该有自信，不要求助于局外人。

书记［克里默］报告说，他已经同美国公使通过信，他（书记）相信，如果向亚当斯先生提出要求的话，他会安排一个时间来接见代表团。

接着，**惠特洛克**提议，**埃卡留斯**附议，并一致通过：

书记同合众国公使联系，要求他安排接见代表团的时间；这个代表团由中央委员会的委员组成。

惠勒先生提议，**勒·吕贝**附议：

所有到会的人以及缺席但赞同公开信中所阐述的观点的人，都在公开信上签名。

…………

即此休会至12月13日。

副　主　席　**约·格·埃卡留斯**

名誉总书记　**威·克里默**①

① 王学东．国际共产主义运动历史文献：第5卷［M］．北京：中央编译出版社，2011：17-18，20，22.

1864年11月22日，第一国际中央委员会（包括马克思）一致同意致信林肯，祝贺他再次担任美国总统，并委托小委员会（常务委员会，马克思是委员）起草贺信。实际上贺信是由马克思起草的。11月29日，中央委员会会议一致通过了马克思起草的贺信，并进一步讨论了两个细节：一个是署名，所有赞同此信的中央委员会成员，不论这天是否到会，均署名（共58人。会议记录没有提及是否一致通过，但从实际署名看，是一致通过的）；另一个细节是如何送出贺信，即派出由第一国际中央委员会成员组成的代表团（经讨论拒绝邀请议员参加，反映了组织的工人阶级性质），送到美国驻伦敦公使馆，由公使亚当斯（Charles Francis Adams，1807—1886）接见代表团并接受贺信，转交林肯总统。这也是一致通过的。这是第一国际首次大规模的对外组织传播，从选题到细节的形式设计，都体现了马克思在组织外传播方面的公关智慧，很多提议人是马克思的战友或由马克思推荐进中央委员会的。这也是世界上第一次由工人阶级政党以公开、合法的方式参与国际事务，取得了前所未有的传播效果。

1865年1月28日，中央委员会收到以林肯的名义寄来的回信，该信于1月31日在中央委员会会议上宣读，刊登在英国和德国的多家报纸上（马克思亲自翻译）。1865年2月6日，《泰晤士报》第25101号以《林肯先生和国际工人协会》为题刊登了这封林肯的回信。马克思在1865年2月1日致信恩格斯，比较了林肯回复伦敦反奴隶制协会的复信，写道："林肯的回信已经收到，明天你可能在《**泰晤士报**》上，至少在《**每日新闻**》和《**星报**》上看到。……老头子用了两句非常干巴巴的官样文章来应付这些家伙，就象他以前在答复反奴隶制协会**曼彻斯特**分会时所做的那样，可是他给我们的信实际上包含了所能希求的一切，直到这种天真的表示：**美国**不能直接从事'宣传'[①]。不管怎样，这是老头子迄今唯一的超过纯粹客套话的答复。"[②] 第一国际的这次对外传播，借助美国总统这一新闻价值要素，迫使对工人运动持冷漠态度的英国各大报纸不得不刊载工人阶级政党的信息，第一国际名声大振。

美国公共关系学者詹姆斯·格鲁尼格（James Grunig，1942— ）和托德·亨特（Todd Hunt，1938— ）将组织（主要是企业）所面对的外部组织（包括公众）按其特性分为四类：授权型、功能型、规范型和普通型（见表5-1）。[③]

表5-1 外部组织的四种类型

类型	举例
授权型	政府，管理机构，审查、颁发许可证的机构
功能型	供应商，雇员，职业中介机构，顾客，财政机构
规范型	贸易协会，行业团体，竞争者
普通型	当地社区，媒介组织，一般公众

---

① 指林肯回复中的这样一句话："美国政府……坚守它一开始就执行的方针，即避免在世界任何地区进行政治宣传或非法干涉。"

② 马克思，恩格斯．马克思恩格斯全集：第31卷［M］．北京：人民出版社，1972：52-53.

③ 米勒．组织传播［M］．袁军，石丹，周积华，等译．北京：华夏出版社，2000：232.

授权型的组织，决定企业的建立和运营是否合法。功能型的组织，指的是与企业资源输入和输出相关的其他组织（公司等）。任何企业都会出于对人、财、物、信息等各种资源的需求，与相关的其他组织建立产业的上下游关系或平行的合作关系。行业团体在较多的国家担当着监督企业规范和维护企业权利的职责，属于规范型组织。除上述社会组织外，企业与所在地的社区、媒介及公众，即这里所说的普通型组织，也需要建立友好的关系。

美国经济学家奥利弗·威廉姆森（Oliver Williamson，1932—2020，见图 5-13）把组织间的传播的动因归结为必要、不均衡、互惠合作、效率、稳定、合法等六个原因[①]，基于这六个原因，组织需要建立和维护与其他组织之间的关系。他所论过细，实际上组织对外传播的动因主要就是两大类："必要"与"合法"。

图 5-13　奥利弗·威廉姆森

"必要"指组织间需要建立的各种联系。不均衡、互惠合作、效率、稳定等，都属于"必要"的范围。"不均衡"指组织出于发展、扩张的需要，而与外部组织发生、发展关系。"互惠合作"指组织之间为共同获益而发生联系。"效率"指组织为获得较高的工作效率而与外部组织建立某种联系。"稳定"指组织为减少环境的不确定性而与外部组织（更多的是信息组织）建立某种联系。这些都是为了发展组织的业务或保持、扩大组织的影响而与外部组织建立联系。

"合法"，即组织为使自身具有合法性而与外部组织建立联系。比如组织依照法律或制度与政府、管理机构、审查和颁发许可证的机构等组织建立联系。

组织间的关系，更多的是不相隶属的平行关系，因此信息传播不是垂直型，而是双向传播的性质。组织的外部传播颇为复杂，会受到整体的传播环境和文化氛围、社会制度的影响。

---

① 教军章，刘双．组织传播：洞析管理的全新视野［M］．哈尔滨：黑龙江人民出版社，2000：175-176.

组织间传播的内容主要体现为“输入—输出”的循环互动。组织的信息收集部门对环境变动时刻保持密切关注，外界信息源源不断地涌向组织的决策部门，这是组织间传播的信息输入。在充分了解环境信息的基础上，组织做出决策，形成一定的“组织产品”，通过组织的宣传部门或公关部门流向外部，对环境造成一定的影响，这是组织间传播的信息输出。通过收集“组织产品”作用于环境的信息，新的组织间的传播可能会展开。

二、组织形象的传播

组织形象是组织的外在表现，主要指社会对组织的整体看法或评价，即组织在公众心目中的印象。组织形象既包括组织理念、组织价值观、组织风格等内在精神性要素，也包括组织的建筑布局、房屋装饰、徽标，以及组织成员的着装、仪表、行为方式等外在表现。

组织形象对组织的意义主要诉诸人们的心理。评价组织形象的指标之一，是该组织在社会公众心目中的被知晓程度和美誉度。一旦公众对组织形成不好的“第一印象”，这一“首因效应”就会影响人们对该组织的进一步认知，而改变人们的第一印象需要花费更大的力气。

组织形象塑造本身即传播的过程。组织本身是信源，它对传播效果有着重要影响。目前关于企业组织形象的塑造和传播已经形成了较为完善的系统。企业组织形象的传播系统，应用较为广泛的是美国 IBM 公司的“企业形象识别系统”（corporate identity system，CIS，发端于 20 世纪 50 年代）。这个系统将组织文化与理念统一设计，利用整体表达体系（尤其是视觉表达系统），使公众对组织产生一致的认同感，以形成良好的组织形象。它由理念识别（mind identity）、行为识别（behavior identity）、视觉识别（visual identity）三方面组成，所有的行为活动与视觉设计，都是围绕理念识别展开的，成功的行为识别与视觉识别应该将企业的独特精神准确表达出来。

中国的华为公司，其 Logo 整体是红色的，和太阳的光芒非常相似（见图 5 - 14）。公司的创始人任正非说道，华为的标志是一朵菊花，它象征着华为的员工要蓬勃向上，万众一心。

组织的形象，需要组织成员全员参与塑造、传播和维护。某个组织成员或组织产品（如媒介产品）的不良表现，有可能给组织整体带来形象危机。

图 5 - 14 华为 Logo

三、组织的危机传播

组织的危机传播是指在特殊情况下对组织形象进行的维护和修复。现在传播科技的急遽发展，极易促进组织的危机事件扩散，危机事件发生的频率提升，组织面对的外界不确定性增大。

荷兰危机研究专家乌里尔·罗森塔尔（Uriel Rosenthal，1945— ）认为："危机是一种严重威胁社会系统的基本结构或者基本价值规范的形势，在这种形势中，决策集团必须在很短的时间内、在极不确定的情况下做出关键性的决策。"[①] 危机事件往往具有突发性，它要求发生危机的组织反应迅速，策略正确。否则，组织的声誉会在很短的时间内急遽下跌，甚至组织会裂变、解体。

危机意味着灾难、危险、分裂，同时也蕴含着机遇、生机、转机。在危机导向灾难的路径上，积极有效地开展危机传播，可以将危机导致的后果降到最小，在挽回、修复组织声誉的同时，有时甚至会使组织"因祸得福"。

美国女学者费恩-班克斯（Kathleen Fearn-Banks，1941— ）认为，危机传播是"在危机事件发生之前、之中以及之后，介于组织和其公众之间的传播"[②]。因此，危机传播实际上就是处理组织与公众之间的关系，通过正确的信息传播，维护组织在公众心目中的原有形象。据此，美国密苏里新闻学院教授威廉·L. 班尼特（William L. Benoit，1935—2003，见图 5-15）提出了危机传播的"形象修复理论"（image recovery theory）。[③] 该理论假设"个人或组织最重要的资产是其声誉"。在组织遭遇危机事件时，有五大战略方法可用于形象修复与维护，即否认、规避责任、减少错误行为传播的范围和程度、及时整改、自责。2005 年肯德基集团处理"苏丹红"危机事件是企业危机传播的一个经典案例。

图 5-15 威廉·L. 班尼特

2005 年 3 月 15 日，肯德基部分食品被检测出含有"苏丹红 1 号"成分。16 日上午，肯德基要求所有门店停止销售"涉红"食品（减少错误行为传播的范围和程

---

① ROSENTHAL U. Coping with crisis: the management of disasters, riot, and terrorism [M]. Illinois: Charles C. Thomas Publisher, 1989: 10.

② COOMBS W T. Choosing the right words: the development of guidelines for the selection of the "appropriate" crisis response strategies [J]. Management communication quarterly, 1995, 8.

③ BENOIT W L. Image repair discourse and crisis communication [J]. Public relations review, 1997, 28 (2): 177-186.

度）。16日下午，肯德基连锁店的管理公司百胜餐饮集团向消费者公开道歉（自责），集团总裁苏敬轼明确表示，将会追查相关供应商的责任（规避责任）。

3月17日，《南方都市报》《广州日报》等媒体在头版头条大幅刊登了关于肯德基致歉的相关报道。其他许多媒体也对肯德基勇于认错的态度表示赞赏。19日，肯德基连续向媒体发布了4篇声明，介绍“涉红”食品的检查及处理情况（规避责任）。

苏敬轼发布的调查“涉红”食品的路径图是：在肯德基产品调料中发现“苏丹红1号”成分→调查这两款产品的配料来源→发现该配料来自中山基快富公司→追查所有中山基快富公司进料→锁定来自中山基快富公司的9批辣椒粉→9批辣椒粉中有2批发现“苏丹红1号”成分→查实中山基快富公司是从宏芳香料（昆山）有限公司采购原料的。

3月23日，肯德基在全国恢复了被停产品的销售。苏敬轼说：“中国百胜餐饮集团现在负责任地向全国消费者保证：肯德基所有产品都不含苏丹红成分，完全可以安心食用。”3月28日，百胜餐饮集团召开新闻发布会，苏敬轼现场品尝肯德基食品（见图5-16），表示决定采取在中国餐饮行业史无前例的措施确保食品安全（及时整改）。

图5-16　苏敬轼在新闻发布会现场品尝肯德基食品

资料来源：肯德基公布苏丹红调查结果：含红产品仅现中国区［EB/OL］.（2023-04-01）［2024-02-25］. https://finance.sina.com.cn/xiaofei/canyin/20050328/14341466046.shtml.

4月6日，肯德基主动配合中央电视台《新闻调查》和《每周质量报告》等栏目的采访，记者的关注焦点已由肯德基“涉红”转变为对原料和生产链的全方位追踪。

肯德基对“苏丹红”危机事件的处理，从发现问题到顺利渡过危机，大致用了三周时间。肯德基的组织形象在遭遇了暂时危机后，经过妥善处理，不但得到了恢复，而且还传播了其负责任的形象。

由于危机事件通常是突发的，易对组织的声誉造成威胁，但情况也处在不断的变化中，因而危机传播要重视时机的把握。第一时间采取行动，通过发布信息争取主动，通常能够为进一步处理危机奠定基础。这样做除了在公众中造成良好的“首因效应”外，还可以防止流言的泛滥所导致的信息失控。

现在的世界瞬息万变，应把发生危机和处理危机视为组织面临的常态，通过危机传播化解问题，是随时要启动的工作，这样才可能使组织不断适应环境，得到长足的发展。

第五节　组织传播中的人

组织是由人组成的，但身处组织中的人，除了作为人本身的意义之外，更多地被打上了组织的烙印。在组织传播中，人的情形是怎样的？组织中的人对组织传播有什么影响？怎样产生影响？

一、组织成员对组织的依赖

组织目标的达成需要组织成员共同的努力。组织的科层制要求组织成员“各居其位、各司其职”，以保证组织高效运转。组织不仅为组织成员提供了各方面的保障，而且是组织成员实现自我的场所。尤其是在组织稳定期，一个人一生仅隶属于一个组织不少见（例如企业的老职工）。组织成员终其一生的付出，使其对组织产生了很强的心理依赖，觉得组织就是自己的“家”，组织给组织成员提供了心理上的归属。这种情形在不同文化圈层的表现程度不同，比如西方人对组织的依赖远没有东方人那样强烈。组织成员对组织的心理认同和归属，有利于组织成员同心同德以实现组织目标，也有利于增强组织的向心力。但是，这种对组织的心理依赖也会造成组织成员主体意识下降，对组织的缺陷和错误视而不见。

组织的正常运转需要组织规范加以保证。组织规范除了明文确定的制度之外，还包括组织成员在互动过程中形成的一些行为标准。组织规范的制约使组织成员的行为产生趋同和类化，有利于行动一致，但会弱化人们的创造性。个人成为组织中的人，其心理会因组织规范的制约而出现新的特性，即通常接受组织内的群体压力。若组织成员一味地盲从多数人的意见，就容易丧失获取真理的机会；组织成员创造性的丧失，也会使整个组织在观念上变得僵化。

从众行为在组织决策时表现得尤为明显。尽管很多组织在决策时重视发挥组织成员的积极性和创造性，但在实际操作上由于很多因素的影响，少数人的意见仍然难以得到表达和采纳。很多组织常见的做法是，把“全员参与”式的民主决策当成了一种形式，尽管也可以在一定程度上使组织成员畅所欲言，但在最后决策时并不会考虑组织成员的想法。

二、组织传播中的人际传播

现在，那种视组织成员为“螺丝钉”的机械认识已受到挑战。组织传播的人际关系学派认为，组织成员除了经济利益的诉求之外，还有自我满足、自我实现的需要。这种需要的满足仰仗制度性规定，平常则需要通过组织内的人际传播来适当实现。

美国社会学家欧文·戈夫曼（Erving Goffman，1922—1982）的“拟剧理论”认为，角色在“台前”按照角色规范行动，而在“后台”则会真实流露自己的个性。① 在组织中，除了因工作而产生的正式传播外，组织成员还具有一般人的信息传播需要，这种需要实际上就是组织成员的“后台”需要。比如由工作引发的各种情绪，组织应当提供有效的渠道和空间来释放。如果这方面的需要得不到满足，正常的情感信息交流就会以变异的形式出现，组织内小道消息的传播即属于这种情况。因此，组织不但要重视组织内信息传播，同时还要重视营造良好的畅所欲言的传播环境。

美国管理心理学家哈罗德·莱维特（Harold Leavitt，1922—2007）设想了四种颇为机械的组织传播样式，即轮形、锁链形、Y形、车轮形（见图5-17）。②

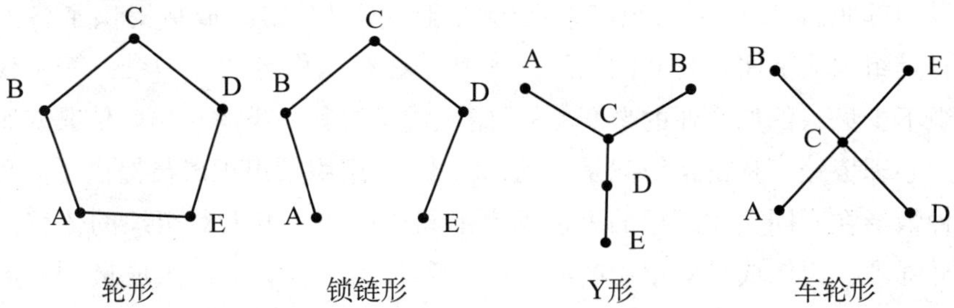

图5-17　莱维特的四种组织传播样式

图5-17所示的传播样式，假设每个人只能与连线标出的人进行传播。莱维特认为，在轮形传播样式中，由于每个成员都可与其他两人进行信息传播，因此有利于提高组织成员的士气，但解决问题的效率较低；在锁链形传播样式中，由于有两人只能与另外一人进行信息传播，因此有利于信息传递，解决简单问题的效率较高；在Y形传播样式中，由于其中一人可以同其他三人进行信息传播，从而形成相对集中的信息中心，因此有利于信息传播，解决问题的效率也较高；在车轮形传播样式中，由于其中一人可以和其他所有成员进行信息传播，而其他人只能与这个人进行信息传播，因此信息传播速度较快，解决简单问题效率较高，但存在地位障碍。

---

① 安德烈耶娃．西方现代社会心理学［M］．李翼鹏，译．北京：人民教育出版社，1987：177.

② LEAVITT H J. Some effects of certain communication patterns on group performance［J］. Journal of abnormal and social psychology，1951，46：38.

由于组织结构的设置，上述传播样式在组织中都不同程度地存在。综合运用上述传播样式的优势，例如在涉及组织成员共同利益的问题上采用轮形传播样式，在小组运作中采用 Y 形传播样式等，可以为组织创造良好的人际传播氛围。

组织内的正式人际传播通常与工作相关，为保证组织正常运转、实现组织目标而产生，比如领导就工作问题与组织成员的谈话、组织成员为协调工作而进行的对话等。正式的人际传播形成了组织内相应的人际关系，比如上下级关系、同事关系等。非正式的人际关系不能干扰组织的工作，比如，一些现代企业组织不允许配偶存在于同一企业中，若同事关系发展成配偶关系，则其中一人必须离开。尽管这种做法尚存争议，但也从一个侧面说明了人际关系对组织确有影响。民谣“父子室，夫妇科，外甥打水舅舅喝。孙子开车爷爷坐，亲家办公桌对桌。有利一条裙带裹，有油流满一口锅”，描述的便是裙带关系对现代组织的危害。

作为组织中的人，组织成员尽管要受到组织规范的约束，但其作为个体的心理需要仍然存在。对这种心理需求给予一定程度的满足，有利于组织的高效、正常运转。关于这一点，人际关系学派的研究已经有了很好的验证。工作之余的闲聊、工作间隙的走动，以及涉及工作的非正式议论、对工作压力的宣泄等，都属于此类。这种非正式人际传播可以营造良好的工作氛围，转移工作压力和不良情绪，从而有利于提高工作效率。同时，组织成员也可借此形成良好的同事关系，有利于在工作中展开协作。

若组织在制度设计和运行方面存在结构性缺陷，则可能导致不良的非正式人际传播。比如，组织内缺乏自由交流的机制，缺乏与上层同级的监察机构，握有组织权力的个人漠视组织成员的个性需求，等等。在这种氛围中，对工作的不满和对上级的意见等会由公开转为“地下”，不利于组织的运转。如果组织的信息传播渠道不畅，对重大事件、问题的信息进行压制或隐瞒，就会导致内部流言的传播，扰乱正常的组织秩序。组织内拉帮结派，纷争不断，同样危及组织的整合。要解决这些问题，首先要考察的应当是组织的设计结构是否存在缺陷。

三、组织传播中的权力因素

组织内的权力，主要是指对人、财、物等组织资源的支配和处置权。功能主义的权力观认为，权力的存在是为了保证组织的正常运转。从权力来源的角度，可以将组织权力分为显性权力和隐性权力。显性权力来源于组织制度设计，在这个意义上该权力是合法的。隐性权力的来源较为复杂，可以将显性权力之外的所有权力都称为隐性权力。有一些隐性权力是显性权力延伸而来，可以通过进一步追问某些显性权力的合法性，来审视这些隐性权力。对组织中隐性权力的揭示，是组织传播理论中批判学派的宗旨。

组织中的显性权力首先体现在官方的正式场合，这一点中西皆然。在组织的场域中，位置最重要。位置是根据身份分配的，身份主要由组织（特别是政治组织）

中的级别和职务构成，有时还与资历、声望等有关。位置决定了话语权，位置决定了议题、议程的发起和进程。尽管一些会议有时间的规定，但重要领导人的发言可以铺陈，语气可以根据情境自由选择，没有时限，甚至会议组织者希望时间较长，以显示受到重视。从组织运行看，程序是用来管理普通组织成员、为主要领导人服务的。领导人与普通组织成员并不适用同样的程序，也不拥有对等的礼节。官场的上下级分明在传播上体现得非常明显，讲话、不能讲话和不得不讲话，都属于权力范畴。

组织内的话语结构，并没有显性的规则约束，但组织成员选择个性化表达还是使用套话，即“问题优先”还是“形式优先”，则显现了权力背景。个性化表达可以直接触及问题，套话主要关注“上级说法”。在官方正式场合，为了“权威”而追求语言规范（正确），为了不失这种“正确”而减少个性化表达，通常是习惯性的选择。官方的套话通过组织体系的传递，具有层层叠加、逐级放大的效果，无形中侵蚀着组织成员的个性意识。

这种情形与组织的制度安排本身有关。“很多人坐在位子上是一种说话方式，不在位子上又是另一种说话方式，可见制度安排对人的话语体系是非常重要的。制度安排有没有给人话语表达空间？有没有个性化表达的空间或者妥协的空间？有没有更多的协商对话的空间？”①

组织中的权力，除了组织的纲领、章程、决议等规定的权力外，还会体现在组织的各种叙事中，甚至延展到社会层面。丹尼斯·姆贝（Dennis K. Mumby, 1957— ）在他的《组织中的传播和权力》（见图 5－18）一书中就此写道：“权力的行使是通过把某些群体旨趣构建到组织活动中来进行的。换言之，当由特定的组织旨趣界定组织形成过程时，统治即出现了。”他以组织关于“会议”的叙事为例写道：“会议被认为是组织生活必要的广泛的特征——要做出决定或实现目标，人们就必须参与这种形式的活动。虽然这只是会议举行的表面理由，但它们却起着组织权力中最明显、最重要的作用，它们充分说明了权力的符号结构的优点，也是组织中等级制度具体化的实例。由此看来，会议之所以重要，主要并不在于其内容，而在于它为构成组织结构的各成员提供了讨论各种问题的环境，会议的象征意义也就在于在组织的等级制度中握有权力的人可以用它来展示其权力，从而加强其地位。”②批判学派认为，权力关系是通过组织话语的产生、运用而得到强化的。关于组织的故事、组织的活动（特别是会议）、仪式的叙述，无形中都在体现组织内部的某种权力关系。

---

① 喻国明．官话体系的进步与表达的多样化［J］．当代传播，2011（2）：1.

② 姆贝．组织中的传播和权力：话语、意识形态和统治［M］．陈德民，陶庆，薛梅，译．北京：中国社会科学出版社，2000：2，77.

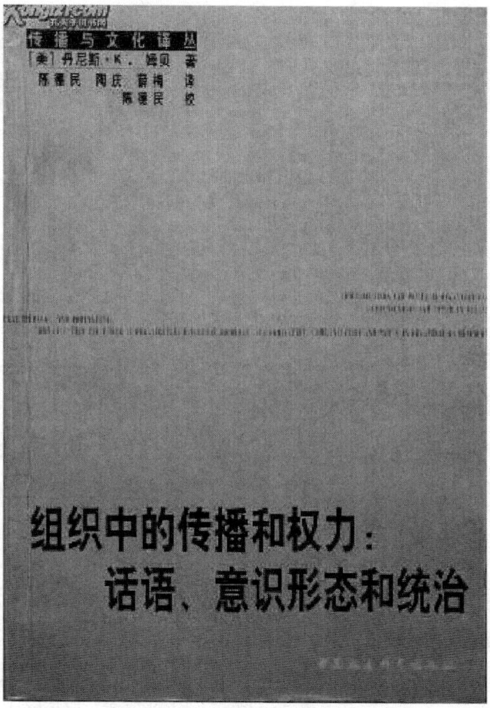

图 5-18 丹尼斯·姆贝《组织中的传播和权力》中文版封面

要点思考

1. 简述理解组织传播及其特点需注意的问题。
2. 简述四种以类比为特征的组织传播理论。
3. 简述组织文化的多种形态和宣传方式。
4. 简述组织间传播的四种外部组织类型。
5. 简述企业形象识别系统（CIS）的内涵和运用。
6. 简述危机传播的“形象修复理论”的内涵和运用。
7. 简述莱维特设想的四种组织传播样式。

第六章 大众传播

在以往的教科书中，大众传媒通常被划分为书籍、报纸、期刊、广播、电视、电影六大类。但在实际运用“大众传媒”这个概念时，它更多的是指报纸、广播、电视这三类传媒，因为这三类传媒的连续性传播活动为人所熟知。大众传播即依赖大众传媒进行的传播。大众传播远不如人际传播那样无处不在，但即使在当代信息社会，尤其是在城市，大众传播仍然是社会生活必不可少的组成部分，除了听广播、读报纸、看电视节目以外，观赏电影、网络综艺节目、戏剧、音乐会等，也是大众传播的一部分。在一定意义上，大众传播是一种以社会作为空间的最大规模的组织传播。

大众传播有三个特点：第一，它是公开的社会性的传播活动；第二，其基本传播路径是“点”对“面”（见图 6－1），“点”即专事这种传播活动的“大众传媒”，“面”是分散的、不确定的大众；第三，信息主要由“点”单向流动到“面”，反馈是偶然的、延时的。

图 6－1　“点”对“面”的大众传播

资料来源：Cinemas in Shanghai，2021［EB/OL］．［2024－02－25］．https：//www. smartshanghai. com/articles/activities/the-list-cinemas-in-shanghai.

从生产角度看，大众传播有以下几个特点：（1）传播者是从事信息生产和传播的专业化媒介组织；（2）用先进的传播技术和产业化手段大量生产与复制信息；

(3) 对象是一般大众；(4) 大众传播的信息产品具有商品属性和文化属性；(5) 单向性较强；(6) 是一种制度化的社会传播。

进入网络时代后，大众传播的概念受到挑战，大众传播正在被网络传播包容进去，独立发挥作用的空间正在逐渐缩小，已经不是最初意义上的大众传播了，而是一种虚拟界面的人际传播、群体传播、组织传播、大众传播和跨文化传播叠加起来的整合传播。尽管如此，大众传播在目前的社会中仍然具有一定的重要性。

第一节　大众传播的性质与功能

大众传播的形成是一个渐进的过程，并受到媒介技术发展的影响。在造纸术出现之前，石板、泥板、甲骨、莎草纸、竹子都曾被作为书写的材料，这使得传播的规模和效率都受到了很大限制。从 15 世纪末到 19 世纪，在商业发展促成的信息规模化需求、印刷技术、受众、交通、语言、文化等条件不断满足和完善的情况下，大众传播才作为一种常态化的传播类型遍及全球。因此，"现代报刊的起源与其说是一个具体的'点'，不如说是一个在全球的历史发展的过程"①。

一、理解大众传播

（一）柏拉图的 "洞穴之喻"

认识大众传播可以从古希腊哲学家柏拉图关于"洞穴"的喻证讲起。柏拉图假设有一群人居住在一个洞穴里，他们从出生时起就被铁链锁在固定地点，甚至连脖子也被锁住，不能回头或环顾，只能面壁直视眼前的场景。他们身后有一堆火，在火与囚徒之间有人举着各种各样的东西走来走去，火光将这些人的动作和拿着的东西投影在囚徒面对的洞壁上，形成多样的、变动着的影像。囚徒们一生都犹如在看皮影戏，他们不能相互观望，不知道自己的模样，也不能回头看到造成影像的原因，他们都以为眼前晃动的影像就是真实的事物，用不同的名字称呼它们，仿佛这些影像就是真实的人、动物和植物。②

撇开柏拉图赋予"洞穴人"（见图 6-2）的哲学寓意不谈，单从当今人们通过大众传媒获取对客观世界的认识的情况看，人们的处境与那些"洞穴人"类同。我们看到的客观真实是由传媒所框限的传媒真实。大众获取信息时，如同囚徒们受到种种束缚和限制。虽然有些传播学者强调受众在大众传播中的能动性及对传播效果的制约，但对分散的大众来讲，面对组织化的大众传媒，他们显然是无能为力的。

---

① 陈力丹．世界新闻传播史［M］．上海：上海交通大学出版社，2002：11.

② 柏拉图．理想国［M］．郭斌和，张竹明，译．北京：商务印书馆，1986：272-273.

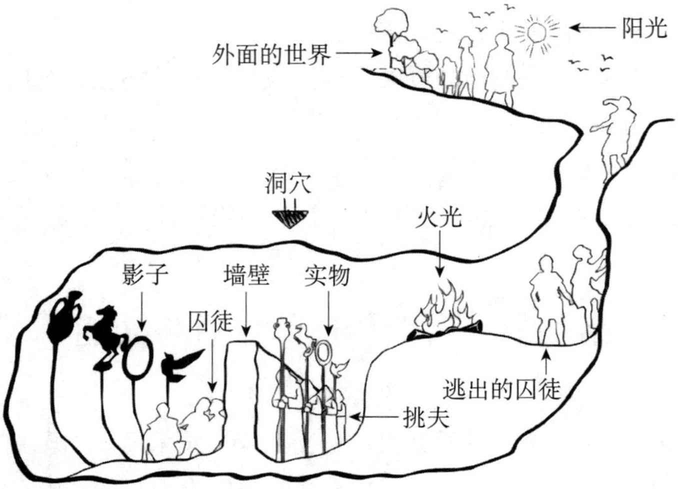

图 6-2　柏拉图的“洞穴人”

资料来源：柏拉图“洞穴人”示意图［EB/OL］.［2024-02-25］.https://www.sohu.com/a/691375077_121163759.

（二）大众传播与“拟态环境”

沃尔特·李普曼写道：“我们尤其应当注意一个共同的因素，那就是楔入在人和环境之间的拟态环境。人在拟态环境中的表现就是一种反应。然而恰恰因为那是一种表现，那么产生后果——假如它们是一些行动——的地方，就不是激发了那种表现的拟态环境，而是行动得以发生的真实环境。”① “拟态环境”就是大众传播营造的信息环境，它并不是现实环境“镜子”式的再现，而是大众传媒通过对事件或信息进行选择、加工、重新结构化以后向人们提示的环境。

“拟态环境”一方面向人们提供了新的信息，另一方面亦制约着人的认知和行为，而且通过制约人的认知和行为对客观的现实环境产生影响。日本学者藤竹晓在《现代大众传播理论》中提出了“拟态环境的环境化”这一概念，认为现实环境越来越受到“拟态环境”的影响，具备“拟态环境”的特征。例如许多起初不具有代表性的价值观念、生活方式经由大众传媒报道后，由于人们根据“拟态环境”做出反应，这些观念便逐渐变得流行起来，反而具有了代表性。被影响的现实环境又再次被反映在“拟态环境”中，“拟态环境”和现实环境便形成了互相影响的循环，使“拟态环境”不断加深对现实环境的影响，人们也越来越难以分清“拟态环境”与现实环境。

如今进入网络传播时代，除了大众传媒反映的现实的新闻信息，还有各种被加工和重构的信息，共同深度参与人们的日常生活。人们不仅把信息当成感知现实的来源，也把它当成一种生活方式，例如建构朋友圈里的自我，抑或是在元宇宙里以

① 李普曼．公众舆论［M］．阎克文，江红，译．上海：上海人民出版社，2002：12-13.

“虚拟”的身体“真实”地相处。“拟态环境的环境化”在理论上尚且在区分信息的“拟态环境”与行动的现实环境，也指出了演化的方向性，但在网络传播时代，“拟态环境”就是我们行动的环境。如果把“拟态环境”所指的范围扩大至整个媒介环境，那么“拟态环境”与现实环境的边界已十分模糊，是否存在纯粹的现实环境需要被重新思索。

二、大众传播的社会功能

图 6-3　罗伯特·金·默顿

美国社会学家默顿（Robert King Merton，1910—2003，见图 6-3）认为：“文化事项是否都一致地对作为一个系统的社会以及社会中的所有成员履行功能应是一个经验问题，而不是一个公设。实际上对不同的系统，社会或文化事项都具有不同的功能结果。它们既可能有正功能，也可能有负功能，或者是无功能的。”① 这一点对认识大众传播的功能不无启示。大众传播是社会大系统的重要子系统之一，作为一种社会性的信息系统，执行着联结社会各系统的功能。但系统必然存在着层次之分——这一点往往为论者所忽略。

作为社会系统之一的大众传播的功能不具有自足性，而是与社会各构成部分之间存在着种种复杂的利益交合。因此，大众传媒是一种既可以为“善”服务，又可以为“恶”服务的强大工具。看待大众传播的功能需要较为辩证的眼光和视野。

下面所述的大众传播的主要社会功能，结合了美国政治学家拉斯韦尔于 1948 年、美国社会学家拉扎斯菲尔德和默顿于 1949 年、传播学者查尔斯·赖特（Charles R. Wright，1927—2017）于 1959 年的论述。

（一）信息传播

包括新闻在内的各种形式的信息的传播，是大众传播的基本功能，其他功能都是在此基础上的延伸和发挥。

人们对目光所及和亲身感触之外的世界的了解，在相当长的时期内仰仗大众传播来提供，这就是大众传播的社会有用性，也即其功能。由于人们对这一功能太过熟悉和依赖，所以反而常常忽略。现在互联网传播正在逐渐融合大众传播，但大众传播这种“点”对“面”的传播模式，在未来很长的时期内依然是社会的普遍需求。即时传播技术给予了人们主动寻求信息的简便路径，但人本能的惰性会促使多数人宁愿等待大众传播来“喂食”。

---

① 侯钧生．西方社会学理论教程［M］．天津：南开大学出版社，2001：157.

（二）监测环境

大众传播每天都要把新近发生的重大事实告知周遭，有自然层面的，更多的是发生在社会层面的关涉重大政治、经济、文化的事实。于是大众传播客观上起到了拉斯韦尔和赖特都提过的监测环境的作用。他们认为，大众传播能够对人们身处的世界的变化做出及时反应，为人们的生存发展提供必要的预警，为人们的决策应对提供信息支撑。因此有人把大众传媒比喻为社会的瞭望者。马克思也是在这个意义上，把报刊视为人民精神的洞察一切的慧眼、无处不在的眼睛（见图 6-4）。[①]

图 6-4　媒体记者：无处不在的眼睛

资料来源：媒体记者：无处不在的眼睛［EB/OL］.［2024-02-25］. https：//www.zsucai.com/tupian/210517173715.html.

小到白菜涨了一毛钱，大到自然灾害乃至战争的发生，人们通过大众传播知道周围和世界发生了什么，百姓会受到什么影响，国家会受到什么影响。大众传播的这一功能像使命一样，激励着很多传媒的记者用他们的笔和镜头，甚至用鲜血和生命，为人们还原一个真实的世界。

这一功能肯定了大众传播对人类生存发展的正面意义。不过，“如果过度强调危险和威胁，便可能导致社会的恐慌。……过多地接触那些不寻常、不正常、极特殊的‘新闻’，还会导致受众毫不了解社会上平常、正常、普通状况的后果”[②]。这一点对于大众传媒如何把握报道的平衡具有警示意义。

---

① 马克思，恩格斯．马克思恩格斯全集：第 1 卷［M］．2 版．北京：人民出版社，1995：179；马克思，恩格斯．马克思恩格斯全集：第 6 卷［M］．北京：人民出版社，1961：275.

② 赛佛林，坦卡德．传播理论：起源、方法与应用［M］．郭镇之，等译．北京：华夏出版社，2000：348.

（三）社会协调

拉斯韦尔从政治学的角度提出了大众传播的“社会协调”功能，赖特则从社会学的角度使用“协调与规定”来定义大众传播的这一功能。

人们需要传媒提供的信息来对自己的生活做出明智的调整。大众传播让人们处于更多的关系之中，同时也有效地协调着人们的关系。大众传播在社会中执行联系、沟通、协商的功能，因为除了信息告知外，它还要“解释”。对这一功能的认识，已经渗透到日常的传媒工作中，特别是在“新闻评论”“解释性报道”等新闻文体的制作中，这种认识是一种不言而喻的前提。

然而，大众传播有可能受到各种权力组织、利益集团直接或间接的操控。面对大众传媒对事实的报道和解释，作为信息接收者的大众需要具备媒介素养，警惕传媒的误导。大众传媒的信息导向带有主观性，长此以往不利于培育理智的公众，甚至在一定程度上压抑或弱化受众的创造性。

（四）文化传承

拉斯韦尔和赖特对大众传播的文化传承功能从不同视角分别做出了“社会遗产传承”和“社会化”的界定。

文化通过传播而一代一代地传承下来，早期的家庭、教会、学校等是人类文化培育和传承的重要形式。在现代社会，大众传播以其特有的传播优势异军突起，承担了社会表层范围的文化传承责任。在相当程度上，大众传播代替了传统的社会化机构，执行着文化传播和文化守护的功能，文化、礼仪、道德规范等通过大众传播潜移默化地内化为人们自身人格的一部分。大众传播具有大量复制和迅速处理信息的优势，可以满足信息社会对人们提出的“再社会化”和“终身学习”的要求，成为一种重要的学习方式。

不过大众传媒按照工业流程生产信息，内容浅显，尤其是电视节目，为争取更多的受众而自觉削低了文化准入门槛。这意味着大众传播的文化传承功能有时反而可能销蚀整体的传统文化结构，因此专门的精英文化机构，诸如学校、科研机关和社会智囊团等在继续发挥其传统的文化传承功能的同时，也在无形中执行着批评和监督大众传播承载的大众文化的职能。

（五）提供娱乐

娱乐是人类的本性之一。按照弗洛伊德的观点，对娱乐的追逐属于“本我”层面，“本我”唯一的运行机制是躲避痛苦、寻求快乐。[①] 美国心理学家斯蒂芬森（William Stephenson，1902—1989，见图 6－5）在《大众传播的游戏理论》（1967）

---

① 魏英敏．新伦理学教程［M］．北京：北京大学出版社，1993：418.

中提出，传播的目的不是完成任何事情，而只是一种满足感和快乐感的一部分。[①] 这些说法为大众传播从事娱乐内容的生产和传播提供了受众心理依据。与此同时，出于对娱乐生产成本的节约和对娱乐传播的政治机会主义的考虑，统治集团也更倾向于发挥大众传播的娱乐功能。

图 6 - 5　威廉·斯蒂芬森

第二次世界大战后，尽管局部冲突不断，但世界总体进入了一个和平发展的新时期，经济繁荣，传播技术迅速发展，这些都为大众传播娱乐功能的显现提供了条件。在这个社会背景下，赖特提出了大众传播的娱乐功能。娱乐这一内容选项，是目前大众传播媒介集团赢利的主要路径，潜在地造成了“社会麻醉”的后果。

（六）赋予社会地位

拉扎斯菲尔德和默顿提出了大众传播的社会地位赋予功能。他们认为，事实、人物、商品、意见等一经大众传媒报道（包括负面报道），就会获得一定的知名度或社会地位。这与大众传媒处于为数有限的信源地位，以及大众对传媒内容生产的神秘感有关。正面的事物，会带来正面的效果；负面的事物，虽然在形式上被定义为“恶”，但恶名在现代社会却也有“明星”效应，而且对社会带来更大的威胁，因而传媒对恶人恶事的报道应适度，不要给其带来“出名”的传播效应。

社会地位的赋予功能与大众以受到传媒关注为荣的心理有关，这是一种客观的传播效果，不过，传媒出于操纵（往往以顺应的方式）大众的目的，往往通过聚焦和放大事实，有意识地制造出各种“明星”供大众追捧。因此大众也需要具备媒介素养，对传媒塑造的各种形象和典型保持一定的警惕。

---

① 施拉姆，波特．传播学概论［M］．陈亮，周立方，李启，译．北京：新华出版社，1984：27.

（七）“麻醉功能”

拉扎斯菲尔德和默顿还提出了大众传播的“麻醉功能”。大众传媒以庞杂的信息和丰富多彩的内容，占有了大众有限的休闲时间，导致人们疏远了很多传统的社会关系，使他们没有时间积极地参与社会活动，削弱了人们的行动能力。

鉴于大众传播受到各种权力组织、利益集团直接、间接的控制或影响，加上“公共关系”技巧，传媒对现存社会制度基本是维护和宣扬的，从而给大众造成“存在即合理”的美好幻象，大众媒介持续不断的宣传会使听众、观众和读者完全失去辨别力并且不假思索地顺从现状。“先进的大众传播工具是使大众的审美鉴赏力退化和文化水平下降的重要原因。”①

第二节　大众传播的生产过程

大众传播的产品是纸质的报刊或广播电视节目，形式上与一般商品生产过程一样，存在着生产流程。具体的传媒组织利用机械化或数字化的制作、复制技术，进行日常化的、连续的信息产品的制作发行（播出）活动。世界上每天发生的无数具有新闻价值的事实（事件）是大众传播生产的原料，传播者依照一定的业务规范对其进行筛选，制作成适合传媒传播的信息产品，然后传播出去。

一、影响大众传播生产流程的因素

大众传播大致遵循如下生产流程：

筛选事实（事件）或选题（非新闻类节目）→确定新闻报道角度或选题（非新闻类节目）→采访、调查或创作、策划（非新闻类节目）→写作或制作→编辑→多道审查（有业务流程性质的审查，还有政治意识形态的审查）→出版或播出的各种程序（出版包括发行和配送，播出包括接收器的设计、生产、销售和不断的技术改进等程序）。

生产流程中的每一个环节，都可能会对大众传播的整体造成影响。

（一）传媒工作者

在大众传播的生产流程中，显而易见的影响来自传媒记者、编辑。例如马克思谈到英国报界对英国人的塑造时说：“明显的阶级差别、过分细致的分工以及报界的婆罗门制造的所谓‘舆论’，已经把人们的性格弄成了千篇一律，连莎士比亚恐怕都

---

① 中国社会科学院新闻研究所，世界新闻研究室．传播学（简介）［M］．北京：人民日报出版社，1983：160.

认不出自己的同胞。有差别的已不是单个人，而是他们的‘职业’和阶级。如果不看职业而只看日常生活，那末一位‘体面的’英国人同另一位就十分相象，连莱布尼茨也未必能找出他们之间的差别，或者 differentia specifica〔特种差别〕。”① 在那些不足以影响传媒组织利益的常规新闻报道和节目创作中，传媒工作者拥有较大的自主性空间，个体的知识能力、文化背景、价值信仰等因素会直接影响到传播作品的内容和风格，即使是对同一新闻事件的报道或同一类型的节目，也会有较大差异。

（二）社会因素

大众传播与社会其他系统之间存在不断的互动，来自大众传播流程之外的因素纵横交错，十分复杂。媒体对那些与传媒组织利益正相关的事件的报道，往往与事件本身大体一致，反之则会出现遮蔽、简化甚至扭曲的情形，这里反映出的是传媒组织、各种社会利益集团、政治权力对大众传播的影响。

（三）传媒组织

传媒组织的利益取向决定了传媒的生产方式和生产内容。传媒组织的架构设置也会对大众传播造成影响，商业化传媒组织往往采取多种经营方式，比如独立经营、连锁经营、集团经营、交叉经营等。每一种经营方式都会对大众传播产生影响，比如对集团化经营的媒体来讲，利益一体化会不利于多元观点的共生。

（四）传媒之间的竞争

一般来讲，传媒之间的竞争会提高新闻产品的质量，进而提高整体大众传播业的服务质量。但过度的竞争可能会导致新闻内容浮浅和琐碎。由于一味争抢新闻热点，传播者没有时间对新闻进行全面、深刻而理性的分析，不能在随后的新闻报道中对先前的报道进行反思和完善。传媒过度竞争造成的另一个结果是新闻的同质化。不同的传媒一窝蜂地追逐相近的新闻源，会淡化选择新闻的创新意识，瓦解新闻应有的深度，使新闻的多样化变成同质化。

（五）传媒形态的特点

报纸适合表现一些有深度的、有思想性的东西；而对电视而言，那些不具有情节性的事件就容易被忽略，从而造成电视传播内容的表面化和相对肤浅。

二、新闻价值与新闻源对新闻生产的影响

大众传播在近两百年的实践中形成了一系列新闻生产的业务规范，这些规范构

---

① 马克思．英国记事［M］//马克思，恩格斯．马克思恩格斯全集：第 15 卷．北京：人民出版社，1963：490．

成了新闻生产中的各个必要环节。对事实进行选择是新闻生产的第一个环节，因为面对纷繁复杂的各种事实，大众传媒的版面或时间是很有限的。在实际操作中，传播者必然得有一个关于“什么是新闻”的认识，以及新闻价值或宣传价值等选择标准，以便对事实进行甄别和选择。这个选择过程很重要，对事实的新闻价值估量错误会直接影响传媒的公信力。关于具体的新闻价值标准，新闻理论课程中已有论述，这里不再赘述。

新闻价值的一些标准有利于记者迅速地判断事实、组织采访和制作新闻。不过这种选择标准不是唯一的，还会有对宣传价值、法律、社会道德、职业规范和对整体形势的权衡等其他选择标准的考量。例如，大众传媒关注重大事件是题中应有之义，但若所有传媒对同一个事件不约而同地过度关注，则可能损害生活本身的丰富性。在那些划时代的政治事件或体育竞赛中，传媒集中几乎所有篇幅或时间来表现那些具有超凡魅力的政治人物或体育明星们，这类情形被传播学者统称为“媒介事件”。[①] 表面看起来报道极为丰富，但其他关涉社会利益的重要事实就可能在这样的“媒介事件”的挤压下被人们忽略了，这实际上是将丰富多彩的世界变得单调了。

显要人物身上出新闻，这是新闻价值的要素之一。正因为领导者（特别是高层领导者）具有显著性，所以只要是领导者参加的活动就拥有了成为新闻的合法性。各种明星也具有显著性，所以他们几乎所有的行动和言论都有资格获得大众传媒的追逐。然而，一旦事情做过了头，便失去了事实的意义。

冲突的事实具有新闻价值，然而，若唯冲突才报，那些平缓发展而意义重大的新闻就会被忽略。美国纽约大学哲学系教授杰米森（Dale Jamieson，1947— ）曾观察美国白宫记者采访希拉里·克林顿讲解保健计划的情形，即使她滔滔不绝地讲了两个小时，并对反对者的论点加以说明，记者对此也无意聆听，他们不断交头接耳或传递纸条，但当希拉里批评共和党某位政客时，记者们立刻奋笔疾书，开始建构“第一夫人攻击政敌”的新闻文本。[②]

在新闻生产的环节中，还有一个因素不容忽视，这就是新闻源。记者的视野和活动能量是有限的，不可能事事亲历。在大众传播中，大部分新闻不是来自记者的独立发现，而是由新闻源提供。“广义的消息来源，泛指能作为新闻素材的任何资料。这些数据是新闻工作者通过人物访问、汇集档案和观察所得。其中人物访问（以口语资料为主）是最常运用，也是最重要的新闻源。所以狭义的新闻源，单指人物而言。”“其以角色可分为当事人（undertaker）、举事人（promoter）、评论人（commentator）……所以在整个新闻制造过程中，消息来源人物是原始的守门人（primary gatekeeper)；他们最常借用传媒的机会，筛选、宣扬与己有利之信息。”[③] 在传媒的新闻生产中，不可忽视新闻源的影响，比如记者对官方新闻源的依赖就有

① 戴扬，卡茨．媒介事件［M］．麻争旗，译．北京：北京广播学院出版社，2000：1.

② FALLOW J. Breaking the news ［M］. New York: Pantheon Books, 1997: 143.

③ 郑瑞城．从消息来源途径诠释近用媒介权［J］．新闻学研究，1991（45）：39－56.

利于政府对信息的控制。

记者为了显示媒体的中立姿态，常在新闻的行文中建构自己的“转述者”形象，“专家指出”“调查发现”“权威人士透露”“消息灵通人士说”之类的托词出现的频率很高。这可能是记者使用匿名新闻源、掩饰自己的意见或者遮掩自己的采访作风的方式。这样的表达是不规范的，只能偶然且有目的地使用（目的是保护当事人），专家要有姓名，调查要交代技术指标。若记者真的使用了身外的信源，就会不可避免地受到信源的影响。

第三节　大众传播的受众

传播学经验-功能学派的研究重点集中在大众传播的效果领域，而传播的效果体现在受众身上，因此，对受众的研究又是效果研究的前提，产生了一系列受众研究成果。研究受众时，研究者对大众传播受众持何种认识，会影响研究本身。这里从不同角度阐述对大众传播受众的不同认识。

一、作为大众的受众

“大众”（mass）是一个社会学概念，与 19 世纪末 20 世纪初的大众社会理论相伴而生。大众社会理论认为，随着工业革命的全面铺开，传统的社会结构被重组和分化，人们赖以获取自身确定性和归依感的价值体系被颠覆，过去“组织化”的群体分化成个体，孤立、均质、原子式地存在，即所谓“大众”。

“大众”与社会形成初期的“群体”不同。以往的群体被称为“复数的个人”，因为人与人之间的差别很小，群体就如同一个人一样。这样的群体在传播方面以直接的人际传播为主，互动的频率较高，共有一套相对稳定的价值体系。

“大众”与由于某种原因而形成的集合状态——“群集”也不同。群集和大众一样也具有匿名性，但它的构成是暂时的，不具有稳定性，不足以构成常态的社会群体类型。

大众传播时代的到来，与工业革命造就的全社会性的“大众”直接相关。这个时代的传媒不再仅仅面向相对高层的社会人群，而是转向分散的、无名的、数量极大的大众，“大众传播”的概念由此得以出现。

大众传媒面对的大众很容易被传播者控制，但若传媒不顺应大众的观点倾向、情趣，那么传媒将因得不到大众的承认而难以生存。所以，大众传播时代的传媒至少在表达层面总是宣称自己代表舆论。在这个意义上，马克思和恩格斯于 1850 年（当时欧洲社会的“大众传播”正在形成中）在论述当时的传媒——报纸与舆论（大众是舆论的主体）的关系时写道：“当报刊匿名发表文章的时候，它是广泛的无名的社会舆论的工具；它是国家中的第三种权力。”“报纸是作为社会舆论的纸币流通的”①。

最早用“大众”的概念框架来分析大众传播受众的是美国早期的心理学家布鲁默。他将传媒的受众这一新型集合体的形成视为现代工业社会各种因素相互作用的结果，并称之为“大众”。② 图 6－6 是 1937 年美国汽车公司工人发动的集会，照片说明使用“mass meeting”来描述这个场面。

图 6－6　1937 年美国汽车公司工人发动的集会

资料来源：Una famiglia da mantenere [EB/OL]. [2024－02－25]. https://www.ilblogdellestelle.it/2006/08/una_famiglia_da.html.

传播学批判学派认为“大众”这个概念，多少意味着个性丧失、非理性和缺乏自我意识的人群。用马尔库塞的话说，大众-受众的形成是控制与同质化过程的一个组成部分，而控制和同质化导致了单向度的社会和单向度的人，他们无力为自己辩解，而传媒却可以将自己的观念强加给他们。③

二、作为社会群体的受众

上面谈到的大众是从社会整体角度看待的分散而无名的人群，如果换一个角度，则大众中的个人不完全是孤立的存在，他们分属于不同的社会集团或群体，有着不同的社会背景。在这种情形下，大众传播的受众接触传媒虽然是个人的活动，但通常也会受到其群体归属关系、群体利益以及群体规范的制约。

---

① 马克思，恩格斯. 马克思恩格斯全集：第 10 卷 [M]. 2 版. 北京：人民出版社，1998：232.

② 麦奎尔. 受众分析 [M]. 刘燕南，译. 北京：中国人民大学出版社，2006：8.

③ 马尔库塞. 单向度的人 [M]. 张峰，吕世平，译. 重庆：重庆出版社，1988：30.

这个意义上的受众群体背景可以分为两个方面：一是人口统计学意义上的群体，包括性别、年龄、籍贯、民族、职业、经济收入、学历等；二是社会关系意义上的群体，如家庭、单位、团体、政治、经济和文化的归属阶层，以及宗教信仰群体等。受众中的个人群体属性不同，意味着他们所处的时代、社会环境、社会化的条件、社会地位、价值观和信念、对事物的看法、心理特点和文化背景存在差异，对大众传媒信息的需求、接触和反应方式也存在差别。

在大众传播的研究史上，20 世纪中期的研究被称为“群体的再发现”。这个时期的研究认为，受众由基于地域和共同利益而形成的许多互相交错的社会关系网所构成，而非简化单一的同质化群体，大众传媒以不同的方式与这些社会网络相融合。①

三、作为市场的受众

从传媒经营角度看，受众是传媒信息产品的消费者和大众传媒的市场。在 19 世纪中叶大众传媒向文化企业转变的过程中，市场化的受众观开始形成。

英国传播学家麦奎尔指出，市场这一概念更看重社会经济性的评价标准，关注传媒产品的消费而不是传媒的接收质量。因此在市场思维下，传播的社会效果和提升受众经验的品质被摆在次要位置；让受众参与更广泛的公共领域的活动这个问题的重要性同样也被降低。② 作为文化企业的大众传媒必须遵循市场经济的规律，制造出迎合最大多数受众的产品以增加传媒的发行量或收视率，从而得到广告商的青睐，完成资本在传媒产品生产中的循环与增值。

四、作为权利主体的受众

受众不仅是传媒信息的使用者或消费者，在政治意义和法律意义上，他们还是社会的权利主体，是参与社会管理和社会公共事务的公众。这种受众观为受众研究开辟了新的视角。

一般而言，受众在大众传播过程中享有下述权利：

（1）传播权，即自由表达的权利。这种权利由宪法保障，公众拥有必要的传播渠道。

（2）知晓权，即社会成员获得有关自身所处的环境及其变化的信息，以及保障社会生活所需的各种有用信息的权利，它也意味着公共权力机构对公民负有公开政务信息的义务。进入 21 世纪后，世界上所有发达国家和部分发展中国家（如印度、巴拿马等）通过了信息公开的法律。知晓权已经成为国际社会公认的一项公民的基

① 麦奎尔．受众分析［M］．刘燕南，译．北京：中国人民大学出版社，2006：10.

② 同①12.

本政治权利。

(3) 传媒接近权，即受众了解传媒进而参与传媒工作进程、通过传媒开展各种文化活动的权利，它要求传媒担负向受众开放的义务。这是 20 世纪传播学研究对传媒提出的一种社会责任和职业道德要求，至少理论上被默认。

这些产生于大众传播时代的权利意识，于 20 世纪 80 年代在中国学界开始得到研究。2006 年中共十六届六中全会通过的《中共中央关于构建社会主义和谐社会若干重大问题的决议》首次明确提出“依法保障公民的知情权、参与权、表达权、监督权”。中国共产党第十七次、十八次、十九次全国代表大会报告，均再次使用“知情权、参与权、表达权、监督权”的表述。

在上述受众观的基础上，学界产生了一系列受众研究成果，这些研究总体上可以分为被动型受众研究和主动型受众研究。

被动型受众研究的“理论”，通常用 20 世纪 30 年代流行的“魔弹论”一词来比喻，其实它并非由学术界提出，而是传媒报道语言。当时美国社会中电影以及广播迅速普及，在社会生活中影响力很强。1938 年万圣节，哥伦比亚广播公司播出广播剧《火星人入侵地球》(见图 6－7)，造成社会恐慌。据普林斯顿大学相关人员事后调查，全美约 170 万人相信这个节目是新闻广播，约 120 万人产生了严重恐慌，要马上逃难。广播剧播出时，在开头和结尾都声明这只是一个改编自小说的科幻故事，在演播过程中也曾 4 次插入声明。然而，该节目仍然对听众产生了巨大的影响。于是，一些相关的论点，如“皮下注射论”“靶子论”“机械的刺激-反应论”等开始出现，认为受众就像射击场里的固定靶子或医生面前的昏迷病人，处于消极被动的地位。这些论点的依据是本能心理学和大众社会理论。前者认为人的行为受“刺激-反应”机制主导；后者认为，工业革命中的大众在心理上孤立，依赖传媒。

图 6－7　播音员播出广播剧《火星人入侵地球》

资料来源：TED BARRI. Truth in the eye of the beholder [EB/OL]. (2018－07－26) [2024－02－25]. https://tedbarris.com/2018/07/26/truth-in-the-eye-of-the-beholder/.

主动型受众研究源自拉扎斯菲尔德。1940 年拉扎斯菲尔德在研究中发现，受众对大众传播内容的接受会经过自己认知的过滤，只接受那些与自己原有信念相符的东西。20 世纪 50 年代认知均衡理论、认知和谐理论、认知不协调理论（内容大同小异）接连被提出，强调受众接收信息时的认知心理会驱使人有意无意地选择信息以平衡自己的内心认知。1960 年，美国传播学者约瑟夫·克拉珀（Joseph Klapper，1917—1984）对受众接收信息的过程进行了总结，认为受众接收信息会依次经历选择性注意、选择性理解和选择性记忆的过程，受众个体经验背景造成的固有信念以及即时的需要，往往是选择的标准。

从 20 世纪 40 年代起，有一些研究者从受众心理动机和心理需求角度解释了人们使用媒介以得到满足的行为。1959 年，在一次学术会议上，传播学者卡茨（Elihu Katz，1926—2021，见图 6-8）将这类调查概括为媒介的“使用与满足”研究。调查的一些结论并非理论，而只能在一定时空内说明某些传媒产品可以满足受众某方面的需求。这些结论相互间也没有内在关联。例如，1949 年美国传播学者贝雷尔森（Bernard Berelson，1912—1979）发表论文《没有报纸意味着什么》，总结了人们对报纸的六种利用形态：获得外界消息的信息来源、日常生活的工具、休憩的手段、获得社会威信的手段、社交的手段、读报本身的目的化。再如美国社会学家赫尔佐克（Ernest Herzog，1885—1967）于 1944 年对 100 名广播肥皂剧的听众进行调查，发现他们动机各异：有的是因为“日常生活的烦恼”；有的对剧中人产生“认同”和“一体化”，借此体验自己未曾亲身经历过的生活；有的则把肥皂剧当作“日常生活的教科书”，从中汲取生活的知识和经验；等等。1969 年，麦奎尔等人关于电视节目的调查归纳了各类节目提供“满足”的不同特点，抽象出观众对电视效用的四种普遍认可：心绪转换效用、人际关系效用、自我确认效用和环境监测效用。

图 6-8　伊莱休·卡茨

在这种社会传播中，大众传播组织化地“点”对“面”的传播，决定了分散的受众与传媒组织相比自然处于劣势。进入网络时代后，这种态势开始发生变化。

第四节　大众传播的效果

效果研究是传播学经验-功能学派研究的出发点，并且具有较强的功利性。这方面研究的初期，即所谓大众传播“强效果论”，发生在20世纪40年代以前。前面所说的被动型受众研究的“理论”，从另一角度看，便是大众传播的“强效果论”。目前对传播学仍有影响的是后来的一些研究，主要发生在20世纪40年代以后，可以划分为两个阶段。

一、有限效果论阶段

1944年，拉扎斯菲尔德等人在《人民的选择》（见图6-9）一书中，通过对1940年美国总统竞选宣传的调查，得出了大众传播效果有限的结论：“在影响选民的投票决定方面，人际接触的影响似乎不仅比大众传媒更经常，而且更有效。”[①] 来自传媒的信息首先抵达“意见领袖”，由他们将所见所闻传递给同事或接受其影响的追随者。这一过程被称为“两级传播流动”。该研究还发现了“既有的政治倾向”“选择性接触”等个人接收信息时的影响因素。

图6-9　拉扎斯菲尔德《人民的选择》中文版封面

① 赛佛林，坦卡德．传播理论：起源、方法与应用［M］．郭镇之，等译．北京：华夏出版社，2000：228.

此后，卡茨和拉扎斯菲尔德以购物、流行、时事等为研究领域，针对诸如“选择性机制”“传媒特性”“信息内容”“受众性质”等影响因素进行了细化研究，并在1955年的《人际影响》一书中提出了“中介因素”的概念。

大众传播的微观效果研究也在一定程度上说明了传播效果的有限性。例如以霍夫兰为代表的“说服性传播”研究表明，二战期间在美军中播放的纪录片《我们为何而战》等在传达事实性信息方面很有效，在改变对实施空战行动的特定看法上也有些效果，但在激励战斗意志或形成同仇敌忾情绪方面，实际上没有效果。[①] 霍夫兰的研究与拉扎斯菲尔德在《人民的选择》中得出的结论一样，再次证明了单一的大众传播效果是有限的。

后来霍夫兰发现了影响说服效果的两个相关因素：信源与内容结构。

一般来讲，信源的可信度越高，说服效果越大；反之则越小。但这种信源的影响并非一成不变，随着时间的推移，高可信度信源的说服效果会出现衰减，低可信度信源的说服效果反而呈上升趋势。其原因在于人脑的遗忘机制是从次要信息开始的，随着时间的流逝，由信源影响带来的说服效果减弱，而信息内容本身的特性对效果的影响开始增强。霍夫兰称这种现象为“休眠效果”。

信息的内容结构也很重要，“单方消息”或“正反两方面消息”都会影响说服效果，但对原本就持赞同态度者来说，“单方消息”的说服效果大于“正反两方面消息”；而对原本就持反对态度者而言，“正反两方面消息”的说服效果大于“单方消息”。此外，从说服对象的特性看，“单方消息”对文化水平低者较有效，而“正反两方面消息”对文化水平高者较有效。

美国心理学家厄文·贾尼斯和费什巴赫（Seymour Feshbach，1925—2020）对恐惧在说服传播中的影响进行了研究，他们在1953年发表的文章《恐惧唤醒传播的效果》中提出了一个恐惧与效果关系的曲线模式，认为一则消息中传递的高度恐惧或低度恐惧都将导致受众少量的态度改变，但中等程度恐惧的消息则将导致最大量的态度改变。

1960年，美国传播学者克拉珀在《大众传播的效果》中将上述研究成果的观点总结为“有限效果论”。他承认传媒对受众有一定的影响，但是传媒处于现存社会关系的结构之中，不得不在特定的社会文化情境中运行，因此它对受众的影响必然受到种种社会关系和文化情境的制约。人与人之间存在“个体差异”，人处于不同的“社会分类”和“社会关系”中，这些都会使受众对大众传播的内容不会全部接受。

1962年，美国传播学者罗杰斯（Everett M. Rogers，1931—2004）研究了农村对新事物（新农药、新良种等）的采纳和普及过程，发表了《创新的扩散》一文，对“两级传播”进行了拓展，认为大众传播过程分为作为信息传递过程的“信息流”和作为效果波及过程的“影响流”（见图6-10）。信息经由前者的“一级传播”可

---

① 赛佛林，坦卡德．传播理论：起源、方法与应用［M］．郭镇之，等译．北京：华夏出版社，2000：177.

直达受众，但在影响的发挥上，却要经过人际传播的多重中介过滤，形成“多级”或“*N* 级传播”。这可以算是有限效果论较为理论化的一种表述。

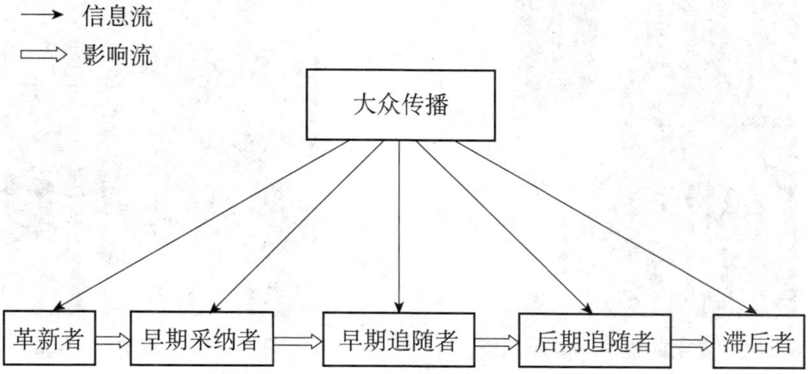

图 6-10　新事物普及过程中的“信息流”和“影响流”

资料来源：田崎笃郎，儿岛和人．大众传播效果研究的展开［M］．东京：北树出版社，1992：28.

二、传播效果的理论化研究阶段

自 20 世纪 60 年代末起，关于大众传播效果的研究，似乎又回到了“强效果论”，于是有所谓“回归强效果论阶段”之说。但这不是简单的对大众传播强效果的重申，而是针对传播效果提出了一些理论思考。所谓“强”效果，是有很多条件的。较有代表性的理论假设如美国传播学者麦库姆斯和唐纳德·肖的议程设置、美国传播学者格伯纳的培养理论、德国传播学女学者诺尔-诺依曼的“沉默的螺旋”，等等。从学术背景的角度看，20 世纪 70 年代以后实证主义受到怀疑，历史主义和人文科学推动了这方面的效果研究。

经验主义的传播学研究其实就是一个接一个的具体调查，从众多的情形中找出较为共通的现象。鉴于这种研究方法的特征，关于大众传播效果的研究理论的普遍性有限。各种传播效果“理论”一开始都只是假设，经过后人不断验证才逐渐广为接受。下面介绍目前尚有些生命力的四种“理论”。

（一）议程设置

1968 年美国总统选举期间，麦克斯维尔·麦库姆斯（Maxwell Mocombs，1938—　，见图 6-11）和唐纳德·肖（Donald Shaw，1936—2021，见图 6-12）就传媒的选举报道对选民的影响做了一项调查。结果表明，在传媒突出强调的各类选举问题和选民在选举问题上认为重要的事项之间，存在密切的关系。他们在 1972 年发表的文章《关于大众传播的议程设置功能》中，提出了传媒“议程设置”（agenda setting）的假设。后来他们又对 1972 年美国总统大选的报道进行了研究，再次证明了传媒的议程设置功能。

图6-11　麦克斯维尔·麦库姆斯

图6-12　唐纳德·肖

他们发现，在一定的区域内，有很多不同传媒，记者编辑们各自根据自己对事实的选择标准采写和编排新闻，其中总有一些是多数传媒和传媒人不约而同认为重要的，报道的时候被安排在报纸的首要位置或广电新闻节目的前几条。于是在这个区域的一段具体时间内，通过统计可以列出很多传媒共同认可的排名前几位的新闻（议程）。这样的排名，不是根据某一家传媒或某几个传媒人的设置得出的，也不是这个地区的权力组织刻意安排的，而是多数传媒和传媒人不约而同选择和相对共同关注的综合结果。而这种传媒议程的排序，与这个地区的公众对议程的重要性排序之间存在一种关系，两者通常有一定的重合度。这说明传媒的总体议程设置会影响公众自身的议程设置。

但实际情况远没有上面叙述的那样简单。有学者对美国20世纪60年代传媒关于社会问题的报道做了研究，发现传媒的报道并不能与实际的情形很好地吻合。比如对于越战、校园骚动、城市暴乱等事件，传媒报道的高峰期要比真实高潮早一两年；有关毒品和通货膨胀的报道，则基本上与事实的进程相一致；而涉及种族关系、犯罪、贫困和环境污染问题的报道，则与实际情况大相径庭。对此，研究者认为："许多人，包括很多决策者，都认为新闻传媒是值得信赖的信息渠道，但这里的材料表明，事实上并非如此。"①

随后的一系列研究讨论了制约传媒议程设置功能的各项因素。有学者认为，议程设置的效果能否产生，与受众对议题是否需要"强制性接触"有很大的关联。所谓的"强制性接触"是指在特定的议题上，公众的直接经验越少，他们获取该方面的信息就越要依赖传媒。而"非强制性接触"议题的报道则可能较少或没有效果。还有学者提出"具体议题"和"抽象议题"对议程设置功能的影响，认为由于受众对"抽象议题"的理解较为费力，因而"具体议题"可能会更有利于议程设置的效果。还有学者提出"时滞"的概念，认为传媒议程向公众议程的转化受时间的影响。纽约城市学院教师萨尔文（Michael Salwen，1952—　）在1988年研究环境保护的

① FUNKHOUSER G R. The issues of the sixties [J]. Public opinion quarterly，1973：37-75.

传媒议题与公众议题的关系时发现，传媒议程设置的效果开始呈现出对公众议程的影响，是在新闻报道以后的5～7周，对公众议题冲击最大的时刻是在出现这类报道以后的8～10周。还有的学者认为，议程设置功能与受众接触传媒的频率有关。受众个体接触传媒越多，议程设置越有效果。

不论有多少关于传媒议程设置的制约性因素，大众传媒具有议程设置功能这一观点基本得到了学界的认可。郭镇之教授回顾这一理论假设后指出："议程设置作为一种间接的传媒效果，获得了大量的验证，说明它是一种普遍现象。虽然这种效果具有潜在的歪曲'图像'的危险，但它并不是一个贬义词。……议程设置是一个客观的功能。"①

现在这方面的研究不仅关注传媒强调了哪些议题，还关注这些议题如何表达以及左右议题的因素等牵涉到传媒社会学范畴的更为宏观的话题。比如有西方学者建议将"议程设置"改为"议程建构"②，认为一个问题从新闻报道到成为公众议程需要一段时间，并且要经历几个步骤，其间有更多的因素对其产生影响；过去的许多研究关注的是传媒议程对公众议程可能产生的影响，忽略了"谁来设置传媒议程"的问题，即什么东西左右着传媒的内容。

"议程设置"引入我国后，经常被用来证明传媒"主动设置议程"引导舆论的成功与合理。其实"议程设置"这个假设论述的是大众传播的一种客观产生的传播功能，不是传媒自身的主观的传播功能。若把传媒的议程设置视为人为的和有计划的、想设置什么就设置什么、想怎样设置就怎样设置，则有悖这一理论假设提出的初衷。

"议程设置"是多数传媒和传媒人不约而同选择和相对共同关注的结果。每个记者编辑在选择并报道新闻之时，不可避免带有一定的主观因素，但一个区域内的众多传媒和传媒人带来的传媒议程的排序，则是每家媒体或每个传媒人都难以直接控制的客观的传播效果。

中国的传媒体制与美国差别很大。中国的传媒是在党领导下的，必须挂靠在某个正式的党政部门、人民团体之下；还有从中央到地方各级党的宣传部，每天下达各种宣传通知，要求重点报道什么和如何报道、什么不能报道、某些具体新闻如何把握分寸等等。这种情形下的传媒或传媒人在传媒上安排的事项（新闻）议程，带有较多的主观成分；有些传媒报道的内容和版面位置（或广电新闻内容的排序）有时候不是传媒安排的，而是上级统一安排的。在信息相对封闭的条件下，这种新闻传播体制下的传媒议程对公众议程的影响十分有效，因为这是公众主要的外来信源。尽管如此，一些官员仍然认为传媒影响舆论的力度不够，这个时候他们读到"议程设置"论，只看结论而不看研究过程和理论成立的条件，会认为很有用，于是，"主动设置议程"成为一句常说的话，其实这与该理论假设的内涵，基本不是一回事。

这种对传媒设置议程的认识造成了进一步误读：似乎只要传媒集中将某个议程

---

① 郭镇之．大众传播的议程设置功能［J］．国际新闻界，1997（3）．

② LANG G E，LANG K. The battle for public opinion［M］. New York：Columbia University Press，1983.

安排在报纸的显著位置或广电黄金时段新闻节目的前几条，就会对公众想什么（即公众的议程）产生决定性影响，其实不然。

议程设置是一个仍在蓬勃发展的理论。1997年，麦库姆斯和唐纳德·肖提出第二层议程设置，即属性议程设置。议题中的每一个客体都有多种属性，媒体总是根据自己的价值观，选择性报道其中一些属性，从而影响受众对属性的判断。在这一层次下，媒体不仅告诉公众“想什么”，还会告诉公众“怎么想”。在互联网时代，麦库姆斯与郭蕾提出了议程设置理论的第三层次——网络议程设置（network agenda setting，NAS）理论。该理论源于安德森（John Anderson）的认知记忆网络模型，认为议程是网状结构，影响公众的不是单个的议题或者属性，而是一系列议题所组成的认知网络；新闻媒体不仅告诉我们“想什么”或“怎么想”，同时还决定了我们如何将不同的信息碎片联系起来，从而构建出对社会的认知网络。

（二）培养理论

培养理论（cultivation theory）也称“教化理论”或“涵化理论”，兴起于20世纪60年代后期的美国。当时，美国社会暴力和犯罪问题比较严重，为此政府成立了“暴力起因与防范委员会”。在该委员会的资助下，格伯纳（George Gerbner，1919—2005，见图6-13）在1967—1968年主持了“培养分析”研究。培养理论的前提是“电视机已经成为家庭的中心成员，成为在大多数时间解说最多故事的那个叙述者”①。格伯纳发现，总是看电视的观众比很少看电视的观众对现实世界的理解与电视“所反映的世界”更为接近。比如，黄金时间段的娱乐节目充满了暴力，在回答“在任何一周内，你被卷入某种形式的暴力的机会有多少”时，大量看电视者的答案是10%，高于少量看电视者的回答比例，而社会实际犯罪比例仅有1%。大量看电视者从电视的暴力节目中感受到的是被夸大的不安全感，这是电视造成的最主要且影响最广的培养效果之一。

图6-13 乔治·格伯纳

培养理论开辟了文化分析的研究取向，揭示了电视在形成社会共识和维护现存制度方面的作用，具有一定的批判指向。因此，培养理论研究者也被称为“美国土生土长的批判学派”。但反对者认为，培养理论在变量控制上存在问题，如果对此进行完善，电视的影响则非常小。作为对批评的回应，格伯纳对研究进行了改进和深化，提出“主流化”和“共鸣”的概念。所谓“主流化”，是指理应多样化的价值观因大量接触电视而变得与电视所呈现的“主流”意见相似。所谓“共鸣”，是指当电视世界呈现的经验与个人经验趋于一致时，培养效果较为明显，例如大量收看电视

① 赛佛林，坦卡德．传播理论：起源、方法与应用［M］．郭镇之，等译．北京：华夏出版社，2000：292.

的女性观众，更加倾向于认为暴力犯罪是严重的社会问题，她们与电视中呈现的对高犯罪率世界的描绘产生了“共鸣”。这种“共鸣”与实际情形之间存在较大差距。

培养理论关注电视对观众产生的潜移默化的效果，认为电视给社会提供了一套同质化的“隐藏课程”，提供了一个环境，并且对不同的人提供了同一套对生活、世界、生命的解释。因而，观众长期接触电视而形成的累积性效果不容忽视。

（三）第三人效果

1983年，美国哥伦比亚大学教授戴维森（W. Phillips Davison，1918—　）发表了论文《传播中的第三人效果》（见图6-14），提出了第三人效果（third-person effect）的假设。他论证的是一种传播中的心理现象：暴露在说服信息下的受众会认为信息对其他人的影响比对自己的影响大。换句话说，人们倾向于低估大众传媒对自己的影响力，或高估大众传媒对他人的影响力。这种心理的认知基础是：我比别人更有主见和文化素养。

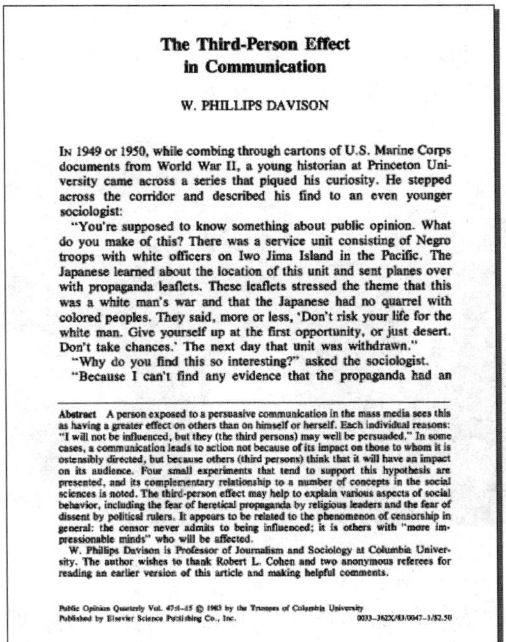

The Third-Person Effect in Communication

W. PHILLIPS DAVISON

In 1949 or 1950, while combing through cartons of U.S. Marine Corps documents from World War II, a young historian at Princeton University came across a series that piqued his curiosity. He stepped across the corridor and described his find to an even younger sociologist:

"You're supposed to know something about public opinion. What do you make of this? There was a service unit consisting of Negro troops with white officers on Iwo Jima Island in the Pacific. The Japanese learned about the location of this unit and sent planes over with propaganda leaflets. These leaflets stressed the theme that this was a white man's war and that the Japanese had no quarrel with colored peoples. They said, more or less, 'Don't risk your life for the white man. Give yourself up at the first opportunity, or just desert. Don't take chances.' The next day that unit was withdrawn."

"Why do you find this so interesting?" asked the sociologist.

"Because I can't find any evidence that the propaganda had an

Abstract A person exposed to a persuasive communication in the mass media sees this as having a greater effect on others than on himself or herself. Each individual reasons: "I will not be influenced, but they (the third persons) may well be persuaded." In some cases, a communication leads to action not because of its impact on those to whom it is ostensibly directed, but because others (third persons) think that it will have an impact on its audience. Four small experiments that tend to support this hypothesis are presented, and its complementary relationship to a number of concepts in the social sciences is noted. The third-person effect may help to explain various aspects of social behavior, including the fear of heretical propaganda by religious leaders and the fear of dissent by political rulers. It appears to be related to the phenomenon of censorship in general: the censor never admits to being influenced; it is others with "more impressionable minds" who will be affected.

W. Phillips Davison is Professor of Journalism and Sociology at Columbia University. The author wishes to thank Robert L. Cohen and two anonymous referees for reading an earlier version of this article and making helpful comments.

Public Opinion Quarterly Vol. 47:1–15 © 1983 by the Trustees of Columbia University
Published by Elsevier Science Publishing Co., Inc. 0033-362X/83/0047-1/$2.50

图6-14 《传播中的第三人效果》论文首页

这一理论假设可以说明宗教领袖或政治统治者为什么对异教宣传或持异议者感到害怕。因为他们认为尽管异教或持异议者对他们自身不会产生影响，但是这些人会影响第三人（社会上的其他人）。在书刊、电影审查方面，审查官员认为某种政见，以及暴力和色情的内容会影响他人，从而要求删改内容或禁止传播。但很少有审查者会承认自己受到被禁止传播的信息的影响，他们总是强调需要保护的是一般公众，尤其是普通公众中的年轻人或那些思想可塑性强的人。

后来与此相关的研究还谈到了“传播中的第一人效果”。前面谈到的是面对抽象意义的大众传播内容，受众所产生的第三人传播心理。如果面对具体传媒报道中的正面的事实，人们会认为自己受到的影响比其他人受到的影响大。不论是第三人效果还是第一人效果，在社会心理学的认知上，都属于“自我拔高”的动机，即人们感知自己和他人时，总是力求使自己看上去或者感觉上比别人要好。

（四）知识沟假说和其后的不断争论

大众传播的研究大多有一个预设，即大众传播可以提高人们的知识水平。然而 1969 年旨在缩小贫富家庭孩子知识差距的电视教育节目《芝麻街》在美国开播后，调查结果却表明尽管该节目对贫富家庭的孩子的知识增长都有作用，但两类孩子之间的知识沟并没有缩小，反而扩大了。这项调查是由美国明尼苏达大学教授蒂奇诺（Phillip J. Tichenor，1931—　）、多诺赫（George A. Donohue，1924—2012）、欧琳（Clarice N. Olien，1933—　）三人（见图 6－15）于 1970 年做的，他们对上述现象进行了学理上的解释，提出“知识沟”（knowledge-gap）假说。他们认为，正是大众传播导致了人们知识水平的差距：“随着大众传媒向社会传播的信息日益增多，社会经济状况较好的人将比社会经济状况较差的人以更快的速度获取这类信息。因此，这两类人之间的知识沟将呈扩大而非缩小之势。”①

图 6－15　蒂奇诺、多诺赫、欧琳

存在知识沟，是因为经济状况差异带来更多差异，影响到对信息的接收与处理。其一是传播技能差异。社会经济状况好者因文化程度的差异而比社会经济状况差者在信息处理上具有优势。其二是先赋差异。社会经济状况好者基于所受的教育而比社会经济状况差者具备更多的知识文化储备，因而对某些问题理解较快、较深刻。其三是社会关系差异。社会经济状况好者比社会经济状况差者有更多的社会联系，因而有更多的机会探讨相关问题。其四是认知差异。社会经济状况差者可能找不到与他们的价值观相符的信息，因而对公共事务之类的信息感到索然无味。其五是大众传媒系统在一定意义上就是为社会上层服务的，因此社会经济地位较低者往往被

① 赛佛林，坦卡德．传播理论：起源、方法与应用［M］．郭镇之，等译．北京：华夏出版社，2000：274.

边缘化。

与知识沟异曲同工的是，1999 年美国国家远程通信和信息管理局在名为《在网络中落伍：定义数字鸿沟》的报告中首次提出的数字鸿沟（digital divide）。该理论将阶级说进一步扩大，将影响群体从个人转移到更大的层面上，认为随着全球数字化的进程，不同国家对信息网络技术等的掌握情况不同，会造成国家间贫富差距进一步扩大的现象。当这一影响聚焦到个人时，不同年龄段的信息沟分化也显而易见。近年来，社会各界对老年人电子设备使用障碍问题加大了重视，更出台了一系列对老年人更友好、更具人情味的活性政策。

与知识沟理论持相反意见的是密歇根大学的艾蒂玛（J. S. Ettema，1942— ）和克莱恩（F. Gerald Kline，1937—1986），他们在 1977 年发表的文章《不足、差异和上限：关于知识沟理解的可变条件》中提出“上限效果”论。主要内容是：个人对大众传播的信息传达的需求并不是无止境的，而是都存在着一定的上限。虽然由于个体的社会经济地位不同，达到某一上限的速度也有快有慢，但随着时间的推移，地位高者与地位低者都会先后达到饱和，最终结果是两者之间的知识沟不断变窄、变小。

知识沟假说当时得到了传播学界的热烈响应，但随后质疑不断，主要在于：信息贫富的概念带有学者的主观价值判断，是知识分子强加给公众的自作多情的概念；“知识”无法被精确定义，学者们主要针对的是公共事务和科技新闻，其特点是“多少具备普遍诉求性”（more or less general appeal）。就定量研究的可操作化而言，这一定义过于模糊。知识沟假说实际上跳过了对于“知识”本身的社会学讨论，直接进入到对知识的测量当中。

2009 年，韩国学者黄宥利和郑世勋发表《重访知沟假说：35 年研究的元分析》[①] 一文。文章对约 160 篇以往关于知识沟假说的论文进行研究，通过元分析（meta-analysis）的方法加以综合，得出两个结论：第一，随着大众媒体报道的渗入，社会经济地位高者与社会经济地位低者之间的知识沟会增大的假说并不成立；第二，大众媒体报道量的大小与不同社会经济地位者之间知识沟的差距，在统计学意义上不具备显著性。

1974 年，以色列社会学家卡茨曼（Natan Katzman）进一步提出信息沟理论，其主要观点包括：（1）新传播技术的应用必然会使整个社会的信息流量和信息接触量都有所增大，但并不是每个社会成员都能够均等地获得新技术应用所带来的利益。（2）现有的信息富裕阶层通过及早采用和熟练使用这些先进的信息处理机器，能够拥有相对于其他人的信息优势。（3）在社会信息化过程中，新的媒介技术会不断出现并以逐步加快的速度更新，因而信息沟的发展趋势可能会是“老沟”未平，“新沟”又起。

---

① HWANG Y，JEONG S H. Revisiting the knowledge gap hypothesis：a meta-analysis of thirty-five years of research [J]. Journalism & mass communication quarterly，2009，86（3）：513 - 532.

第五节 大众传播的转型

在变化万千的现实生活中，人们比以往更加需要新闻，获取自己需要的新闻特别是高质量的新闻，已经成为生活的一部分。大众传媒曾是人们获取新闻的主要信源，现在，大众传播的受众正在缓慢而持续地减少。每一次传播技术革新都会增加新的新闻传播的中介，这些中介会在新闻内容与受众、广告商之间，建立起更为方便的联系方式。一旦便捷的传播渠道（形态）占据主导，人们便会逐渐转向新的新闻传播中介。因而，从传播技术的设备制造和运营商本身，到各种软件程序、内容聚合工具，整个新型传播技术业已经成为一种新中介（new intermediary），冲击着传统的大众传播。

一、新型传播技术业 vs. 传统大众传媒

新传播移动平台和社交媒体渠道（形态）的激增，代表了传播技术业的急遽发展，而传统大众传媒在一开始就遭受了巨大冲击，导致传统新闻媒体和新型传播技术业之间的差距不断加大，尤其是报业，现在“90 后”“00 后”群体中，读报的人凤毛麟角。

现在，少数几家传播技术的制造商或运营商已经成为人们数字生活中的“一切”的制造者和提供者，它们快速巩固并侵蚀着传统媒体的地盘，例如，谷歌、亚马逊、脸书、苹果等公司掌控着人们使用的硬件、设备运行的操作系统、浏览器导航、社交网络分享、网站平台购物和娱乐。传统的大众传播媒体很难在原有的基础上与之竞争，即使是所谓“云报纸”①，与直接在手机上查看网络新闻相比，还是缺乏吸引力。不仅如此，传播技术还掌握着每一位消费者的使用信息和其他个人信息，不仅在信息收集的层面更有针对性优势，在信息发放阶段也能“投其所好”地进行适当引导。而传统大众传媒面对的仍然是“不确定的多数”，只能通过原始的方法调查受众群体的大体情况。

这些新的新闻中介掌控着传统大众传媒无法控制的受众数据，自然也抢夺着传统媒体的利润。当然，未来不会是新型传播技术业和传统媒体各行其是的简单竞争，而是前者为了进一步发展，兼并传统媒体的品牌，将传统媒体变成提供给消费者的“一切”中的一部分。

在传播生态转型的过程中，也有传统大众传媒向数字化传播发起挑战的。比如美联社与二十几家网络新闻公司合作，授权新闻内容并向新闻整合者收取版权费。

---

① 2012 年 5 月 17 日，《京华时报》推出首份云报纸。其特点是：读者拿起手机一拍，通过云阅读手段就能观看与此条新闻有关的、内容丰富的视频资料或背景故事。

还有少数报纸启动了数字订阅计划（例如中国《人民日报》网络版开始收费）。甚至还有少数媒体，比如《金融时报》和《波士顿环球报》退出了由苹果和谷歌控制的“应用程序”，而改用 HTML 5 创建移动页面。然而，这样的挑战仅在竞争上有意义，就人类传播技术发展而言，这意味着重复消耗。即使这样，努力依然有限，很少有传统大众传媒在关键的新数字领域跟上形势，最多是使用流行的网络平台发布自己的内容，而不是提供更为广泛的网上的众多新闻、分享不是本媒体创作的信息产品。

现在传统大众传媒面临的形势是，新闻消费越来越在移动的过程中进行，为了跟上受众的脚步，传统大众传媒更得依赖网络运行的规则来发布新闻，依靠新闻搜索工具和社交网络（如微博、微信）吸引潜在的用户。这样一来，原有的媒体运转模式面临瓦解，而新的运转模式已经由新型传播技术业掌控。从 2010 年起，美国网络广告的收入超过印刷媒体，其中相当部分流到了新闻聚合服务商那里；三大有线电视网的观众十几年来首次下降，更多的人从网络上而非报纸上获取新闻。

二、传统大众传媒的转型

面对传播的数字化，传统大众传媒的改制跟进较晚，最多是潮流的追随者，因而现在的传统大众传媒难以成为新传播技术的引领者。传统大众传媒若仅是“适应”飞速发展的传播技术业，那将永远跟不上形势；但若另造一个传统大众传媒单独拥有的传播技术业系统，则完全没有可能。传统大众传媒若要寻求变革，需要的是了解传播技术业如何重构传媒内容与读者的关系，并在此基础上改变自身的传媒观念，形成新的生产与分发模式。

传播技术业的发展尽管为用户提供了海量信息，挤占了传统大众传媒的生存空间，但反过来看，实际上也为传统大众传媒提供了机遇。史安斌提出“参与”（engagement）作为 2020 年全球新闻业发展的关键词，认为“参与”在内容生产层面体现为“协作式新闻”（collaborative journalism）和“介入式新闻”（engaged journalism）的兴起。“协作式新闻”意味着无论是记者、学者还是其他传媒从业者都可以合作完成内容生产，为新闻产品提供更广阔的视野。“介入式新闻”则更侧重新闻生产过程中媒体机构与用户之间的互动合作，努力推动多元化的“利益攸关方”（stakeholder）介入新闻报道的全过程。例如，荷兰的一家新闻网站 De Correspondent 支持各领域的读者参与到新闻的制作中，鼓励他们将相关知识提供给新闻编辑室中的所有记者作为参考资料。在韩国新闻网站 OhmyNews 上，任何人都可以注册成为网站的有酬记者，网站的新闻内容大部分来自这些公民记者。

在 2022 年《新闻学》杂志第 23 卷第 1 期上，劳森（Wiebke Loosen）等 5 位来自德国、芬兰、荷兰的研究者将以上提及的新闻模式概括为“×新闻”，他们的论文的标题是《×新闻：通过我们赋予新闻名称来探索新闻多样化的含义》，他们搜集了 166 篇这类新闻，研究了与受众相关的 24 篇。同年，其他 8 家国际性学术期刊也发表了这方面的论文。2023年，中国《新闻记者》杂志上发表的一篇论文①对中外研究文献中的43个“×新闻”案例做了主题分析，包括刚才提及的协作式新闻、介入式新闻。作者认为，新闻是一个复数概念，存在多种表现形态。“×新闻”主要是对传统新闻的补充、完善而非颠覆。它们如此频繁、密集而又多元地涌现是前所未有的，不仅涵盖了新闻生产者、新闻文本、技术、受众、资本等多元行动者，使新闻业始终涌动着创新的活力，也蕴含着未来范式革命的因素。

从受众的角度来说，谁能满足受众的需要，谁就拥有市场。而新媒体的用户可以自行决定阅读哪些内容，以及内容呈现的方式，远比传统大众传媒吸引人。在这个意义上，传统大众传媒也需走向“既懂得公众不断变化的行为，也能准确投放内容，并将广告按每个用户的偏好投放”。技术提供的算法机制和精准推送进一步驱动新闻业适应互联网窄播趋势，内容分发走向“定制化”（tailoring），为受众提供“个性化新闻”，美国《纽约时报》就在这条道路上探索了许久。2011年初，该报发布了推荐平台“推荐给你”（Recommended for You），创建了一种算法，可以向用户展示其可能没有看过的内容。此后《纽约时报》不停地优化推荐策略与相关算法，2017年开始了一系列小型实验，根据用户的不同使用行为定制推送新闻。2018年5月，该报又推出了“您的每周版”，使用编辑策展和算法的混合方法来进行推送。2019年6月中旬，该报再推出了新的里程碑式的应用“为你”（For You），让读者一打开应用就能看到自己最感兴趣、更有意义的内容。

然而这些转变并非毫无问题，《纽约时报》内部对于个性化推送就有诸多争议。最紧要的便是如何照顾受众的兴趣而又不致形成信息茧房。出于这样的考虑，该报在个性化推送中就强调了受众没看过的和编辑策展。此外，个性化推送对受众隐私的侵犯、算法把关缺失对新闻价值的判断并导致庸俗信息失控、传媒从业者在协作式新闻乃至公民新闻的处境中该如何自处……都是值得思考的问题。

要点思考

1. 简述大众传播的三个基本特点。
2. 简述何为“拟态环境”。
3. 简述大众传播的社会功能。
4. 简述可能对大众传播的生产流程产生影响的各种因素。
5. 简述大众传播效果研究的两个发展阶段。
6. 简述议程设置理论。
7. 简述培养理论。
8. 简述传播中的第三人效果理论。
9. 简述传统大众传媒所面临的新型传播技术业的挑战。

---

① 韩德勋．数字时代新闻的有机创新：对“×新闻”的研究［J］．新闻记者，2023（3）：39-51.

第七章
文艺传播

人的生存和活动离不开各种方式和内容的传播活动，传播活动包含各种具体的形式，比如，劳动中需要用有节奏的呼喊或歌唱来协调步伐的节奏，人们需要向同伴表达喜怒哀乐、向恋人抒发爱慕之情。从人类的劳动和传播实践中，诞生了人类从古至今的一类特别的传播活动——艺术。艺术传播贯穿了整个人类的文明史，普遍存在于人类社会生活之中。

第一节　认识文艺传播

文艺是文学和艺术的统称。广义上讲，文学是一种语言的艺术，但由于语言作为人类最复杂的传播符号，具有自身的独特属性，因此，文学在发展过程中形成了自身的庞大门类、丰富的作品和独特的规律。关于艺术的起源的说法纷繁复杂，其中主要的假说包括劳动说、模仿说、表现说、巫术说和多元决定说。徐复观认为，关于艺术起源问题，最妥当的办法是采取多元论的态度。[①] 无论哪一种假说，艺术都具有表达和传播的属性。

迄今为止，可追溯的原始艺术形式几乎与智人的出现同时。在旧石器时代，就出现了牙雕、岩画、石刻等形式的艺术。根据我国的考古发现，北京人的石器尚无定形；而丁村人的石器则有一定规范，如尖状、球状、橄榄形等；到山顶洞人时期，不但石器已经很均匀、规整，而且还有磨制光滑、钻孔的骨器和许多所谓“装饰品”。[②]

早期艺术活动渗透于人类基本的生产活动和原始宗教中，是一种对自然物象的模拟或表达，以对生存挑战进行解释和控制。作为最早的艺术形式之一的原始舞蹈（见图 7－1）就是如此：“北美洲的红种人跳自己的‘野牛舞’，正是在好久捉不到野牛而他们有饿死的危险的时候，舞蹈要一直持续到野牛出现，而印第安人认为野牛的出现是和舞蹈有因果联系的。”[③] 鲁迅回顾人类历史时写道：“我们的祖先的原

---

① 徐复观．中国艺术精神［M］．沈阳：辽宁人民出版社，2019：2.

② 李泽厚．美的历程［M］．北京：生活·读书·新知三联书店，2017：1.

③ 普列汉诺夫．论艺术［M］．曹葆华，译．北京：生活·读书·新知三联书店，1964：80.

始人，原是连话也不会说的，为了共同劳作，必需发表意见，才渐渐的练出复杂的声音来，假如那时大家抬木头，都觉得吃力了，却想不到发表，其中有一个叫道'杭育杭育'，那么，这就是创作……是'杭育杭育派'。"[①] 显然，早期艺术与生产劳动有着密切关系。

图7-1 原始舞蹈"傩舞"

资料来源：广东非遗促进会．原始舞蹈"傩舞"[EB/OL]．(2020-07-02) [2024-02-25]．https://baijiahao.baidu.com/s?id=1671068063039297192&wfr=spider&for=pc.

有了艺术，就有了艺术的传播。随着传播媒介的演进，艺术的传播得以扩大影响和繁荣发展，并产生了适合媒介特征的各种艺术形式。在文字产生以前，艺术形式被分为三类。

第一类是形体动作艺术，如舞蹈、仪式性表演等。形体动作艺术的传播依赖于艺术自身和现场互动，不具有时空的跨越性。跨越时空的流传要么通过模仿传承，要么通过其他媒介的记录和再现。例如，古老的岩画中表现的场景就有不少是舞蹈或仪式的场景。

第二类是空间造型艺术，如建筑、绘画、雕塑等。这些诉诸空间的艺术能否具有跨越时空的传播力取决于它们采用的媒介是否具有耐久性。如今我们依然能够窥见史前文明艺术的一角，有赖于岩洞、石壁、石雕、骨制品、陶器等承载媒介的耐久性。

第三类是时间艺术，包括音乐、诗歌、神话等。时间艺术随时间流动而展开，是最难以保存而容易流逝的。在前文字时代，时间艺术只能通过口耳相传的传播形式代代传承。

文字的产生不仅对上述所有艺术形式的传播手段产生了重要影响，而且通过文字记录，后世能够对已经消失的艺术开展研究。文字本身也对语言产生了重要的影响，不仅能够固化口语，让语言表达更为精确，而且文字本身还成了艺术中的独特门类。通过对艺术进行文字化处理，文学作为艺术的一种形式应运而生，并且在时

① 鲁迅．门外文谈[M]//鲁迅全集：第6卷．北京：人民文学出版社，1959：75.

间和空间上获得了更为久远的生命力。因此，许多学者认为，文字是人类文明的标志之一。有了文字，各民族的丰厚文化遗产，特别是神话、传说、诗歌等因被文字记录而得到了更好的保存和传播。同时，文学作为语言的艺术，自身逐渐独立并演化出了新的类型，诸如散文、小说、诗歌等。

一、文学传播

文学的原始形式是口头形式的诗歌。早期的诗、乐、舞三位一体，实际上就是人类劳动过程的演化。如中国古代作品《弹歌》中的“断竹，续竹，飞土，逐肉”，就较为形象地描述了原始时期先民狩猎的情形。

现代文学理论将文学视为包含情感、虚构和想象等综合因素的语言文字的行为和作品。文学不是对世界镜子式的摹写和再现，而是一种抽象的、审美的艺术化处理。文学的审美特性可以从以下几个方面把握。

（一）文学传播与接受的双重特性

文学创作的本性是无功利的。无论是从创作者还是从受众的角度看，对文学活动的参与都不是为了获得实际利益。因而，无功利是文学接受（即审美）的主要特征之一。对此，德国哲学家康德（Immanuel Kant，1724—1804）在《判断力批判》（见图 7 - 2）中写道：“每个人都必须承认关于美的判断只要混杂有丝毫的利害在内，就会是很有偏心的，而不是纯粹的鉴赏判断了。”① 当然，就审美主体获得精神愉悦来讲，这也是一种“功利”，但这种功利与追求金钱、物质的功利性质显然是不同的。

图 7 - 2　康德《判断力批判》中文版封面

---

① 康德．判断力批判［M］．邓晓芒，译．北京：人民出版社，2002：39.

一旦文学与市场经济挂钩或与政治斗争相联系，事情就变得复杂起来了，文学成为实现某种利益、观点的手段，就带有了一定的功利色彩。各种招商节目表演，便是一类艺术为商业服务的形式；“文艺为工农兵服务”，便是文学为政治服务的典型口号。1942年5月，毛泽东的《在延安文艺座谈会上的讲话》具体论证了这个问题。[①] 这一指导思想适应了当时的斗争要求，也由此涌现出了一批人们熟悉的文学作品。但从长远的角度看，文学应有自身的独立的发展路径。

文学具有感性与理性、情感与认识的双重特性。

从方式上看，文学是感性的，又是理性的。德国思想家卡西尔曾谈到科学与艺术的区别：“在科学中，我们力图把各种现象追溯到它们的终极因，追溯到它们的一般规律和原理。在艺术中我们专注于现象的直接外观，并且最充分地欣赏着这种外观的全部丰富性和多样性。”[②] 他所说的直接外观，即由文学的文本所呈现的审美感性形态，是文学特有的存在方式，它渗透在想象、虚构、情感等文学特有的元素中，需要主体进行直觉把握，进行感性的直接体验。读者对文学作品的接受不是直接地从作品中得到什么谕示，而是在形象中进行直觉的、无功利的审美把握。

但是，文学并不排斥由概念、判断、推理等构成的思维理性。无论是创作者还是受众，对文学的涉入都关涉着理性的运思。文学是情感的，又是认识的，即对象符合主体需要与理想的主观态度。文学是形象思维与抽象思维的统一，呈现情感与思理交融的情态。每件文学作品的情感与认识是统一的，构成一个有机整体，如《红楼梦》中的“药方”和“账单”，便是整部小说的有机的一部分。文学中的情感是审美主体从对象中直觉到人本身、满足了审美需要和理想而引起的。

文学中有认识的成分，但其表现形态不能用哲学或政治理论的思维来设想。文学研究者凌宇曾问作家沈从文（见图7-3）：“《边城》《黔小景》《贵生》等篇是否含有人生莫测的命定论倾向?”沈从文对问题本身持否定态度，认为读者应该从欣赏出发，“看能得到的是什么”，因为“作者在作品中已回答了一切”。他说：“我没有那么高深的寓意，只有一个目的，就是企图从试探中完成一个作品，我最担心的是批评家从我的习作中找寻‘人生观’或‘世界观’。”[③]

文学的上述双重特性在音乐、绘画、电影、戏剧、游戏等艺术形式中也同样存在，只是文学的上述特性蕴含在其特有的文学符号、话语及结构中。

（二）文学文本与讯息性文本的区别

具体的信息内容与形式都可以视为“文本”，包括文学文本（或虚构性文本）、讯息性文本两大类。小说、影视、诗歌是文学文本，各种宣传材料、理论文章、新闻报道（包括纪实影像）、学术资料、广告等通常被视为讯息性文本。两者的主要区

① 毛泽东．毛泽东选集：第3卷［M］．北京：人民出版社，1991：847-877.

② 卡西尔．人论［M］．甘阳，译．上海：上海译文出版社，2004：234.

③ 沈从文．答凌宇问［M］//刘洪涛．沈从文研究资料：上．天津：天津人民出版社，2006：139.

图 7-3 沈从文

别有六个方面。

第一，文学文本的参照系往往是虚构的情境。小说和电视剧《甄嬛传》中甄嬛与果郡王之间的感情再凄美，也经不起历史的推敲。因此对照小说、剧本执着于考证历史上是否有甄嬛其人，是可笑的。所以，电视剧或者电影的开头通常会声明："本片纯属虚构，如有雷同纯属巧合。"当然，大众接受文学文本时也会"求真"，但这是另一类"真"。德国哲学家卡西尔曾说："'一切美都是真。'但是美的真理性并不存在于对事物的理论性描述或解释中，而毋宁是存在于对事物的'共鸣的想象'之中。"[①] 而讯息性文本的参照系一定是真实具体的现实或历史。

第二，文学文本是非实用的，人们接受文学文本是为了满足审美的需要。而讯息性文本是实用的，为了说明某一问题、达到一定的功能目的而发表，有的文本带有相当的说服性质。因此，认知语言多用于讯息性文本而不是文学文本。"认知语言主要被用于新闻报道、历史叙述和学术研究。它的最终目的是使人确知对象，获取真知，剔除谬误，达到一个符合对象的'真'的结论。"[②]

第三，在结构上，文学文本给予接受者的不完全是精确信息。文学文本需要适当增加文本的不确定性，留给接受者联想、想象、意象、意会等参与创造的机会，就像鲁迅评价《红楼梦》时说的："单是命意，就因读者的眼光而有种种：经学家看见《易》，道学家看见淫，才子看见缠绵，革命家看见排满，流言家看见宫闱秘事……"而讯息性文本需要提供精确的信息，尽量避免受众的选择性理解。为此传播者需要通过多方面的说明或连续报道，以减少意义理解的不确定性，达到说明或说服的目的。德国美学家伊瑟尔（Wolfgang Iser，1926—2007，又译伊泽尔）对此总结道："说明性文本中的语言用法和虚构性文本中的语言用法看起来完全不同。不论说明性文本什么时候揭示一种辩论或者传达一种信息，它都预先假定了对一个给

① 卡西尔．人论［M］．甘阳，译．上海：上海译文出版社，2004：235.

② 林岗．符号·心理·文学［M］．广东：花城出版社，1986：196.

定客体的参照；同样，这要求不断展开的言语活动具有连续不断的具体化，这样，表述就可以获得它所预期的精确性。因此，意义可能存在的多重复杂性就必须通过读者观察文本部分的可联结性而持续不断地减少；与此相反，在虚构性文本中，正是这种可联结性被空白粉碎了，所以它容易变成五花八门的东西。"①

第四，文学文本的符号或用语与意义的关系水乳交融。文学原著若改变其词语和语言结构，其文学性就有可能遭到破坏，因为"文学语言远非仅仅用来指称或说明（referential）什么，它还有表情的一面"，"文学语言深深地植根于语言的历史结构中，强调对符号本身的注意"②。例如《红楼梦》第二十七回中，红玉（对凤姐）道：

> 平姐姐说，我们奶奶问这里奶奶好。原是我们二爷不在家，虽然迟了两天，只管请奶奶放心。等五奶奶好些，我们奶奶还会了五奶奶来瞧奶奶呢。五奶奶前儿打发了人来说，舅奶奶带了信来了，问奶奶好，还要和这里的姑奶奶寻两丸延年神验万全丹。若有了，奶奶打发人来，只管送在我们奶奶这里。明儿有人去，就顺路给那边舅奶奶带去的。

这样的话语，是一个字都不能改的，否则便破坏了其文学性。即使翻译成外文，外国人要理解也不是容易的事情。诗歌尤甚，被翻译成另一国文字后，诗歌的意蕴往往就丢失了。我们体会一下李商隐的原诗与英译文（许渊冲译）的差异：

无 题	**To One Unnamed**
昨夜星辰昨夜风，	As last night stars, as last night blows the breeze;
画楼西畔桂堂东。	West of the painted bower, east of Cassia Hall.
身无彩凤双飞翼，	Having no wings, I can't fly to you as I please;
心有灵犀一点通。	Our hearts at one, your ears can hear my inner call.
隔座送钩春酒暖，	Maybe you're playing hook in palm and drinking wine;
分曹射覆蜡灯红。	Or guessing what the cup hides under candles red.
嗟余听鼓应官去，	Alas! I hear the drum call me to duties mine;
走马兰台类转蓬。	Like rootless weed to Orchid Hall I ride ahead.

所以法国社会人类学家列维-斯特劳斯（Claude Lévi-Strauss，1908—2009，见图7-4）在《神话的结构研究》中说："诗歌是一种不能翻译的言语，除非冒各种窜改原意的危险。"

而讯息性文本采用的符号或概念与意义（指关系）相对松弛，可以根据接受者的情况改换，以便接受者精确地理解传播者的意思。面对大众的科普读物必须使用

---

① 伊泽尔．审美过程研究：阅读活动：审美响应理论［M］．霍桂桓，李宝彦，译．北京：中国人民大学出版社，1988：250-251.

② 韦勒克，沃伦．文学理论［M］．刘象愚，邢培明，陈圣生，等译．北京：生活·读书·新知三联书店，1984：10-11.

大白话来解释科学问题，因此科普读物与科学论文需要使用不同的词句表达同样的意思。“理想的科学语言仍纯然是‘直指式的’：它要求语言符号与指称对象（sign and referent）一一吻合。语言符号完全是人为的，因此一种符号可以被相当的另一种符号替代。”[①]

图 7-4 列维-斯特劳斯

第五，从交流渠道看，文学文本除了文字这条信道外，还有一条看不见的隐藏信道——情感的传播。即使双方共同编码的程度不高，也还有另一情感信道用于交流，这一点在接受表演和音乐文本方面尤为明显。讯息性文本要到达接受者，传播的信道只有一条，即传播者与接受者必须具有共同的能够用于交流的编码。

第六，从交流过程看，接受文学文本的过程，是一个激发审美情趣、形象再创造或直接感知的过程。而对于讯息性文本的接受者来说，这是一个信息确认或材料收集的过程。讯息性文本的提供者，通过不断地提供信息和有逻辑地编织信息，使接受者获得信息的积累，用于认识变化着的现实世界。这种“说明性文本也不需要接受者方面进行大量的观念化活动，因为它通过遵守连贯性保证预定的接受，它的目的是实现与一种特殊的给定事实有关的特殊意向”[②]。

二、艺术传播

除了文学传播之外，一般意义上的艺术传播包括雕塑、绘画、摄影、戏剧、电影、工艺、建筑、音乐、舞蹈等多种形式，由于这些艺术形式在表现上使用不同的载体或载体与表现无法分割，因而在传播上也呈现出很大差异。这里仅以舞蹈、绘画、音乐等艺术形式为代表讨论艺术的传播特征。

（一）作为形体动作艺术的舞蹈

舞蹈是最古老的艺术形式之一。早期人类把它作为一种庄严的仪式，用来表现人的情感和愿望。英国人类学家泰勒（Edward Tylor，1832—1917）就此写道：“舞蹈对我们新时代的人类来说可能是一种轻率的娱乐。但是在文化的童年时期，舞蹈却饱含着热情和庄严的意义。蒙昧人和野蛮人用舞蹈作为自己愉快和悲伤、热爱和暴怒的表现，甚至作为魔法和宗教的手段。”[③] 由此也可以看出舞蹈与宗教和祭祀的

① 韦勒克，沃伦．文学理论［M］．刘象愚，邢培明，陈圣生，等译．北京：生活·读书·新知三联书店，1984：10-11.

② 伊泽尔．审美过程研究：阅读活动：审美响应理论［M］．霍桂桓，李宝彦，译．北京：中国人民大学出版社，1988：135-252.

③ 泰勒．人类学［M］．连树声，译．桂林：广西师范大学出版社，2004：275.

渊源。

舞蹈的特征在于用规范化的、有节奏的人体动作来表现人的感情。人体是舞蹈的载体和表现手段，不仅创造和传达出舞蹈的艺术之美，同时也是人类本质的自我确证。

舞蹈带有虚拟与抒情的特性。最初的舞蹈是对特定社会活动的模拟，后来逐渐向虚拟过渡，用各种动作对现实进行艺术夸张和变形，杂以和谐优美的节奏，抒发情感、表现生存状态。这种把内在感情通过特定人体动作加以外化表现的特征，古代典籍《毛诗序》中有很好的说明："言之不足，故嗟叹之；嗟叹之不足，故咏歌之；咏歌之不足，不知手之舞之，足之蹈之也。"[①] 情动于中，发之于外，这就形成了舞蹈。

舞蹈与音乐密不可分，早期的诗、乐、舞是三位一体的。没有音乐的配合，舞蹈的效果会大打折扣，因为形体动作的变化和音乐一样具有很强的节奏感。德国人类学家格罗塞（Ernst Grosse，1862—1927）认为，节奏是"原始民族的特殊感情，跳舞时他们首先注意动作之严格的合节奏的规律……这种节奏的享乐无疑深深地盘踞在人体组织中"[②]。舞蹈动作的高低起伏、舒缓强劲都具有音乐的节奏和旋律。所以，舞蹈也被认为是流动的音乐。

舞蹈具有很强的观赏性质，对观众来讲是一种视觉艺术。观众通过视觉的凝聚，透过舞蹈动作的演化来直觉其蕴含的艺术之美。舞蹈与具体的人的身体不可分离，因而在传播上不具有时空的跨越性，早期舞蹈的欣赏需要此时此地的在场。这一点，在电影、电视等电子媒介发展起来后才被打破。

（二）作为空间造型艺术的绘画

绘画通过线条、色彩、构图在二维空间内以动人的造型再现生活，传达出一定的感情和意味。线条是绘画最基本的表达语言，其本质在于体现画家的感情。线条的坚硬柔软、轻重缓急、光滑滞涩、疏密曲直构成无限丰富的感情层次，比如平卧线用来表现宁静、上升线用来表现欢乐、下降线用来表现抑郁等。绘画的色彩来自客观的光和物体，也被用来表达感情，引起人们的联想，比如红色意味着危险和热烈、绿色意味着和平与希望、蓝色意味着安宁与忧郁、黄色意味着温暖与暧昧等。绘画的构图是物体空间的组织与安排，如横向线式构成常暗示着安闲、和平、宁静；斜向线式构成常暗示着运动和力量；金字塔式的构成常暗示着稳固、持久等。

绘画常以线条、颜色为媒介，二者在空间上并列地平铺在一个平面上，所以绘画的题材局限于"可以眼见的事物"，很难直接展现情节过程，只能表现一种静态美，是在瞬间反映对生活的提炼和抽象的静态的再现艺术。观者通过静态动作的暗示来联想，来达到对其的把握。所以德国戏剧理论家莱辛（Gotthold Lessing，

---

① 霍松林．古代文论名篇详注［M］．上海：上海古籍出版社，1986：40.

② 格罗塞．艺术的起源［M］．蔡慕晖，译．北京：商务印书馆，1984：144.

1729—1781）对绘画的要求是：“在它的同时并列的构图里，只能运用动作中的某一瞬间，所以就要选择最富于孕育性的那一瞬间，使得前前后后都可以从这一瞬间中得到最清楚的理解。”①

从情节过程中截取最能反映前因后果、最富有寓意和暗示的时刻加以表现，这也是绘画的魅力所在。中国文人画被视为中国画的高峰和典范，但当中的抽象意境的生成，并不是通过画面中的对象直接的意指，而是将观者与作者纳入一个共情的传播场域中形成的情感释义。一个牙牙学语的幼童读王维、马致远、陶渊明之作与饱经沧桑的成年人所读的文字虽相同，但所感之意境并不同。比如，宋代马远的画作《寒江独钓图》（见图 7－5）取义自柳宗元的五言诗《江雪》，但画面中只有一叶扁舟，一个垂钓之人，船下几道水波，既无雪也无江，更无千山飞鸟、万径人踪。但纵览整个画面，浩渺江上，孤寒之感跃然纸上，更进入了观者的心中。

图 7－5　寒江独钓图

资料来源：《寒江独钓图》，马远，宋，现藏于东京国立美术馆。

绘画不管是写实还是抽象，它对现实的描摹和再现特征较其他艺术形式都更加突出。公元前 5 世纪的古希腊画家宙克西斯和帕尔哈西奥斯进行过一场绘画比赛。宙克西斯揭开画上的挡布，只见一个孩子头上顶着一筐葡萄，人像逼真，葡萄更是新鲜水灵，竟然引来几只麻雀去啄画上的葡萄，人群中发出一阵惊叹声。宙克西斯不免扬扬得意起来，让帕尔哈西奥斯揭开他的画，围观的众人也向他高声嚷道：“把挡布取下来吧，让我们看看你的那幅画。”帕尔哈西奥斯默不作声，宙克西斯急了，伸手去扯那块布……突然，他停住了，随即发出惊叹声，向观众宣布：“我输了！”原来，那块挡布是帕尔哈西奥斯画出来的。

（三）作为时间艺术的音乐

音乐是一种动态的表现艺术，它通过节奏、旋律、和声、复合声等表现手段的

① 莱辛．拉奥孔［M］．朱光潜，译．北京：人民文学出版社，1979：83.

规则组合，创造美的音响，表达一定的形象和情感。音乐的形象是活跃和流动的，既可以运用对自然和社会声响的模拟来表现人的真实情感，也可以用象征等手法将一定的场景化为情感的声音加以表现。音乐具有“只可意会，不可言传”的魅力和韵味，恩格斯认为，“音乐是惟一使享受和生动的演奏协调起来的艺术”①。

音乐与人心灵的关系最为直接。公元前 6 世纪古希腊毕达哥拉斯学派认为，灵魂需要摆脱肉体的羁绊得到净化，他们主张用药物纯洁肉体，用音乐净化灵魂。②电影《音乐之声》中年轻的修女玛利亚，用音乐重新点燃古板的上校冯·特拉普对生活的热情与信心；《钢琴家》中躲避纳粹的波兰钢琴师史标曼，在阁楼上为爱好音乐的纳粹军官韦恩演奏；《海上钢琴师》中的 1900 从未到过陆地，却能在钢琴声中幻想着世间的一切。这些也许是对“音乐是心灵的艺术”这一命题的注解。

中国古代文化常将“礼乐”并称，甲骨文中不止一处出现了“乐”字。《周礼·春官宗伯》中说：“大司乐掌成均之法，以治建国之学政，而合国之子弟焉。凡有道者、有德者，使教焉，死则以为乐祖，祭於瞽宗。以乐德教国子中、和、祗、庸、孝、友，以乐语教国子兴、道、讽、诵、言、语，以乐舞教国子舞《云门》《大卷》《大咸》《大韶》《大夏》《大濩》《大武》。”因此，周礼与音乐活动是非常密切的。徐复观据此提出，我国古代以音乐为中心开展礼的教育。中国是制造和使用乐钟最早的国家。我国编钟兴起于周朝，盛于春秋战国直至秦汉，是我国古代礼乐重器，为历代宴饮、朝聘和祭祀活动所必备（见图 7－6）。在迄今考古发现的先秦编钟实物中，曾侯乙编钟的数量、组别最多，保存最好，音律也最为完备。

图 7－6　戎生编钟

资料来源：西周，公元前 740 年，藏于保利艺术博物馆，许春红摄。

音乐传播中不存在“对称”，它的传播体现为一个线性的时间过程。聆听音乐的过程是在时间上的延续，人们在音乐时间中所进行的对于时间的体验，绝不会被别

---

① 马克思，恩格斯．马克思恩格斯全集：第 2 卷［M］．2 版．北京：人民出版社，2005：438.

② 章启群．新编西方美学史［M］．北京：商务印书馆，2004：48.

的非时间性的东西扰乱。而且人们在聆听音乐时，不会感到为时间所累，只会感到全身心的放松。

第二节 文学传播的叙事和“母题”

每一件艺术作品都有特定的内容。舞蹈、音乐等以较为抽象的方式倾诉情感（有时亦包含“故事”），它们内蕴的母题更多地具有象征意味，诸如“行云流水”“明月”“雄壮”“欢快”等；其他艺术形式的作品，大多数是通过“讲故事”来交流思想和情感的。于是，“如何讲故事”（叙事）和“讲什么故事”（内容）成为文艺（主要是文学）传播的两个核心问题。尽管故事的结构看似千变万化，但实质上却遵循着相同的结构规则；故事的内容表面上看纷繁复杂，实际上却可以归纳为有限的“母题”。在某个或某几个母题下，通过对不同素材的千变万化的组合、结构元素的改头换面，就能衍生出无限的故事。

由于艺术门类繁多，并且各具特征，在这里，仅就文学这一门类进行探讨。

一、文学传播的叙事

讲故事是人类的一种本性，我们不断讲述着关于自己、关于历史、关于世界、关于我们所遇到的人物和现象的故事。早期宗教、历史、神话等文化形式主要以故事的形态存在，并代代传承。有些艺术形态并不一定包含浓郁的叙事，比如雕塑、抽象绘画，但这并不意味着人们没有将其叙事化的冲动和意图。法国符号学家罗兰·巴特在《叙事作品结构分析导论》中，就叙事在文化中的遍在性写道：“叙述不仅有几乎无限多的形式，而且存在于任何时代、任何地方、任何社会之中，它随人类社会之始而始，从不曾有过没有叙述的民族……叙述是超国界的，超越历史和文化的。它和生命一样，就在那里存在着。”① 英国艺术家马丁·克里德（Martin Creed，1968— ）参加2001年英国泰特美术馆艺术展的作品就是一组每5秒钟就开灭一次的灯（见图7-7），并以此获得透纳奖。这种抽象艺术看似无“故事”可言，但当我们迷惑地思考其意义时，就是在进行叙事化的努力，试图编造出一个故事来解释其意味何在。② 即便是单幅的图像，经过读者想象之后的“二次叙述化”，也有可能被解释为带有情节的故事。③

文学叙事是有一定规律可循的，也有一些相关的理论。从传播的角度看，其实这就是对文学传播的规律的探索。

---

① 赵毅衡．符号学文学论文集［M］．天津：百花文艺出版社，2004：404.

② 斯托克斯．媒介与文化研究方法［M］．黄红宇，曾妮，译．上海：复旦大学出版社，2006：76.

③ 赵毅衡．广义叙述学［M］．成都：四川大学出版社，2013：110-111.

图7-7　马丁·克里德2001年透纳奖作品：一组每5秒钟就开灭一次的灯

资料来源：组图：那些年被当成“垃圾”的高价艺术品［EB/OL］.（2015-11-25）［2024-02-25］. http：//money. people. com. cn/n/2015/1125/c42877-27851733-7. html.

（一）普罗普的叙事理论

苏联文艺理论家普罗普（Владимир Яковлевич Пропп，1895—1970，见图7-8）深入研究了苏联100多个民间故事，于1928年出版专著《民间故事形态》。他对这些故事的结构、形式进行了比较分析，发现其中存在着共同的要素，他称之为“功能”（function），指的是故事中人物的别有意味的行为。不同故事中有些内容是雷同的，但有多项不同的组合。每种行为都是有意义的。比如“离家”功能就包括很多子范畴：（1）父母外出，去工作、去森林、去做生意、去打仗。（2）离家的强化形式表现为父母去世。（3）年轻人离家，外出游览、钓鱼、散步、采摘草莓。

图7-8　弗拉基米尔·普罗普

普罗普总结出31种故事的功能，在此基础上总结出4条原则：（1）人物的功能在故事中是稳定不变的因素，并构成故事的基本要素。（2）故事的已知功能有限。（3）功能的次序总是一致的。（4）就结构而言，所有的故事只有一种形态。[①]

普罗普还根据人物在叙事结构中的“行动范围”将其划分为7种角色：反面角色、协助者、救援者、公主和她的父亲、送信人、英雄或受害人、假英雄。一个角

① 伯杰．媒介分析技巧［M］．李德刚，何玉，译．北京：中国人民大学出版社，2005：31.

色可能涉及几种“行动范围”。比如，直接受到恶棍伤害的人、同意消除别人不幸的人、帮助别人清偿债务的人都可以被称为“英雄或受害人”。“协助者”则是向主人公施以援手帮助他完成任务的角色，所以将魔法斗篷赠送给求婚者的小精灵属于“协助者”，而向警察透露犯罪嫌疑人行踪的线人也是“协助者”。

普罗普的功能理论为叙事文学作品的结构分析提供了重要的方法和视角，有利于读者对作品的解读和把握；而创作者对现有叙事模式的了解，可以激发其创作的潜力。此后开始出现一些这方面的研究，例如美国电子传播研究者伯杰（Arthur Berger，1933—　）利用普罗普的功能理论，对电视剧《囚犯》的第一集“抵达”进行了分析。[①]

（二）列维-斯特劳斯和荣格的叙事理论

图 7-9　荣格

普罗普的功能理论是对文本叙事的组合研究，而列维-斯特劳斯和瑞士心理学家荣格（见图 7-9）的理论，则着眼于文本叙事的聚合分析。列维-斯特劳斯在《忧郁的热带》中有一句名言：“谁要谈论人，谁就要谈到语言。而谈到语言，就要谈到社会。”[②] 这句话反映出他的学术研究的路数，是将索绪尔的语言学和符号学思想，深入到文学作品传播的领域。列维-斯特劳斯通过对南北美洲许多族群进行考察，揭示了包括工业化以前的社会流行仪式、亲属制度、故事和神话等内在的普遍的结构主义元素。他发现，尽管存在繁杂多样的神话象征，但不同的文本背后却存在共通的功能类型。“如果把大家熟悉的童话和神话汇编起来，那将卷帙浩繁。但是如果我们从众多的人物性格中抽象出一些基本的功能，那么我们就可以把这些神话故事缩减为一小部分简单的类型。”[③]

荣格在研究心理学时，也为文学研究打开了一条新的通道。他认为：“无论何时，当创造力占优势时，人类生活就是由无意识控制和模铸的，以与能动的意志相对抗，而意识的自我则被一股潜流席卷而去，不过是诸事件的一个无助的旁观者。处于进程中的作品成了诗人的命运，决定着他的心理发展。不是歌德创造了浮士德，而是《浮士德》创造了歌德。而《浮士德》除了是一个象征外又能是什么呢?”[④] 因为浮士德精神是潜藏于所有德国人心灵深处的集体无意识，歌德只不过用他的笔将

---

① 伯杰．媒介研究技巧［M］．张晶，易正林，译．北京：中国人民大学出版社，2009.

② 霍克斯．结构主义和符号学［M］．瞿铁鹏，译．上海：上海译文出版社，1987：25.

③ 同②36.

④ 王君．从荣格分析心理学理论探析“文不必如其人”［J］．南方论刊，2010（1）：93-94.

之展现给世人。荣格据此提出了原型理论。原型在文学创作中就是反复出现的原始意象。

荣格认为，在人类的大脑结构中先驻着祖先的“经验”。一般人通常并不能感知到，甚至可能从来都没有感知到过；文艺家则不同，他们的创作活动意味着原型的复活，犹如沉睡的地火找到了出口。文艺家能够使原型复活，并不是无条件的，有赖于原型情境的发生。文艺家一旦进入原型情境，意识的“自我”就被悬置起来，这时文艺家不再是以“个人”的名义说话，而是在源源不断地传递着世代相传的信息。荣格将文学创作分为心理型和幻觉型两种：心理型文学表现的是人的意识层面的东西，其素材主要来源于外在于人的外部世界；幻觉型文学表现的是人类的集体无意识，是对人类精神家园的认同和回归。因而幻觉型文学较之心理型文学更具魅力，永久且耐读，具有传世价值。

（三）格雷马斯的“符号方阵”

法国学者格雷马斯（Algirdas Julien Greimas，1917—1992）建构了讲故事的“符号方阵”模型①，在前人研究的基础上把叙事理论向前推进了一步。

格雷马斯认为，二元对立是人类建构意义的结构规则，也是人类思维的“社会-逻辑”基础。他提出，文本的意义，是通过对立呈现出来的。例如，“黑暗”一词就是建立在其对立面“光明”一词的感觉基础上的，“上”是因其对立面“下”而被界定的，还有男/女、垂直/水平、人类/动物等等。这种二元对立决定了人类的叙事行为。在这一认识的基础上，他将二元对立扩充为四元，通过四个符号学要素组成矩形图式（见图 7 - 10），显示人物的行动意义、行动逻辑，使得叙事分析的实现更为完善。

在这个符号方阵中，S_1 与 S_2、$\bar{S}_1$ 与 $\bar{S}_2$ 是相反或对立（contrary）关系，S_1 和 $\bar{S}_1$、S_2 和 $\bar{S}_2$ 是矛盾（contradictory）关系，S_1 与 $\bar{S}_2$、S_2 与 $\bar{S}_1$ 是包含（implication）关系。

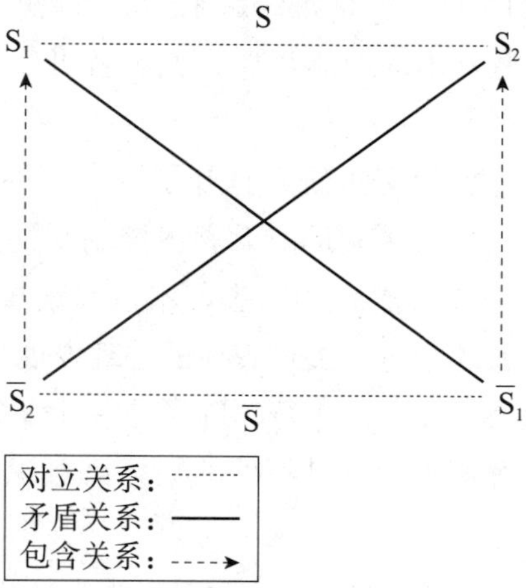

图 7 - 10　格雷马斯的符号方阵

① 格雷马斯. 论意义：上［M］. 吴泓缈，冯学俊，译. 天津：百花文艺出版社，2005：139.

格雷马斯在《符号学约束规则之戏法》一文中，用该符号方阵分析传统法国社会的性关系[①]，如图 7－11 所示。

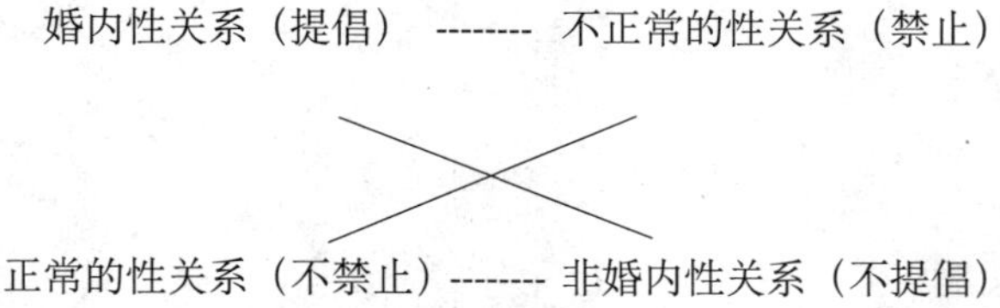

图 7－11　法国社会性关系之符号方阵分析

在这个基础上，格雷马斯建构了故事的基本结构单位“行动素”，然后提出了三对行动素范畴。所有行动素都可以适用于三组二元的对立，产生出任何故事中的所有角色。它们是：（1）主体 vs. 客体；（2）送信者 vs. 收信者；（3）助手 vs. 敌手。每一个故事实际上就是有限行动素的无限变化的组合。格雷马斯的符号方阵被不少学者用来进行对各种类型的叙事作品的分析，对于我们理解文学作品内容的生成法则以及人类文化的逻辑规则都有一定的解释力。

上述三种叙事理论都是对文学深层结构的模式化研究，对于理解文学传播中的文本及其生成，有很强的理论意义。不过要注意，文学叙事不是一个符号和形式自足、自为的封闭体系，文学需要不断从生活中汲取营养，要重视不断变动的社会实践与文学传播模式的内在联系。

二、文学传播的“母题”

“母题”为英文 motif 的音译。1910 年，芬兰民俗学者阿尔奈（Antti Aarne，1867—1925，见图 7－12）在《故事类型索引》一书中最早使用这个概念，这是当时他对民间故事进行分类的一种标准。1932 年，美国民俗学家汤普森（Stith Thompson，1885—1976，见图 7－13）将民间故事的最小叙事单元界定为“母题”：一个母题就是一个故事中的基本元素，它具有在传统中延续的能力。“母题”延伸到一般文学创作，是指故事的类型或基本元素，它们的数量是有限的，但通过对不同内容的排列组合，可以构成无数的作品。它们在文化传统的延续中不断地重复出现，表现了一个人类共同体（氏族、民族、国家乃至全人类）的集体无意识。比如“神奇的怀孕”就是中外神话中的一个常见“母题”。在中国神话中，附宝见大雷电而怀上了黄帝，姜嫄踩到巨人足迹而怀上了后稷，女喜因为吃薏苡而怀上大禹，简狄因吞吃燕卵后怀上殷契……在世界其他民族的神话中，这个母题也俯拾皆是，有因吃东西而怀孕的，有因喝水而怀孕的，有因吹风而怀孕的，有因照射太阳光而怀孕的……[②]

---

① 格雷马斯．论意义：上［M］．吴泓缈，冯学俊，译．天津：百花文艺出版社，2005：148.

② 陈建宪．神话解读：母题分析方法探索［M］．武汉：湖北教育出版社，1997：19－23.

图7－12　安蒂·阿尔奈

图7－13　斯蒂思·汤普森

通过分析千变万化的文学文本的共同母题特征，可以深刻地理解文学传播的特征和作用。根据汤普森的母题分类法，仅民间文学中的母题就可以划分为13个大类2 899个小类。但常见的一般文学文本的母题只有几个到十几个（不同学派、作者的看法存在差异）。荣格的原型理论，为文学母题实际上提供了理解的基础。假如人类的集体无意识呈现在沙盘底部，那么沙盘中间部位显现的则是个体无意识，沙盘上部主要是意识层面。

下面介绍几个常见的通俗文学的母题。

（一）寻宝母题

在古代文明史上，宝藏往往与宗教有着密切的联系，如基督教中的“圣杯”（盛过耶稣之血的杯子）、佛教中的“舍利子”（佛祖的遗骨或结石）等，它们被人们赋予神秘的功能。后来，宝藏进一步与世俗社会的权力、地位和道德建立密切关系，世俗统治者（如帝王、上流社会权贵）使用过的器物、名人的遗迹等，因为其本身的名贵，再加上权力的光环，也成为一类稀有之物。现代衡量宝藏的标准已经转变为物品本身的财富价值，既可能是稀有文物，也可能是黄金和钞票。此外，还有一类宝藏是出于对器物本身品质的膜拜，如中国传统文学中经常出现的宝剑和良驹。

对宝藏的膜拜、好奇心或占有欲是人类普遍具有的一种心理，寻宝的过程对于受众如同催眠，剥笋般地使受众脱离现实经验的参照而进入白日梦般的幻觉之中，因此“寻宝”成为文学传播的一个核心母题。在古典神话、宗教文学、民间传说中，充斥着各种被找寻的宝物，例如古希腊神话中的金苹果、冰岛史诗中的神秘指环、德国中世纪的史诗《尼伯龙根之歌》中神奇的棍子。寻宝母题的原型，通常被认为是古希腊传说中的“金羊毛”故事。但丁在《神曲》中写道：

> 注意看那正走过来的魁伟的人，
> 他似乎并未因受苦而泪水纵横。
> 他竟依然保持着那威严的仪容！
> 这位就是伊阿宋，他凭借勇敢和智谋，

使科尔喀斯人把那只公山羊丧失掉。[1]

寻宝也是现代文艺传播的核心母题之一。中国有不少寻宝、夺宝的影片，如《天脉传奇》《东陵大盗》《天朝国库之谜》。金庸的小说及改编的电影中也大量采用了寻宝母题，如《倚天屠龙记》中的“倚天剑”和“屠龙刀”。《鹿鼎记》的情节就是围绕着藏在大清龙脉的宝藏来写的。而记载着宝藏地址的藏宝图则被分存在八本《四十二章经》（见图 7－14）的经书夹层中，八旗各保管一本。凑齐这八本经书，才能得到一幅完整的藏宝图。2018 年美国著名游戏公司 Rockstar Games 发行的电子游戏《荒野大镖客 2：救赎》中可以掉落 9 张不同的藏宝图。好莱坞电影中寻宝题材的影片也为数不少，如《古墓丽影》系列、《木乃伊》系列、《指环王》系列、《哈利·波特》系列、《星银岛》、《国家宝藏》等。

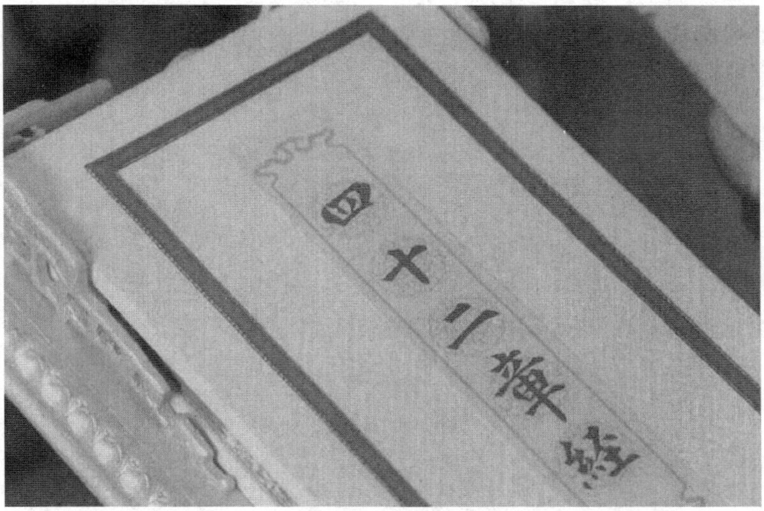

图 7－14　《鹿鼎记》中的藏宝图所藏的《四十二章经》剧照

资料来源：《鹿鼎记》没说错，《四十二章经》里真的有宝藏［EB/OL］.（2021－06－07）［2024－02－25］. https：//baike. baidu. com/tashuo/browse/content?id=9a720ebd456137c5236a5aab.

作为故事结构的“宝物定律”一般包含三个命题：（1）寻获宝物（财物、武功秘籍等）涉及一个关键秘密（藏宝地图、秘诀、刀剑、关键人物等）。（2）宝物或寻宝过程总是给它的主人带来种种厄运——极力想成为它的主人的，最终往往变成它的奴隶。（3）主人公总是无意中寻获宝物，但只有对宝物不在意，他才能得到和拥有它。

（二）灾变母题

人类社会要不断面对各种灾难，包括天灾和人祸。灾难给人们带来了恐怖的回忆，人类必然要对这些现象进行解释，并建立应对策略，以化解灾难给人们造成的

---

① 但丁. 神曲·地狱篇［M］. 黄文捷，译. 南京：译林出版社，2005：164.

肉体和精神创伤。灾变文学就是人类应对各种灾难的文化解释系统。灾变母题的最早原型，一般被认为是古希腊传说中普罗米修斯的故事，由于他戏弄大神宙斯而被惩罚，导致灾变。

灾变母题在文学传播中有着一脉相承的悠久传统，因为天灾人祸从古到今不断出现，而且不少灾变往往具有超自然、超理性的神秘色彩，即便是现代科学也并不能做出完全理性的解释。因此，灾变母题频频出现在许多现代文艺作品当中。例如法国存在主义哲学家加缪（Albert Camus，1913—1960）的小说《鼠疫》，叙述阿尔及利亚沿海省城奥兰发生的一场鼠疫，地方当局宣布封锁城市，禁止居民出入，以防止鼠疫扩散。在与世隔绝并面临死亡威胁的情况下，不同的人有着不同的表现，最终以医生里厄为首的各种人物联合起来，与鼠疫展开了斗争。灾变母题也屡屡出现在好莱坞电影当中，例如《泰坦尼克号》《2012》《唐山大地震》《后天》《地心引力》等。近年国内电影工业发展迅速，拍摄的灾难片在场景特效方面取得了长足的进步。以《流浪地球》（见图7-15）为代表的一批科幻灾难片场景震撼，在国际上引起了关注。

图7-15　电影《流浪地球》海报

资料来源：《流浪地球》海报［EB/OL］.［2024-02-25］. https://weibo.com/thewanderingearth.

灾变的原因多种多样，其中之一是过失招致灾变，这类故事中的人的不幸，对现实中的人们具有警示作用。比如灾难片《切尔诺贝利》就是根据苏联切尔诺贝利核事故这一真实事件改编。这类灾难片促使人们警惕自己的行为，避免给人类发展蒙上阴影。

（三）死亡母题

生与死是人类必须直面的一个终极问题，每个民族都要思考生与死的命题。“饿死事小，失节体大”表明了中国古代伦理价值观中的死亡观念。“士为知己者死”表明了侠客们的生死观。人们通过不断地讲述有关死亡的故事，追问生存的意义和死亡的价值，死亡也因此成为文艺创作的核心母题，尤其是悲剧类型的文学创作，死亡母题可以极大地激起人们对死亡的恐惧和对被毁灭的个体的怜悯，从而肯定生存的价值。美国作家埃里奇·西格尔（Erich Segal，1937—2010）的《爱情故事》，讲述的仅是普通恋人之间的爱情故事，却赢得千百万美国人争相传颂，因为故事结局安排了出乎意料的死亡，打乱了生活的常规延续，从而使日常生活琐事具有了非同寻常的新鲜感与价值。在2010年的中国电影《山楂树之恋》中，男主人公的死亡使青春“定格”或“冻结”，一个平凡的爱情故事变得深刻起来。

鲁迅的小说集《呐喊》《彷徨》，50%以上的篇章直接或间接地涉及死亡，表现了作者对生与死的思考。从主人公暗淡的、绝望的死亡中，可以感受到身处那个时代的人物的悲剧性人生。在作家余华的《活着》《许三观卖血记》《第七天》等小说中，“死亡”也是一个核心母题，通过讲述生活在社会底层的人们如何一步一步地走向死亡，让人思考生存的价值与时代的荒诞。“这是一个不断讲述死亡的故事，最后却告诉我们生存的永恒。”日本作家村上春树在小说《挪威的森林》中，让人物一个接一个地死去，以结束个体生命的极端方式表达自己对死亡的形而上思考：死亡是人生必经之路，死并非生的对立面，而是作为生的一部分而存在。日本文化中对死亡有着独特的观念。电影《入殓师》（见图7-16）根据日本作家青木新门的小说《纳棺夫日记》改编而成。故事以一名入殓师新手的视角，去观察各种各样的死亡，以及围绕在逝者周围的亲友，以此来诠释生命不息，爱也不息。

在战争文学中，死亡母题较多。苏联作家鲍里斯·瓦西里耶夫的小说《这里的黎明静悄悄》讲述了五个女兵的牺牲，小说中违反战争规则的死亡使战争逻辑受到嘲弄，而使真实的、新鲜的生命在死亡中升华了。在俄国作家托尔斯泰的小说《战争与和平》中，被卷入战争的彼埃尔伯爵懵懂地成为战俘，差点被枪毙。一位法国军官正准备毫不犹豫地把他处决时，他们的目光相遇了，彼此突然领悟到他们是兄弟。托尔斯泰通过“牺牲”的双重意义，通过彼埃尔等人的眼睛观察战争中的死亡，暗示死亡已不只是死者方面的灾难，而且是战争双方共同遭遇的不幸。

死亡母题不局限于一个人生命的终结，也可以隐喻其他类型的“死亡”，如青春的逝去、心灵的枯竭、个性的压抑等。一个民族的消亡也可以被理解为死亡母题的衍生体，比如魔幻现实主义巨著《百年孤独》。

图7-16　《入殓师》电影海报

资料来源：《入殓师》电影海报［EB/OL］.［2024-02-25］. https：//www. themoviedb. org/movie/16804?language=zh-CN.

（四）情欲母题

作为人的一种本能欲求，情欲在中西文化传统中拥有不可忽视的地位。达尔文和弗洛伊德都强调过诗歌与情欲的关系，前者认为诗歌是情欲的工具，后者认为诗歌是情欲的化装。诗歌源于人的内在情欲冲动无法得到满足，于是升华为艺术。

在古希腊神话里，情欲母题的原型最容易辨认，即爱神阿芙洛狄忒（在古罗马神话里改名叫维纳斯）。这位爱神同时也是美神。她的诞生（见图7-17）其实就充满着情欲（性欲）、爱、美的意味。丹麦的思想家克尔恺郭尔（Soren Kierkegaard，1813—1855）称赞阿芙洛狄忒“从海底升腾的那一刻就美艳照人”，事实上，他没有直说是怎样的一种“升腾”。古希腊诗人赫西奥德（也译“赫西俄德”）写得比较直接：

> 克洛诺斯用燧石镰刀割下其父的生殖器，把它扔进翻腾的大海后，这东西在海上漂流了很长一段时间，忽然一簇白色的浪花从这不朽的肉块周围扩展开

去，浪花中诞生了一位少女……由于她是在浪花（“阿芙洛斯”）中诞生的，故诸神和人类都称她阿芙洛狄忒……她在神和人中间分得了一份财富，即少女的窃窃私语和满面笑容，以及伴有甜蜜、爱情和优雅的欺骗。[①]

图 7－17　维纳斯的诞生

资料来源：桑德罗·波提切利作于 1487 年，现藏于意大利佛罗伦萨乌斐齐美术馆。

情欲母题也是宗教故事的一个叙事重点。在佛教文学中，情欲母题被具体化为“高僧”面临“美女”的色欲考验。《摩登伽经》讲述了阿难年轻貌美，被摩登伽女爱恋、迷惑，最后在佛陀的帮助下挣脱恋情，一心求佛的故事。这一宗教文学母题后来又演化为小说、戏剧和民间文艺的母题，其中红莲故事（讲述一位高僧因美女红莲而败道的故事）从五代以来一直广为流传，并和后来的柳翠故事、苏轼故事等相融合，发展出三大故事亚型。[②] 此后，《西游记》再次延续了“高僧与美女（蜘蛛精、女儿国国王等）”的色欲考验母题。

我国美学家朱光潜（1897—1986）指出，中国古代民歌中就有不少是表现情欲的，如《诗经》中的“国风”大半就是言情之作。文学史专家陆侃如（1903—1978）在《中国诗史》里提出，《诗经》的“风”就是“牡牝相诱”的意思。汉朝乐府民歌以及一些少数民族民歌中，也有相当一部分是表现情欲母题的。[③] 明代以《金瓶梅》为代表的“世情小说”再次将情欲母题发挥到了极致。

情欲母题的一个变体则是“才子佳人”类小说。明末清初涌现了一大批该题材小说，如《好逑传》《玉娇梨》等。到了现代，则进一步演化为爱情小说，如琼瑶系列作品。

---

① 赫西俄德．神谱［M］．王绍辉，译．上海：上海人民出版社，2010：188.

② 吴光正．中国古代小说的原型与母题［M］．北京：社会科学文献出版社，2002：20－23.

③ 朱光潜．性欲“母题”在原始诗歌中的位置［M］//马昌仪．中国神话学文论选萃：上．北京：中国广播电视出版社，1994：341－346.

（五）英雄母题

神与英雄在文学作品中具有相同的性质和功能。神是虚构的、超自然的英雄，反映了先民的原始思维模式，是神话、民间传说等的重要母题；英雄是世俗化的、民间的神，具有半人半神的特征，体现了文明社会中人们的认知模式。神与英雄作为“克里斯玛”（charisma，德国社会学家韦伯提出的概念，意为个人魅力）原型，成为艺术传播中最为普遍和典型的母题之一，各个民族的艺术作品中都活跃着神和英雄的身影，如中国古代文献中就记载着大量关于英雄的故事。

在古典戏剧、小说、电影中，英雄通常就是故事的主角，英文 hero 本身就有“英雄”和“主角”的双重含义，往往被用来指称那些在人与自然以及人与人的斗争中做出突出贡献、具有超凡魅力的人物。英雄的身上凝聚着人们所向往的理想人格和非凡技能，人类文化也因此衍生出典型的偶像崇拜现象。

英雄母题在现代艺术传播中仍然扮演着核心的角色，除了小说、戏剧经常出现的英雄之外，电影、电视剧、电子游戏等通俗艺术中更是把塑造英雄形象、讲述英雄传奇作为主打题材，英雄的面目本身也变得更加多元化。如电影《第一滴血》中的现代战争英雄兰博，是一个打不死的英雄形象，该片也发展成了 20 世纪 80 年代最卖座的系列动作片，在人们心中留下了不可磨灭的印象。对于间谍英雄詹姆斯·邦德（《007》系列电影主角），人们从中获得的最大满足就是摆脱恐惧的快感，他变成了缺乏力量与安全的人心目中的偶像。还有抵抗外星人入侵的“现代战士”（《独立日》），属于想象世界中的英雄。

现代英雄母题有多种变形。梁晓声的小说《今夜有暴风雪》讲述的故事似乎与“英雄”无关：一个备受歧视的上海女知青裴晓芸，第一次获得了作为一名正式民兵上山站岗的荣誉，却在无人替换的岗位上静静地冻死了。她的死是意外的暴风雪造成的，但在整个故事中，她从来到北大荒到死，一直表现出一种古典英雄式的坚忍与自主性。她走向哨位和坚持在哨位上，终于实现了她的英雄梦想。只是这种古典英雄主义对于现代人来说，变得遥远了。英雄往往具有孤勇的气质，具有非凡的勇气和胆识。张艺谋的电影《英雄》（见图 7 - 18）取材自荆轲刺秦的历史，讲述了秦王为一统天下发动对诸侯六国的讨伐战争，激起了各诸侯国侠士的强烈不满，纷纷伺机刺杀秦王，刺客“无名”历经千难万险即将得手时，以天下为念放弃刺秦并自我牺牲的故事。

现代英雄母题不仅与其他母题相结合，在媒介呈现形式上也与计算机技术的发展同步。波兰游戏公司 Cdprojrct 开发的电子游戏《巫师 3：狂猎》就讲述了在一个以北欧神话、希腊神话、凯尔特神话、亚述-巴比伦神话等诸多欧洲神话为故事架构的奇幻大陆上，代表着死亡、寒冷、毁灭的黑暗势力“狂猎”发动侵吞世界的战争，无数生灵被践踏，留下望不到尽头的废墟。在这样灾难般的背景下，玩家操控的猎魔人“白狼”杰洛特为了完成雇主的委托，被牵扯进了一个决定世界生死存亡的阴谋。在游戏中，玩家必须赶在“狂猎”之前，找回“上古之血”的携带者——希里，

图 7－18　电影《英雄》剧照

资料来源：陈晨．中国大片 20 年①｜《英雄》，中国大片的巅峰起点［EB/OL］．（2022－12－19）［2024－02－25］．https：//m. cyol. com/gb/articles/2022-12/19/content_dq3MMei07L. html.

从而踏上一段与邪恶势力斗争的漫长征途。历经千辛万苦，杰洛特最终成功地消除了世界毁灭的危机。

（六）撒旦母题

魔鬼撒旦作为一个基督教文化原型，是“罪恶的渊薮”，人类始祖就是在撒旦的诱惑下，偷吃禁果，从而被驱逐出了伊甸乐园。英国诗人、政论家约翰·弥尔顿（John Milton，1608—1674）的《失乐园》刻画了撒旦原型。虽然天使给人类指明了未来的道路，但路途充满着罪恶。

撒旦形象成为人们集体无意识心理的一个重要的文化情结，体现了人类对邪恶既憎恶又恐惧的感情。荣格认为，人格中被社会禁止的需要或欲望，被压抑在人格面具背后成为潜意识。人在面对邪恶时，会下意识回避对故事中的道德逻辑的推演，只把自己当作道德仲裁者。人之所以总要与故事中的邪恶疏离，就是因为邪恶本来就是潜藏在心灵深处的阴影。疏离是道德他律造成的压抑，撒旦母题的故事可以使人将人格中的阴影投射到外部对象上，从而使心理压抑得到转移和平衡。

2006 年的法国电影《撒旦》（见图 7－19）便是典型的撒旦母题作品。三个亲密的朋友在巴黎夜总会遇见了两个女孩，女孩们邀请他们去一个偏僻的屋子里。当他们三人来到屋里的时候，他们遇到了这间屋子的主人，在一阵阴森的笑声之后，一个巨大的怪物出现在他们三人眼前，于是，危机在一步一步地逼近他们三人……整部电影创造了逻辑混乱的意识感受，甚至让观众与剧中角色一样分不清现实与梦境，落入找不到出口的牟比乌斯带。

文学传播中的撒旦母题，随着历史的发展衍生出不同的变体。任何一部侠义母题的小说都伴随着“撒旦-邪恶”母题的踪影。在各种文学传统中，撒旦原型以不同的面目出现，如古希腊悲剧《俄狄浦斯王》中的狮身人面兽斯芬克司，中国古代传说和小说中的吃人河神、吃人妖精，都是撒旦母题的变体。

图 7-19　电影《撒旦》海报

资料来源：Sheitan［EB/OL］.［2024-02-25］. http：//www.impawards.com/intl/france/2006/sheitan_ver2.html.

这一母题还有多种现代的变体，如好莱坞的恐怖惊悚影片、香港的鬼怪片。全球风行的警匪片也可以被视为撒旦母题的变体。罪犯、黑帮成员就像撒旦一样，是罪恶的根源，电影着力表现正义与邪恶的较量，通过大团圆的结局象征性地解除了邪恶的威胁。

文学传播的母题是文学的“集体无意识”和“原型”，文学的积累和传承伴随着母题的流变和演化。英国诗人格雷夫斯（Robert Graves，1895—1985）因此曾说：“有一个故事，而且只有一个故事，真正值得你不断地讲述。”[①] 无论具体的情节如何变化，无论怎样讲述，其实都是对“这一个”故事的重复。对文学母题的认识和把握，有助于理解文学作品中所蕴含的隐喻世界，从而发现其承载的人类梦想和愿望。

第三节　艺术审美的接受

文艺理论讲述得最多的是作者和作品，即使讲述的是关于艺术作品的接受，也多强调作者、文本在艺术接受过程中的重要性。有些观点长期居于主导地位，例如“文本之外无他物”、文学的本质就是文学的形式本身、文本是独立自足的审美客体、

① 张首映．西方二十世纪文论史［M］．北京：北京大学出版社，2004：114.

意义由文本自身显现等。

1967年，在一次世界文艺理论的学术会上，德国康斯坦茨大学学者姚斯(Hans Robert Jauss，1921—1997，见图7-20)的论文《文学史作为向文学理论的挑战》简要而全面地阐述了接受理论的七个基本观点。他的这篇文章标志着文学(或美学)接受理论(die Rezeptionsäthetik)的诞生。以往的文艺理论比较忽视了文学传播过程中的重要一维，即接受者。其实，文学作品的意义有相当一部分是接受者主动参与和创造的产物。文学接受理论在以往的现象学美学、阐释学[①]的基础上，对此进行了深入的探讨。该理论强调接受者在文艺接受中的主动性地位，对文艺传播研究不无意义。

图7-20　汉斯·姚斯

在此，我们对文学接受理论的核心概念和观点进行阐述。

一、第一文本和第二文本

对文本进行第一文本和第二文本的划分，是文学接受理论的前提之一。一般认为，艺术作品(包括影视作品)就是审美对象，审美对象亦是艺术作品。接受理论首先区分了二者，指出作品只是作家创作的文艺作品，即第一文本；而被接受者印入脑中，经过领悟、解释、融化后再生的艺术情感和形象，才是真正的审美对象，即第二文本。没有与接受者发生联系的第一文本，可以承认它是作品，但是也得承认它没有对接受者产生影响，没有实现自己，也就没有传播效果。与接受者发生联系的作品已经不是孤立的存在，而是被接受者对象化了的作品，接受者将自己的思想感情、意象与作品融为一体，从而构成了作者与接受者共同创造的新的"作品"。[②]

以往的观点认为，传播者和作品是独立的、主动的，接受者是被动的；而接受理论认为，不应局限于接受者如何受作品影响，许多审美效果是接受者自己创造的，这种效果在一定程度上由接受者自己负责。例如一部《红楼梦》，经学家把自己的知识、情感因素加进去，就将小说对象化为"《易》"的《红楼梦》；在其他情况下，还会出现"阶级斗争"的《红楼梦》、"淫"的《红楼梦》、"缠绵"的《红楼梦》等，

① 这两种文艺理论都是在20世纪60年代最终形成的。现象学美学的代表人物英伽登认为，文学作品不是一个自足体，而是作者和接受者意向活动的产物。文学作品需要接受者通过阅读充填"未定点"来加以具体化。阐释学的代表人物伽达默尔认为，艺术作品存在于一切可能的阅读和理解之中，只有在接受者的阅读和理解之中，作品的意义才能实现。一部艺术作品的意义从未为其作者的意图所穷尽。当作品处于不同文化和历史环境中时，人们可能会从中抽取新的意义。

② 胡经之，张首映．西方二十世纪文论史［M］．北京：中国社会科学出版社，1988：275-276.

不一而足。因此，另一位德国接受理论的阐述者、特里尔大学教授冈特·格里姆（Günter Grimm，1945— ）列了一个公式，简单地表达了接受美学的理论前提：

S=A+R

S 指文本的意义结构，A 指作者赋予的意义，R 指接受者所领会、赋予的意义。其中 A 是恒量；R 是变量，随接受者的不同水平而变化，在 S 中的地位举足轻重。但经过他的演算，最后竟得出了“S=R”的有些偏颇的结论。[①]

区分第一文本和第二文本的目的，在于强调文艺传播过程中接受者与文本的交流。作为接受理论先驱的阐释学认为，文学不仅是信息资料，也不仅是供人欣赏的花瓶，而是一种自古以来的精神状态，是人的生命之流的表现、人生体验的产物，因而它本质上是交流的，能够沟通生命与生命之间的联系，促进人与人之间的交流。[②] 另一位接受理论的著名学者沃尔夫冈·伊瑟尔（见图 7-21）指出，文学文本与一般的讯息性文本的一个不同点，就在于它具有“交流能力”，可以使接受者在阅读它的时候体验到而不是认识到某种当前世界不存在的或者接受者尚未意识到的东西，而一般的讯息性文本是以材料的形式存在的人类的认识成果，不具有文学文本的交流功能。他写道：“在阅读中我们能够体验不复存在的事物，能够理解对我们来说完全陌生的事物，现在需要研究的正是这个令人惊奇的阅读过程。”[③]

图 7-21 沃尔夫冈·伊瑟尔

接受理论重点研究第二文本，专注于文学作品对接受者的影响方式，或者说接受者接受作品的方式，是与一般信息的“传播-接受”或“刺激-反应”模式很不相同的。从信息通道的角度看文学文本与接受者之间的互动，也有些不同。一般的讯息性文本到达接受者的过程尽管会受到不同程度的噪声干扰，但传播通道是单一线

① 格里姆．接受学研究概论［M］//刘小枫．接受美学译文集．北京：生活·读书·新知三联书店，1989：144.

② 胡经之，张首映．西方二十世纪文论史［M］．北京：中国社会科学出版社，1988：244.

③ 伊泽尔．审美过程研究：阅读活动：审美响应理论［M］．霍桂桓，李宝彦，译．北京：中国人民大学出版社，1988：17-25.

性的，所以有著名的“拉斯韦尔线性传播模式”（见本书第一章第一节）。而文学文本是通过两条通道传播的：直接的文字（或声像）传播与无形的情感传播。文字（或声像）方面引导接受者的反应，限定了他们主观想象的领域；而情感方面则要由接受者根据文本的预先构造来实现。就此伊瑟尔说：“信息在文学作品中是通过两条信道传播的，读者通过构造它来‘接收’它。在这里不存在共同的编码——顶多只能说共同的编码会在阅读过程的进行中产生。”①

二、文本的召唤结构

“召唤结构”（die Appellstruktur）原是波兰文艺理论家英伽登（Roman Ingarden，1893—1970，见图 7-22）现象学理论中的一个概念，接受理论学派用它来说明，文学作品在结构上根据情境适当采用陌生化、不确定、空白，以及一定程度上对接受者已有观念的否定等方式，容易召唤接受者去完成未尽之意，或进入作品的情境中。

图 7-22　英伽登肖像

文学文本的内在结构与一般讯息性文本结构的这些差异，使得接受者可以适当地参与“创作”，形成所谓“第二文本”。不过，这需要文本的召唤结构与接受者接触、欣赏时的响应结合，才能产生文学作品的传播效果。召唤结构激发了接受者的再创造性，当然同时又限定了他们的想象不能逾越文本。就此伊瑟尔写道：“效果和响应既不是文本的特性，也不是读者的特性；文本所提供的是一种潜在的效果，在

① 伊泽尔．审美过程研究：阅读活动：审美响应理论［M］．霍桂桓，李宝彦，译．北京：中国人民大学出版社，1988：28.

阅读过程中才得到实现。”[①]

召唤结构的表现形式是多样的，其根本原则是造成文本与接受者间的不对称，从而形成交流。

文学文本是虚构的，而讯息性文本是现实的。因此，接受者接触文学文本与接触讯息性文本时的交流过程是相反的——后者是确认信息和搜集材料的过程，而前者是根据已有的正在接触的文本，扩展与创造新的属于自己的文本。虚构的文学文本与接受者之间有一道鸿沟，即接受者的不可体验——恰恰是这道鸿沟成为交流的基本诱因。文学文本的特点是形象化，所以伊瑟尔指出：“作为一种交流结构，虚构既不和它所参照的现实一致，也不和它可能存在的读者的倾向相同，因为它不仅把人们关于现实的占主导地位的概念形象化了，而且把它所预期的读者规范和读者价值形象化了。正因为它既不同于世界，也不同于读者，它才能进行交流。”[②]

把人们熟悉的东西“陌生化”，是文学文本引导读者进行自我创造的基本策略性功能。伊瑟尔强调：文本“并不单纯是一种给定的文本特征，而是一种能够使读者从他习以为常的惯例框架中挣脱出来的结构……读者只有在陌生的环境中，而不是在他固有的条件下（类比推理），被迫形成文本的意义，才能把他以前在有意识的心灵中无法系统表述的，他的人格层次揭露出来”[③]。因此，文学作品要想重新唤起接受者对日常生活的新鲜感觉，就要超越他们已经熟悉的东西，将日常生活中的东西强化、凝聚、扭曲、缩短、拉长、颠倒，从而使得读者更新习惯反应，感受到一个相对陌生的世界。

文学艺术的描写性话语比说明和解释性话语具有更多的不确定性。这种不确定性有两种基本结构：“空白”和“否定”。文本的召唤结构主要指的也是这两种结构。它们以不同的方式控制着交流过程，使接受者在阅读时产生一种自然地“完成”它，或“协调他我”的欲望。

空白指“存在于文本之中的、受到文本悬置的可联结性”[④]。文学文本利用形象描写、情节转换、突然中断等开放状态激发接受者自己去填补意义的空白，这样，他们就在阅读过程中参与着文本的创造工作。“通过阻碍读者建立文本的连贯性，空白把自身转化成激发读者观念化的动因。从这种意义上说，空白在文学交流中发挥的是一种自我调节结构作用；它们所悬置的东西转化成了推动读者想象力的力量，使他提供曾经受到文本抑制的东西。”[⑤]

文本的否定结构指对接受者已有的信念、态度，或者社会流行的观念、习俗规范，以文学文本特有的形式予以适当的否定，对既定的观念造成一种思想的冲击。

---

① 伊泽尔．审美过程研究：阅读活动：审美响应理论［M］．霍桂桓，李宝彦，译．北京：中国人民大学出版社，1988：1.

② 同①247.

③ 同①68.

④ 同①271.

⑤ 同①266.

这种观念上的暂时不协调，激发起接受者参与其中、追求心理平衡的欲望。“如果文本否定了这些规范的有效性，那么这种感知就会变得更加强烈……这样一种否定造成了一个具有能动作用的空白，因为规范的这种失去意义，表明了被作者选择来的规范之中存在的缺陷。所以，读者被迫发展一种特殊的态度，这种态度使他能够发现这种否定指出，但是却没有得到文本系统表述的东西。”① 在这种情况下，接受者同样需要积极参与文本的创造工作，并且在不知不觉中接受文本的引导。

文学文本的否定不是一般宣传意义上的，而是一种艺术形式，“不存在对整套规范的全面排斥。但是，这里却存在得到文本策略仔细引导的、对规范的部分否定，这些否定把规范那些有问题的方面突出表现出来，这样就为读者指出了重新评价这些规范的道路”②。

文学文本的召唤结构还会造成作者思想被接受者“主观化”的现象，这是文学艺术接受中的又一特殊的现象。法国哲学家笛卡儿（René Descartes，1596—1650）当年说“我思故我在”，而在接受者深深地进入文学文本营造的情境时，阅读消除了“主体-客体”的区分，“我思故我在”变成了“我思故他在”。阅读现象学的研究者、比利时美学家乔治·普莱（Georges Poulet，1902—1991）曾如此描述这个情形：“在这里，我正在思考一种显然属于另一个精神世界的思想，它在我这里得到思考，就像我不存在一样……不论我什么时候阅读，我内心都发出一个我的声音，但是，我发出声音来的这个我却不是我本身。”“这就是我通过我的意识受它支配，我召唤来使每一部作品成为存在的特有条件。我不仅给予了它存在，还给予了它关于存在的意识。”③

这种现象再次证明了接受者如何赋予文本以思想的存在（第二文本），同时也揭示了文学作品影响接受者的特有优势。例如“感动”这种情绪反应，就是在接受者主观化的情形下出现的。

三、期待视野、美学距离和视野转换

接受者在阅读文学作品之前和进入阅读状态之时，其意识并不是空白的，他们已有的社会经验、思想倾向、审美要求，一旦与具体的作品发生联系，就会对作品进行补充、拓展或者抵制，这些他们已有的积淀，会对理解作品起到指导、制约、限定等不同作用，从而影响对文学文本的接受活动。

为了说明接受者的这种主动，姚斯借用德国当代哲学、社会学的概念，将这种意识称为“期待视野”（der Erwartungshorizont，我国有的研究文章译为“期望

---

① 伊泽尔．审美过程研究：阅读活动：审美响应理论［M］．霍桂桓，李宝彦，译．北京：中国人民大学出版社，1988：291.

② 同①292.

③ 同①209.

阈”)。他把期待视野分为“生活的”和“文学的”两类：生活的期待视野包括接受者的生活经历、社会地位和状况、教育水平、性格气质、价值观和道德观等；文学的期待视野包括以往的阅读经验、审美观和审美情趣及素养等。德国艺术家、接受理论的研究者鲍尔（Willi Bauer，1923— ）在实地调查分析的基础上将期待视野划分为三个方面：语言经验（包括对语言的运用和理解能力）、文学阅历、个人情感倾向（主要指社会与文化两个向度）。①

不同的期待视野可能会导致不同的阅读需求，引起对同一文本意义和内容接受的差异。

与一般的信息接受不同，并非接受者的期待视野与文学文本愈一致，接受兴趣便愈强烈。如果阅读的作品与接受者的期待视野完全一致，那么接受者反而失去了阅读的兴趣；只有所阅读的作品在一定程度上超越、校正了期待视野，接受者的阅读兴趣才可能被调动起来；但过犹不及，如果作品过度超越、校正接受者的期待视野，接受者也不会产生阅读兴趣。于是，冈特·格里姆提出了文学文本与接受者间的“美学距离”（见图7-23）概念。

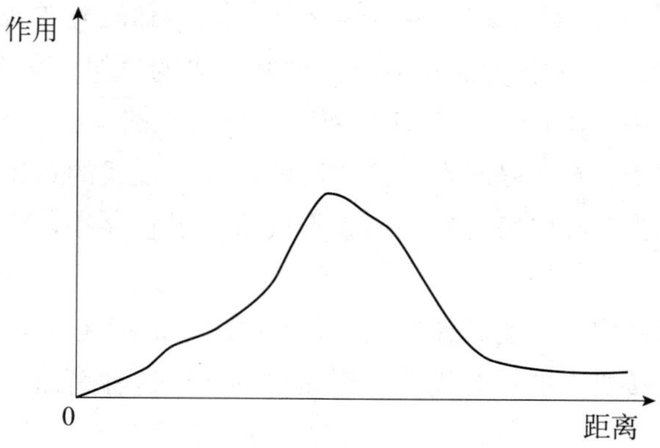

图7-23 格里姆美学距离示意

如图7-23所示，当距离为0时，文学文本对接受者的作用（引起反应）也为0；随着距离的展开，文学文本对接受者的作用亦开始呈现，在距离的适中位置，作用达到最大值；随着距离的继续拉大，作用趋于持续下降。只有适中的距离，才谈得上产生作用，使接受者顺利接受或是抵制接受。② 关于这个观点的阐发不少，例如杜骏飞写道：“对一个艺术家来说，他的难题往往能归结为游离与契合之间的理想配置。如何才能够让受众感到，他所面对的艺术信息，既是熟悉的，又是陌生的，既是传统的，又是时尚的，既是亲近的，又是刺激的？”③

如果美学距离适中，文本的召唤结构同时发挥作用，就有可能改变接受者的期待视野。姚斯用德国现象学哲学家胡塞尔（Edmund Husserl，1859—1938，

① 张廷琛．接受理论［M］．成都：四川文艺出版社，1989：41.

② 胡经之，张首映．西方二十世纪文论史［M］．北京：中国社会科学出版社，1988：281.

③ 杜骏飞．弥漫的传播［M］．北京：中国社会科学出版社，2002：57-58.

见图 7－24）提出的“视野转换”概念来表达这一观点。他说：“如果我们把给定的期待视野和一部新作品的外貌之间的差距描述为美学距离，而对该作品的接受能够通过对熟知经验的否定，或通过将新的相关经验提高到意识的水平，最终实现‘视野转换’，那么，这种审美距离就能顺着读者的反应和批评的判断（当时立即获得成功、遭到拒绝或造成震惊，零散的褒扬，逐渐的或推迟的理解，等等）的范围而被历史地具体化。”①

图 7－24　埃德蒙德·胡塞尔

艺术的影响力在形式上不如新闻、宣传和商业广告那样直接，但其影响效果却能够比较持久而广泛、渐进而深刻。上述关于文学接受理论的介绍不过是管中窥豹。文学文本的接受情形，远比讯息性文本的接受情形复杂，不可能得出类似大众传播效果研究中那些具有普遍性的假设。但是，每种关于文学文本接受的非实证理论，都有深厚的哲学、心理学的理论支撑，因而可以帮助人们从某一视角理解文艺传播。尽管人们天天接触文艺，但只有理解了才能够深刻地感觉它。文艺理论的价值便在于此。

第四节　表达介质与当代艺术

正如前文所述，艺术是一种传播活动，因此传播所具有的一般要素，艺术也同样具备。艺术的定义多从内在精神属性或形式特性来切入。例如，克莱夫·贝尔将艺术界定为“有意味的形式”②，赵毅衡则将艺术定义为“借形式使接受者从庸常达到超脱的符号文本品格”③。

但长期以来，表达介质却被视为外在于艺术的工具，因此在诸多关于艺术的定义中，表达介质基本被排除在外。然而当代艺术所呈现的情形，已让我们不得不重新思考表达介质和艺术的关系。实际上，表达介质是内嵌于艺术的基本属性。

一、艺术与表达介质

在艺术学史中，有不少学者都注意到了表达介质之于艺术的重要性。比如，英国逻辑学家鲍桑葵（Bernard Bosanquet，1848—1923，又译鲍山葵）指出，介质是

① 张廷琛．接受理论［M］．成都：四川文艺出版社，1989：9.
② 贝尔．艺术［M］．马钟元，周金环，译．北京：中国文联出版社，2015.
③ 赵毅衡．从符号学定义艺术：重返功能主义［J］．当代文坛，2018（1）：4－16.

探讨美学基本问题的真正线索。他继而说道："如果你能把这个问题回答得彻底，我相信你就探得艺术分类和情感转变为审美体现的秘密了；一句话，你就探得美的秘密了。"[①] 换言之，在他看来，艺术表达介质可以作为艺术分类的依据，是从艺术家的内在情感到作品传达的通道。

然而，鲍桑葵并没有将表达介质看作艺术的本体性问题，只不过较为重视表达介质作为艺术的类型标准而已。实际上，将艺术传播的过程列出后，就可以发现表达介质内在地嵌入了几乎每一个环节（见图 7－25）。

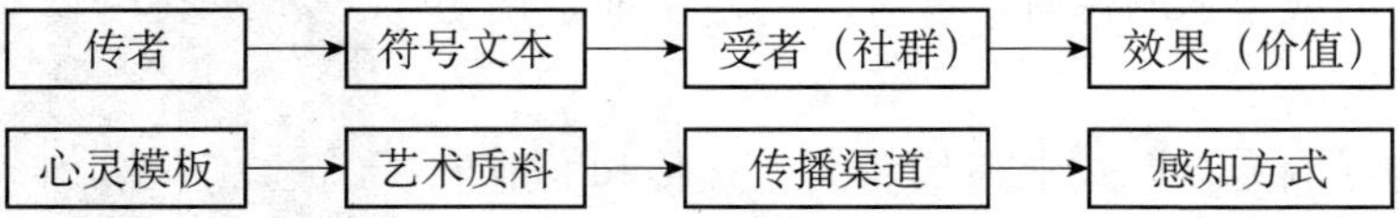

图 7－25　艺术传播过程

这里的表达介质不仅指传播的介质，还包括对艺术表达形成制约的"质料"，甚至构成艺术创作者的"心灵模板"，并模塑受众的艺术感知方式。由此，应当在艺术传播的整个过程中考察并界定艺术表达介质的内涵与指涉。艺术传播的第一步，是"心灵"对意义实现的"符号化"，此处"符号化"与"介质化"是同步且一体两面的事实。因此，这里的表达介质嵌入了艺术传播的每一个环节。

（1）对于艺术的心灵而言，表达介质是"心灵"与有形世界的"连接"——否则孤立于世，心灵将无法通达他者，艺术也就不复存在；在心灵不得不借由特定的表达介质通达世界时，它便不自觉地被模塑。

（2）表达介质是艺术文本的物理面，它包含了形式结构并且制约艺术文本的达成——与艺术演化互为促进。从某种意义上说，一种新艺术门类不过是一种新表达介质的艺术。

（3）艺术文本的传播渠道——这是最常见的艺术传播学问题——也就是艺术符号必须在社群意义上被认可，而非孤芳自赏。

（4）从功能论意义上说，艺术与非艺术的区别在于其获得的传播意义具有某种"超脱性"，这种效果或价值的达成，是通过特定的感知方式实现的，就此陈述如下：

首先，介质模塑艺术家心灵的方式与受众的感知渠道相联系。德国媒介理论家基特勒（Friedrich A. Kittler，1943—2011）谈到了两个有趣的案例：一是古希腊对灵魂的诸种界说之一，是将灵魂视为"蜡版"（白板），即记录文字的媒介；二是在电影技术发明之初，人们描述濒死的体验像"放电影"那样。[②] 换言之，人们描述心灵（或灵魂）的方式是被习惯的介质模塑的。这说明心灵的表达形式可能不是黑箱而是有迹可循的，是受到形式限制的。[③] 再如数字绘画与传统绘画因所采用的介质存在差异，艺术家创制的侧重点不同，会直接导致受众的感知取向的差异。大部

① 鲍山葵．美学三讲［M］．周煦良，译．上海：上海译文出版社，1983：31.
② KITTLER F A. Optical media［M］. Cambridge：Polity Press，2009：35.
③ 福西永．形式的生命［M］．陈平，译．北京：北京大学出版社，2011：119.

分数字艺术家依赖电脑提供的超广色域，强调色彩组合等视觉表现力；而传统绘画通常自觉或不自觉地向受众提供“内容宏观”和“材质微观”这两个审美层级，层级之间的张力，是像素屏幕无法触及的——无限放大的屏幕最终只是一个个不明所以的色块。而这一认知方式的差异，往往在受众接触艺术作品的一瞬间便起了作用，受众会根据介质属性，自动形成差异化的审美标准。

其次，艺术材料内涵的限制与支持，制约着从心灵生发出的艺术表现。例如柔软材料的书写和坚硬材质的蚀刻，甚至现代绘画中的综合材料这一门类就是“作为艺术质料”的极端表现。瓷器、绳条、金属、塑料……不同的媒介杂糅在一起，形成了艺术作品的独特观感，构成了最具体而直观的艺术介质。

最后，新的表达介质在新艺术诞生或艺术变革中起到了至关重要的作用。英尼斯甚至将表达的介质作为艺术赖以存在的文明总体的“座驾”。科技的发展影响创作的内容，也带来了整体艺术风格的改变。艺术开始由“对自然的模仿”变成“对改进自然的模仿”。艺术诸流派在工业革命中，展开了“传统与反传统”长达百年的拉锯战。以“工艺美术运动”为代表的艺术家强调手工制品，与拥抱工业化的未来主义者们对垒，而后者似乎单方面宣布了这场战斗的胜利。此外，艺术通常能够通过新的表达介质而成为社会转型的先兆。从历史发展顺序上看，后现代概念较早在建筑这一领域产生，之后才扩展成为文艺理论及哲学论题。美国著名建筑师查尔斯·詹克斯（Charles Jencks，1939—2019）说：“典型的后现代主义就是将过去、现在和未来的元素混合起来。”① 新科技革命所带来的电子信息技术、新材料技术、生物技术，迫使我们重新思考表达的介质与艺术的关系。

二、新表达介质与当代艺术

当代艺术最重要的推动力量之一是作为艺术表达介质的技术。20 世纪初，摄影术与电影使人类文化进入了“机械复制时代”，电视则使社会传播的根本方式发生突变。20 世纪 60 年代末，互联网诞生，互联网数量最庞大的传播对象就是图像。从 20 世纪 90 年代中期大行其道的 MTV 开始，人们看到的不是一种新媒介形态的艺术，而是一种全新艺术。CD、网络艺术、数字艺术、3D、VR 电影、动画游戏等各种技术接踵而来，人类文化进入“超接触性”时代。21 世纪开始的微博、微信、微传播热潮，更是让我们见到了由“手持终端”构成的集体奇观。2015 年开始大量出现“人工智能艺术”：电脑不再满足于把任何照片图像“风格转移”成“透纳式”“毕加索式”“凡·高式”；把任何音符组成一个曲调，加上和声与配器——谷歌的“品红”（Magenta）能按规定感情定制音乐；2016 年“深梦”（Deep Dream）创作的“机器画”（见图 7-26）想象力丰富，在拍卖会上拍得8 000美元；人工智能甚至

① 詹克斯．后现代主义的故事：符号建筑、地标建筑和批判性建筑的 50 年历史［M］．蒋春生，译．北京：电子工业出版社，2017：9.

开始创作剧本、拍摄电影。

回顾历史，每一种新的表达介质都将带来新的艺术。保罗·莱文森将新表达介质的演化描述为“玩具—镜子—艺术”三个阶段。[①] 从陶器到电影，再到虚拟现实，基于新媒介的工业生产形态的各个标志性事件，都可以说是这一演化关系的注脚。陶器是人类告别旧石器时代，迈向新石器时代的标志之一，而绵延五六千年的制陶工艺，也是一部人类对自我心灵进行设计、对艺术进行探索的史诗。电影在发明初期，能给观者带来“火车迎面驶来”的错觉，而今人们不满意制作不够逼真的3D虚拟现实电影——人们在习惯了一种媒介表现方式后，对新表达介质的刺激的迭代需求正在成为对艺术本身的欲望之一。

图7-26 人工智能“深梦”创作的一幅图像

资料来源：Google Deep Dream：19 of the best images from mesmerising photo software [EB/OL].（2016-03-31）[2024-02-25]. https：//www. telegraph. co. uk/technology/google/11730050/deep-dream-best-images. html?frame=3370412.

虚拟现实技术在研发初期建模粗糙，与真实世界相去甚远。人们在感慨新表达介质的新奇时，也不自觉地鄙夷新技术所包含的低质量内容。但AR、VR、MR等一连串关键词在短短一二十年内接踵而至，技术致力于调动人们的全感官，甚至以脑机接口的方式将触手伸入“认知神经黑箱”。2021年马克·扎克伯格宣布将脸书（Facebook）公司更名为“元宇宙”（Meta），虽带有商业炒作性质，但也提示了一种未来的发展趋向：屏幕和界面或许将会悄然退场。2022年11月，美国人工智能研究实验室发布了关于ChatGPT研制成功的消息，这是基于大量文本内容和特定数学方法进行迭代训练而得到的概率模型，完全可以模仿人类的一系列选择，具有深入各类产品和服务的强大技术渗透性和扩展性，因而未来的艺术表达可能会更上一层楼。

人工智能的可怕潜力正在于它的能力不断迭代和发展，距2016年“深梦”创作

① 莱文森．莱文森精粹［M］．何道宽，译．北京：中国人民大学出版社，2007：3-15.

的作品仅仅六年，人工智能绘画就已经有了长足的进步。2022 年美国科罗拉多州艺术博览会上，一幅名为《太空歌剧院》（见图 7－27）的画作，通过强烈且华丽的巴洛克风格呈现出诡异又磅礴的氛围，斩获数字艺术类别绘画冠军。获奖者杰森·艾伦（Jason Allen）并不是一位画家，而是一名游戏公司老板。获奖后，他公布画作是由 AI 作画工具 Midjourney 生成的，在舆论上引起了轩然大波。许多人表示，用 AI 创作的人不应被称为艺术家，并质疑作者连数字画笔都没拿就得了冠军。2024 年初横空出世的文生视频模型 sora，可以凭借一段简短的文字生成电影级别的逼真场景，人工智能在视频生成领域的巨大发展令人咋舌，并引发了关于人工智能颠覆现存影视产业的担忧。

图 7－27　基于人工智能 Midjourney 平台创作的作品《太空歌剧院》

资料来源：An AI-generated picture won an art prize. Artists aren't happy [EB/OL]. [2024-02-25]. https://www.straitstimes.com/opinion/an-ai-generated-picture-won-an-art-prize-artists-arent-happy.

每一次媒介革命，都是对人类想象力的边界的一次冲击。技术想象被更大程度地运用于艺术文本的创作中。从弗兰克·赫伯特（Frank Herbert，1920—1986）的《沙丘》，到田中芳树（1952—　）的《银河英雄传说》，再到刘慈欣的《三体》，文学这一语言艺术，促使整个太空艺术成为一种被广为认可的门类。伊亚尔·盖弗（Eyal Gever）的《笑星》，是将地球上十几万人的笑声通过数字处理转化为可供 3D 打印的模型，并在外太空创造出的一个雕塑作品。与太空艺术并驾齐驱的是赛博格（Cyborg）。赛博格艺术诉诸深陷其中的人类身体，可以适度提升艺术的表达，但必须由人来控制。从人的思维角度看，若有朝一日人工智能长驱直入人类思想和创作领域的中枢，人类退化到要依赖人工智能才可能达到某个深度，那么我们看到的将不是人工智能的“深度”，而是所有深度的消失。只有保持对艺术、传播和表达介质关系的思考，才能对当代及未来的艺术传播活动进行更加清晰的理解与描述，相关的研究才能进一步展开。

要点思考

1. 简述文字产生之前人类的三种艺术形式。
2. 简述文学传播与接受的三个双重特性。
3. 简述文学文本与讯息性文本在传播与接受过程中的六方面差异。
4. 简述格雷马斯“符号方阵”的叙事结构。
5. 简述文学叙事的六个母题。
6. 简述文学接受理论中第一文本和第二文本概念的内涵。
7. 简述文学接受理论中召唤结构概念的内涵。
8. 简述表达介质与艺术的关系。
9. 简述新表达介质对当代艺术的影响以及可能带来的新问题。

第八章 跨文化传播

人们日常见到的传播表现形式纷繁复杂。这些具体现象往往遮蔽了人们对传播的本质的理解。因为这些现象看上去都包含了丰富的信息，是非常有效而成功的传播。它们致使人们忽略了，传播之所以存在，恰恰是因为客观上存在需要跨越的距离。它们通常表现为空间距离，比如我们在遥远的地方与他人联络，就是传播对空间距离的跨越；传播距离也可以表现为时间距离，比如我们经由古人留下的文献了解曾经发生的事，是对时间距离的跨越。无论是空间距离还是时间距离，最终都归于一种需要通过传播来跨越的“意义距离”。从这个角度出发，我们可以将传播的本质理解为“克服”某种“障碍”。在当今高度发达的媒介技术背景下，时间距离和空间距离变得容易克服，但人与人之间的“意义距离”却依然存在。这是由于，除了单纯的物理时空造成的“表意距离”之外，不同文化背景造成的“表意距离”是更加深刻的距离——这就是跨文化传播要处理的问题。

第一节　认识跨文化传播

人们之间日常的信息传播活动大多发生在同一生活共同体的范围之内。从文化传播的角度来看，这个共同体可以被视为一个相对稳定的“文化社群”。在共享文化语境的同一个文化社群中，通常不存在明显的传播障碍，人们常常意识不到跨文化传播的存在。当人们来到一个陌生的文化环境与他人进行交往时，文化差异造成的心理不适随之而来。其实，早在原始社会，当不同部落的人相遇时，跨文化传播就开始了。我国与西方之间的丝绸之路、张骞通西域、鉴真东渡、郑和下西洋等历史，从另一个角度看，也都包含着跨文化的传播活动。在信息时代，跨文化的交流更是已经成为常态，因而跨文化传播成为人们经常意识到的问题，需要予以重视了。

一、什么是文化

关于什么是文化，说法很多。英国人类学家泰勒（Edward B. Tylor，1832—1917）强调文化作为精神或社会心理层面上的意义，认为“文化或文明，就其广泛的民族学意义来讲，是一个复合整体，包括知识、信仰、艺术、道德、法律、习俗，以及作为一个社会成员的人所习得的其他一切能力和习惯”[①]。美国人类学家格尔茨(Clifford Geertz，1926—2006）则认为这种“大杂烩”式的定义过于模糊，他援引马克斯·韦伯的观点，主张文化“实质上是一个符号学（semiotic）概念”，即“一些由人类自己编织的意义之网”[②]。赵毅衡更直接地说：“文化，就是一个社会所有意义活动的总集合。”[③] 因此，文化不仅仅是精神性的，物质性要素如果成为意义活动的对象，也会成为文化的一部分，对传播造成不可忽视的影响。比如基督教的教堂作为文化的产物，其物质存在本身作为“情境”，会对传播活动产生重要的影响。

对文化的理解和把握主要有以下四点：

第一，文化作为社会遗产为人类所特有。人发明了语言、文字等符号来传承人类的文化。社会学家费孝通（1910—2005）就此写道：“人靠了他的抽象能力和象征体系，不但积累了自己的经验，而且可以积累别人的经验。文化是依赖象征体系和个人的记忆而维持着的社会共同经验。这样说来，每个人的‘当前’，不但包括他个人‘过去’的投影，而且有整个民族的‘过去’的投影。历史对于个人并不是点缀的饰物，而是实用的、不可或缺的生活基础。”[④] 这种文化的代代延续和传承本身亦是一类积累性的传播。

文化决定了中国人说汉语，英美人说英语，日本人说日语，阿拉伯人说阿拉伯语，意大利人说意大利语……文化决定了有的人要每周到教堂倾听上帝的声音，有的人会到清真寺倾听真主的召唤，有的人会到寺庙倾听释迦牟尼的声音……

第二，文化是后天的烙印。文化具有传承性，但不是生理的遗传，而是后天的学习。人拥有何种文化取决于他生活的文化环境。“文化是一个具有共同历史传统的象征系统。”[⑤] 人从出生开始，他所在民族的习俗就塑造了他的经验和行为；到他开始说话，他就成了文化的创造物；到他长大并参与社会活动，文化的习惯就成了他的习惯，文化的信仰就成了他的信仰，文化的局限就成了他的局限。“通过文化学习，一个婴儿可以变成部落民，或印第安农夫，或纽约曼哈顿公寓里的居民。”[⑥]“每一个出生于某个文化群体的孩子都与这个群体的其他成员分享同样的文化，而出生在地球另一端的孩子却没有受这一文化的影响。”[⑦] 人们日常行为受后天文化学习的影响也很明显。比如，非东北人模仿过去东北人在炕上的坐姿恐怕就很不舒服；一些地区的农民习惯于以蹲代坐，即使在有板凳的情况下，也宁可蹲在板凳上面。

文化的影响甚至使一些生理动作也带着文化的色彩。打喷嚏纯粹是一种生理现象，英美人打喷嚏后习惯说“God bless you”（上帝保佑你）；而我国一些地区习惯

① 泰勒．原始文化［M］．连树声，译．上海：上海文艺出版社，1992：1.

② 格尔茨．文化的解释［M］．韩莉，译．南京：译林出版社，2014：5.

③ 赵毅衡．符号学与文化意义阐释［J］．中国人民大学学报，2015（1）.

④ 费孝通．乡土中国［M］．北京：生活·读书·新知三联书店，1985：16－17.

⑤ 霍尔．跨越文化障碍［M］．麻争旗，等译．北京：北京广播学院出版社，2003：4.

⑥ 北晨．当代文化人类学概要［M］．杭州：浙江人民出版社，1986：24.

⑦ 萨默瓦，波特．跨文化传播［M］．闵惠泉，王纬，徐培喜，等译．北京：中国人民大学出版社，2004：47.

性地认为，打喷嚏意味着有人在思念或谈到你，是一种心灵感应。这也是文化，是从身边人那里后天习得的。

第三，既定文化是人们行为的无形向导和规范，人们如何衣食住行、如何处理生老病死，无不由文化来界定和指引。人们可能意识得到显性的物质文化，比如服装、食物、建筑，但隐性的精神文化在暗中规范着人们的行为，犹如人对空气没有感觉，但实际上无法脱离一样。比如一日三餐对于大多数人来说天经地义，但在另外一种文化中可能并非如此。只有在跨文化交流的时候，由于存在明显对比，人们才可能深切地感觉得到自己所处的文化特征。

第四，文化是动态的。文化虽然具有很强的稳定性，但在与外部交流的过程中也会发生缓慢的演变（在特殊情况下急遽变化），在与异文化不断地交流、互动过程中吐故纳新。在此过程中，有些文化流传至今，而有些文化则消亡了。

文化是一个共享的系统，共同的历史和传统帮助每个人回答“我是谁?”这个首要的问题。关于对世界的认识，每个人都是通过自己所处的文化系统获得的。

二、什么是跨文化传播

2003年，日本一款汽车“丰田霸道”的广告引发中国公众的抗议，因为广告图的石狮子中，一只向开过来的“丰田霸道”敬礼，另一只向车子鞠躬。狮子在中国文化中有特别的象征意义，石狮子向一辆日本品牌的汽车敬礼、鞠躬，不能不让人联想起卢沟桥、石狮子、抗日三者之间的关系，由此引发人们的反感情绪。这幅广告因此被撤下。2018年，意大利奢侈品牌杜嘉班纳（Dolce & Gabbana）在上海时装秀前发布了名为“起筷吃饭”预热宣传片（见图8-1），试图将中国传统文化与意大利经典饮食相结合。然而，片中旁白的“中式发音”、语气以及“中国模特”以生疏、错误的姿势使用筷子吃比萨和意式甜卷等片段，被网友认为是歧视中国传统文化的行为。舆论发酵后，大量明星宣布退出时装秀，杜嘉班纳两位品牌创始人也迫于压力发布了中文道歉视频。

图 8-1 杜嘉班纳被指辱华的宣传片片段

资料来源：张之琪. 从杜嘉班纳到维密天使：西方如何想象东方?［EB/OL］.（2018-11-22）［2024-02-25］. https://mp.weixin.qq.com/s/PIQs5x1P46-lwqkkcyyNZg.

美国跨文化传播学者萨默瓦（Larry Samovar，1935— ）关于跨文化传播的定义是："跨文化交流指的是拥有不同文化感知和符号系统的人之间进行的交流，他们的这些不同足以改变交流事件。"①

"文化"与"传播"是理解跨文化传播的两个关键词。从传播（即上述译文中的"交流"）的角度看，文化是传播的情境。对跨文化传播而言，文化像一张网将这种传播包裹起来。同一文化背景下，传播是自然的，甚至让人感觉不到这算个什么事情。而一旦进入跨文化传播的情境，传播就成了一件显在的事情，因为传播得以进行的符号组合、规范、意义都存在差别。这时文化之于跨文化传播具有决定性意义，哪一方熟悉对方的文化、掌握对方的符号组合的规范和意义，哪一方便处于主动的一方，让自身的文化首先影响对方。

跨文化传播不仅表现为不同种族、民族、国家之间的交流，人们因分属不同群体或阶层而形成的各种亚文化之间的交流，在一定意义上也可以被视为跨文化传播。例如作家王山（1953—2012）的小说《血色青春》描述的"文革"时期在北京发生的老红卫兵与城南市井子弟之间的冲突，便是一个地区内的两种亚文化之间的冲突。因为老红卫兵以高干子弟为主，而城南市井子弟则被视为"流氓"，他们之间从思想观念的交锋，到肉体的相互残杀，反映了北京城里由生活环境和生存条件造成的两种亚文化间的巨大差异，两拨人从观念到使用的话语，几乎没有共同之处，在相互理解上极为困难。再如贾鲁生 1988 年发表的报告文学《黑话》，讲述了社会中高层官僚、下层黑社会性质的团伙使用的语言，如果不在圈内，依据日常生活中的意义来理解，就完全看不懂。这两种差别很大的社会阶层之间的交流，即同一文化中的跨文化传播。

一般认为，跨文化传播研究始于美国人类学家爱德华·霍尔（Edward Hall，1914—2009）的小册子《无声的语言》（1959）（见图 8-2）。随后，这类研究逐渐遍及欧美。在我国，初期的跨文化传播研究开始于 20 世纪 80 年代中期，当时主要研究对外国际交流。

图 8-2　爱德华·霍尔《无声的语言》中文版封面

---

① 萨默瓦，波特．跨文化传播［M］．闵惠泉，王纬，徐培喜，等译．北京：中国人民大学出版社，2004：47.

三、陌生人理论

所谓跨文化传播，实际上就是与文化上的陌生人进行交流，这里的陌生人不是指同一文化圈内的陌生人。人们很早就注意到了这种交流，例如德国社会学家齐美尔（Georg Simmel，1858—1918，见图 8-3）1908 年就提出了陌生人理论。陌生人是指那些今天来、明天走的漫游者，或者不完全被社会系统的其他成员接受的人。欧洲的犹太人，便是散落在欧洲各民族间的典型的陌生人。与这种陌生人交往其实可以开阔眼界，让人们习惯于以包容的心态看待与自己不同的种族。

属于不同文化群体的人，彼此间是陌生人。在陌生的状态下认识或评价一种陌生的文化，偏见不可避免。由于陌生人的行为不确定和不可预知，人们总是对陌生人带着疑虑，这种疑虑的极端后果就是仇外。

图 8-3 格奥尔格·齐美尔

齐美尔认为，陌生人用不同于我们的方式观察社会系统，带来了远距离视角的独特优势：他不受约束，更容易摆脱社会规范；在与群体的交往中拥有多元文化视角，因而能在交流中以对方的视角看问题，用普遍、客观的方式看问题，成为文化体系之间的漫游者。这样的人是向交流自由里填充了内容的人，是与世界发生普遍交往关系的人，因而是真正自由的人。可以说，在陌生人身上显现着跨文化传播的基本元素：社会距离、跨界生存、同质与异质的关系、开放与封闭的文化系统。[①]

跨文化传播首先是基于文化差异和文化陌生感的，陌生人的存在提供了跨文化传播的内在心理动因。因此，“陌生”也是理解跨文化交往的一个中心词。[②] 在跨文化传播中，我们可能处在本地社会的位置，与陌生人进行互动；也可能闯入另一文化背景的社会中，成为陌生人。因此，陌生人理论主要可以从这两方面对跨文化传播中的现象进行解读。

对于大多数社会成员而言，陌生人的行为是不确定的、无法预测的，因此陌生人会让他们产生心理上的威胁感。如果这种威胁感得不到消除，人们便会对陌生人产生恐惧心理，继而发展为仇视，引发种种非理性的排外行为，例如当今社会很多当地人与外来群体发生的冲突。

除了我们自己的文化，这个世界上到处都是陌生的文化，它们都是陌生人智慧的表现，只是很多时候我们视而不见或不能理解。

罗伯特·帕克在齐美尔陌生人理论的基础上提出迁移者（migrant）和边缘人

---

① 齐美尔．社会是如何可能的［M］．林荣远，译．桂林：广西师范大学出版社，2002：342-344.

② 单波．跨文化传播的问题与可能性［M］．武汉：武汉大学出版社，2010：32-33.

（marginal man）两个概念，指生活在两个不同世界、对两个世界都陌生的人，他们也是“文化混血儿”，是在未完全相融的文化边缘生活的个体。这与移民现象直接相关。19世纪末20世纪初，大量新移民来到美国。当时美国社会存在着排斥新移民的现象，如何使这些新移民同化，是当时美国主流社会普遍关心的问题。帕克深入少数族裔社区，在对数十种外文报刊进行调查后，于1922年出版了《移民报刊及其控制》一书，反对压抑或控制这些报刊，强调这些报刊有助于维护种族文化，并使读者通过家乡的语言而接触到大都会生活，使移民顺利融入美国社会。对于迁移者或边缘人来说，他们面临的跨文化问题要更为复杂一些。

而马克思认为，只有通过世界交往，人才能得到全面发展。一个人的“特性怎样发展为多方面的或是地方性的，……决定于世界交往的发展，决定于他和他所生活的地区在这种交往中所处的地位”①。“个人在精神上的现实丰富性完全取决于他的现实关系的丰富性，根据上面的叙述，这已经很清楚了。只有这样，单个人才能摆脱种种民族局限和地域局限而同整个世界的生产（也同精神的生产）发生实际联系，才能获得利用全球的这种全面的生产（人们的创造）的能力。”②

四、跨文化传播的方式

跨文化传播，归根到底是人与人之间的传播，总体上可以分为语言传播和非语言传播两种方式。

（一）语言传播

语言不仅是传播的工具，还携带着特定的文化信息，因为语言是社会的产物。比如“雪”，英语里只有snow与此相对应；而因纽特人的语言中对“雪”有很多表达。这种情况与其生活环境和生活经验是分不开的。

语言与文化密不可分。一方面，文化依靠语言而得到传承；另一方面，文化对语言进行渗透，词汇的构成、运用无不带着文化的意味。比如亲属称谓，中国讲究“长幼有序”，兄长的地位明显高于弟弟；而在英语中却只用brother来称呼兄弟，不区分长幼。中国亲属系统有内外之别，母系亲属常常被饰以“外”字，以与父系亲属相区别，比如“外公”“外婆”“外甥”。这反映了中国传统文化中男女在社会地位上的差异。

语言不仅反映文化，也在一定程度上建构文化。美国语言学家、人类学家爱德华·萨丕尔（见图8-4）指出：“人们并不仅仅生活于客观世界之中，也不像人们通常所理解的那样仅仅生活于社会活动的世界之中，相反，人们处于成为该社会

---

① 马克思，恩格斯．马克思恩格斯全集：第3卷［M］．北京：人民出版社，1960：297.

② 马克思，恩格斯．马克思恩格斯文集：第1卷［M］．北京：人民出版社，2009：541-542.

表达手段的特定语言的支配之下。”① 现实世界在很大程度上是由人们的语言构筑起来的。这一思想在萨丕尔的学生、美国语言学家沃尔夫（见图 8-5）那里得到了更为明确的表述：“每一语言的语言系统不仅是为了表达思想使之再现的工具，实际上它使思想成形。”② 后来的语言学家将他们的理论概括为“萨丕尔-沃尔夫假说”。该假说主张语言即文化。语言不仅反映人们的思维，而且语言的结构、词汇等决定人们的思维、信念、价值观等文化中深层次的东西。他们关于“语言和文化”之间关系的观点，在一定程度上给跨文化传播以启示。

图 8-4　爱德华·萨丕尔

图 8-5　本杰明·沃尔夫

对语言的了解和掌握只是跨文化传播的第一步，同时还要对语言所蕴含的深层文化意义有透彻的了解。人们在使用语言的过程中，形成了不同的、特定的思维模式、逻辑结构。比如，英语在说话和写作中体现出较为明显的演绎特征，论述说理，开门见山；而汉语则体现出较为明显的归纳特征，强调层层铺垫。

词作为语言的基本材料，在很大程度上反映着特定的文化内涵。词的基本意义或概念意义是对该词表述对象的概括，除此之外的引申意义就是词的文化意义。同一个词在不同的文化中意义迥异。例如，“龙”（Loong，见图 8-6）通常被视为华夏民族的图腾，在汉语运用中，龙也常与高贵、吉祥、生机等褒义相关，比如龙凤呈祥、生龙活虎；而在西方，龙（dragon，见图 8-7）却常常是邪恶和可怕东西的象征。某个词在一种文化中具有丰富的文化意义，而在另一种文化中却只具有概念意义。比如在汉语中，松、竹、梅并称“岁寒三友”，象征着人格的不屈和高洁；而在英语中，松、竹、梅却无此意义，仅是三种植物而已。

在同一文化的文学作品中广为流传的文学形象、成语、俗语等已经固化为特定的文化元素，这些文化元素仅通过学习语法是无法获得的，如果没有在这种文

---

① MANDELBAUM D G. Selected writings of Edward Sapir [M]. Oakland: University of California Press, 1949: 162.

② WHORF B. Collected papers on metalinguistics [M]. Department of State: Foreign Service Institute, 1952: 5.

图8-6　中国文化中龙的形象

资料来源：矾红彩云龙纹碟，清，康熙，1.5cm×10.9cm×9.6cm，现藏于故宫博物院。

图8-7　西方文化中龙的形象

资料来源：本图片为AI生成，ChatGPT 4.0 image generator，核心提示词 Dragons in Western culture、Black and white printing，2024年2月21日。

化下的生活经验，就难以理解。例如下面这段对话：

> 甲给乙送了一个红包。
> 甲："你这是什么意思?"
> 乙："没什么意思，意思意思而已。"
> 甲："你这就不够意思了。"
> 乙："小意思，小意思。"
> 甲："你这人真有意思。"
> 乙："其实也没有别的意思。"
> 甲："那我就不好意思了。"
> 乙："是我不好意思。"

在这段简短的对话中，"意思"一词包含了用意、心意、道义、谦让等不同含义，如果不了解相关的语境，没有相关的文化背景，就很难理解这段对话。

语用规则对传播的影响或许更大。为保证交际的顺利进行，语言应用者必须共同遵守一些基本规则，这些规则就是语用规则，例如合作规则、礼貌规则等。语用规则的形成具有特定的文化背景，不像语言规则那样明显可见，因此语用规则对传播的制约和影响是隐性的。

（二）非语言传播

语言传播之外的所有传播方式都可以被称为"非语言传播"。

非语言传播方式对跨文化的影响并不亚于语言传播，甚至更为复杂。语言传播大多有着明确的特定规则，而非语言传播则无定规可循，其意义的获取依赖于对特定文化背景的了解。这里从跨文化传播角度，谈谈某些非语言传播的现象。

（1）沉默。语言传播的断裂即沉默。沉默的含义有很多，可以理解为思考、默许、反对等不同含义。中国传统文化比较推崇沉默，孔子认为“巧言令色，鲜矣仁”，强调“讷于言而敏于行”。成语“言多必失”“祸从口出”“沉默是金”强调了言语谨慎的重要性。西方文化却往往赋予沉默以消极意义，认为沉默意味着单调、灰暗、悲观甚至狡猾等。

（2）颜色。颜色是人的眼睛对客观事物的一种物理的反映，但不同的颜色在不同的文化中意义差别很大，因此也构成跨文化非语言传播的一类。黄色在中国古代为皇家专用，象征着皇威和尊贵。在中国五行思想中，黄色代表大地。西方文化中的黄色使人联想到背叛耶稣的犹大所穿衣服的颜色，所以黄色与怯懦、败坏相连，比如 yellow-belly 意为“胆小鬼”。

（3）艺术。除了语言艺术之外，音乐、舞蹈、建筑、雕塑、绘画等艺术形式都可以看作非语言传播。艺术传播的效果诉诸人的心灵，影响更为久远。不同文化对艺术的理解存在较大差异。例如绘画，西方的油画适于表现浓重的环境，而中国画突出的是清淡和细腻的典雅。站在不同的文化视角，会出现不同的带有文化背景差异的评价。例如清朝画家邹一桂（1686—1772）在看了西洋画之后说：“西洋人善勾股法，故其绘画于阴阳远近不差锱黍。所画人物、屋树皆有日影。其所用颜色与笔与中华绝异，布影由阔而狭，以三角量之，画宫室于墙壁，令人几欲走进。学者能参一二，亦具醒法。但笔法全无，虽工亦匠，故不入画品。”①

（4）花语。在日常生活中，不同的文化对不同的花卉赋予相同或不同的象征意义，例如玫瑰象征爱情是世界上大多数人的共识，而牡丹象征富贵是中国人的认识。各种花根据其外在特征和生长环境被赋予不同的含义，这在当代跨文化传播中是需要关注的一个方面。现在世界各国以及不少大城市都有象征民族、国家、城市的花卉或其他植物，比如日本的国花是樱花，韩国的国花是木槿花，天津市的市花是月季花，等等。

（5）气味。人体或动植物发出的气味，可能会给人造成生理上的愉悦或不适，同时也具有一定的社会意义。因此在交际场合，人们注重对香水的使用，同时牺牲口腹之欲，避免食用辛辣刺激食品，里面有文化的考虑。

语言传播之外还有很多不可或缺的非语言传播的形式和内容，因此，跨文化传播中充满着变数和不确定。

第二节　文化模式与跨文化传播

语言和其他符号的理解和使用上的差异，直接影响跨文化传播，文化价值观的差异更是对跨文化传播具有重大影响。

---

① 邹一桂．小山画谱［M］．济南：山东画报出版社，2009：144.

本节讨论的各种文化模式都是在民族、种族、国家等宏观意义上的，不能简单套用来分析实际生活中的具体跨文化传播现象，因为人是一切社会关系的总和，但没有一个人能够完全体现或代表一种文化的所有方面，也没有一个文化群体的系统能够完全决定具体的人的价值观，我们遇到的每一个人都同时属于不同的微小文化群体，不可能与其所属文化的某些宏观表现完全一致。

一、东西方两大文化系统的宏观差异

一个由相近文化所形成的共同体，也可以被视为一个文明。但全世界的文明如何被分类？对于该问题有很多不同观点。而且由于文明本身也是在历史中发展流变的，一些文明在历史中已经终结，另一些文明则在历史中演化或独立出来，这就导致答案非常多样，甚至同一位学者也会在不同时期有不同看法。例如，奎格利（Carroll Quigley）认为，历史上有 16 个明显的文明，很可能还有另外 8 个；汤因比起先列出了 20 个文明，后改为 23 个文明。迄今影响力比较大的观点，如塞缪尔・亨廷顿在《文明的冲突？》一文中将当代世界分为 8 个文明。其中，他比较明确的 5 个主要文明分别是：中华文明、日本文明（系中华文明的后代，但发展出了独立文明）、印度文明、伊斯兰文明、西方（欧洲、北美洲和部分拉丁美洲）文明。另外 3 个文明分别是：东正教文明（区别于其母文明拜占庭文明和西方基督教文明）、拉美文明（系欧洲文明的后代，可被视为西方文明的次文明）、非洲文明（其当前的独立存在受到一定质疑）。

从东方中国的视野出发，一种比较笼统的说法是将全世界简单地分为东方和西方两大文化系统。其文化差异的简单对比如下①：

东方	**西方**
人事浑然	人事分明
来龙去脉，模糊语境	语感直观，寓意明确
喜欢用“心”	喜欢用“脑”
人际关系	工作关系
历史意识	现代科技意识
中庸、含蓄、自我中心	直白、外露、自我实现
情、理、法	法、理、情

2007 年，德国华裔设计师刘扬（Yang Liu）用一组名为《东西相遇》（Ost trifft West）的设计作品展现了东西方差异，这组作品同时以书籍的形式出版。图 8－8 展示了其中的几幅。

---

① 尤姆．儒学对东亚人际关系和传播模式的影响［M］//萨默瓦，波特．文化模式与传播方式．麻争旗，等译．北京：北京广播学院出版社，2003：83－96.

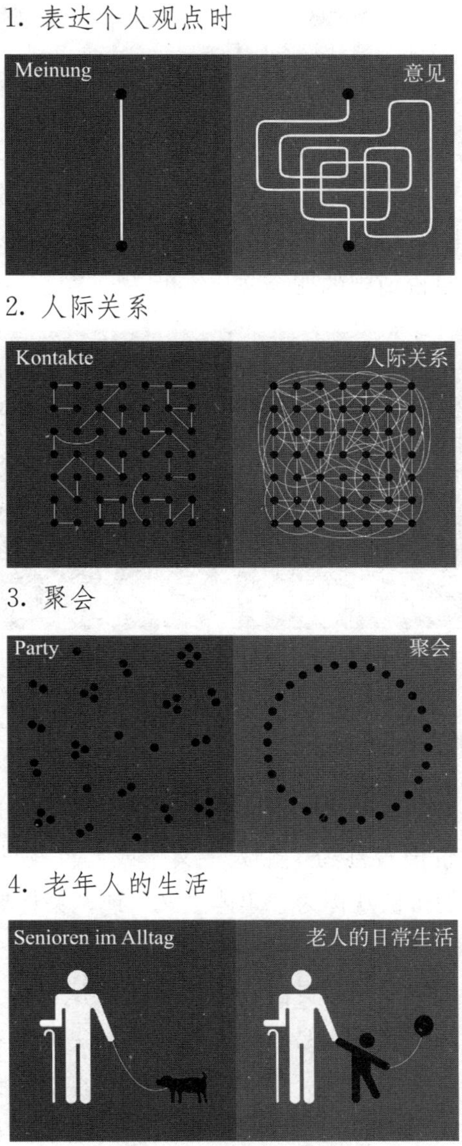

图 8-8　一个德国人图解中西文化差异

资料来源：YANG L. Ost trifft West [M]. Berlin：Verlag Hermann Schmidt，2007：1，4，9，17.

虽然刘扬的作品可能因为极简风格而有些片面。但是，从他的画中，确实可以感受到东西方两种文化之间的差异，比如生活观念、社交模式、人际关系等。

我们总是期待别人了解我们，能够按照我们的思维方式来言行。但如果每个人都这样想，没有任何余地，结果就只能是彼此都失望乃至愤怒。有鉴于此，当从自己熟悉的文化圈进入一个陌生的文化圈时，要了解并理解所在文化圈的地理环境、人文历史、生活习俗。

二、文化维度

20世纪70年代初期，荷兰心理学家吉尔特·霍夫斯泰德（Geert Hofstede，1928—2020，见图8-9）对来自53个国家的IBM公司雇员的相关材料进行研究，于1980年出版了《文化的后果》一书。他认为不同的文化价值观在跨文化传播中优劣势并存，并提出了衡量价值观的四个文化维度。[①]

图8-9　吉尔特·霍夫斯泰德

（一）个人主义和集体主义的差异

按照某一文化对个人、集体，以及它们之间的相互关系的认识，霍夫斯泰德将看重个性和独立精神的价值观称为"个人主义"或"自我导向"，而将个人服从集体、集体成员各就其位的价值观称为"集体主义"或"集体导向"，作为区分不同的文化的一种标尺。

个人主义文化崇尚人的个性和自由，强调独立意识，认为个人的权利、利益不可侵犯；国家的存在是为了更好地保护个人的权利，集体的存在是为了维护个人的利益；个人要奋斗，个人为决策负责任；每个人的存在对于世界具有同等意义而不分高低贵贱。这种文化氛围中的人，一般具有较强的进取精神，感情上不会依赖于组织或机构，追求平等。

而在集体主义文化中，"我们"的意识强烈，主张"一荣俱荣，一损俱损"。这种文化强调个人从属于集体，由集体来代表个人，不提倡突出个人；强调合作的力量，例如"一个篱笆三个桩，一个好汉三个帮""孤掌难鸣"；通常将个人的成功归于集体；讲求集体和谐，不惜以压抑个性为代价；社会等级分明，成员各安其位，以维护集体的稳定。

这两种文化的人各自的传播特点十分明显：个人主义文化的人在交流中往往直抒胸臆、简洁明快；集体主义文化的人在交流中往往曲折婉转地表达意见，有冗长

① 萨默瓦，波特．跨文化传播［M］．闵惠泉，王纬，徐培喜，等译．北京：中国人民大学出版社，2004：73.

铺垫。中国文化属于集体导向的文化，说出自己的意图铺垫较多；交往中“面子”被看得非常重要，有时候该拒绝的当面不拒绝，甚至以牺牲自己的利益为代价。

根据霍夫斯泰德的划分，委内瑞拉、哥伦比亚、巴基斯坦、秘鲁、中国、泰国、新加坡、智利、葡萄牙等国，属于“集体主义”文化；美国、澳大利亚、英国、加拿大、荷兰、新西兰、意大利、比利时、丹麦等国，属于“个人主义”文化。

以上划分并不意味着集体主义文化中的个人没有个人目标，也不等于说个人主义文化中的个人没有家庭观念或团队精神。任何文化下都会发生实现自我与满足群体利益之间的冲突，但在解决这类问题上存在如何取舍、如何看待自己和他人的方法上的差异。

（二）对社会变动适应度的差异（不确定性规避）

人们总要面对各种社会变动，霍夫斯泰德根据人们对它的态度，将文化分为“高度不确定性规避”和“低度不确定性规避”两类。

高度不确定性规避文化不希望变动，更不喜欢变动，对不确定的形势或未来有所恐惧，面对突如其来的变动会感到不知所措，因此以明确的规章、典礼、仪式等规范来防范、消除各种变动，诸如“稳定压倒一切”的认识便是这种文化的表现。

而在低度不确定性规避文化中，人们乐于接受外部和内部的变动，对不确定性容忍度较强。处于这种文化氛围中的人凭直觉行事，喜欢新奇、刺激和冒险，尝试新的做法或事物，变通性较强，思想较为多元，不定于一统。

在跨文化传播的情境下，高度不确定性规避文化中的人重视制度本身，形式甚至超越了意义。比如严格依照程序开会，但会议能否解决问题，似乎不是最重要的。而来自低度不确定性规避文化中的人，开会往往不那么正式和固定，“相机而动”是比较常见的情形，决策上当机立断，但有时仅仅靠直觉。

根据霍夫斯泰德的划分，属于高度不确定性规避文化的国家有新加坡、丹麦、瑞典、爱尔兰、英国、印度、菲律宾、加拿大、美国等；属于低度不确定性规避文化的国家有希腊、葡萄牙、比利时、智利、法国、秘鲁、西班牙等。

在一些南美国家，例如秘鲁，人们热情奔放，不拘小节，迟到几个小时的现象很普遍，甚至婚礼、宴会、重要的商务会议都不会准时进行。秘鲁政府于 2007 年 3 月 1 日正午 12 时推出“全民守时运动”，总统阿兰·加西亚·佩雷斯敲响代表准时的大钟，在教堂钟声、警车汽笛声中，上千名秘鲁民众在利马市中心马约尔广场一同对表，以此作为培养守时观念的第一步。后来一项民意调查显示，已有 61%的秘鲁人认为“迟到是对他人的不尊重”①。秘鲁的全民守时运动其实就是跨文化传播的结果，通过与高度不确定性规避文化的交流和比较，调整了自己的文化习惯。

---

① 秘鲁发起“全民守时运动”[EB/OL].（2007-03-03）[2024-02-25].http://news.cctv.com/world/20070303/100597.shtml.

（三）承认等级秩序程度的差异（权力距离）

社会的组织和协调需要权力的存在，而权力在社会中的分布是不平衡的。霍夫斯泰德根据社会成员与权力之间的关系将文化分为“较大权力距离”的文化和“较小权力距离”的文化。

较大权力距离文化中的人们，崇尚权力的威严，承认权力的天然存在、人生而不平等，安于自己在社会等级秩序中的位置，因此，权力高度集中，领导决策倾向于独断专行，不同等级之间的界限泾渭分明，领导与下属都较看重权力，他们之间的关系较为正式。

而在较小权力距离文化中，人们也承认权力的存在，但都不认为它不可企及，而认为权力只是为方便社会组织而发挥作用，社会应该有保障每个人获取权力的机制。由于不同等级之间的界限比较模糊，因而人们总体的权力意识较弱，关系较为随和。

因此，生活在较大权力距离文化氛围中的人，偏向于按照权力、声望拥有者的意见行事；而生活在较小权力距离文化氛围中的人，则比较重视个人的创见，敢于挑战权力、声望拥有者。

根据霍夫斯泰德的划分，菲律宾、墨西哥、委内瑞拉、印度、新加坡、巴西、法国等国倾向于较大权力距离文化；奥地利、以色列、丹麦、新西兰、爱尔兰、瑞典、芬兰、瑞士、德国等国倾向于较小权力距离文化。

（四）男性特征和女性特征的差异

霍夫斯泰德还将文化分为男性特征的文化和女性特征的文化，当然，这只是一种喻证。男性特征文化强调性别角色，崇尚竞争、进取，认为社会由男性主导，男性应该勇敢、坚强、自信、重物质，而女性则应该谦逊、温柔、重感情。在这种文化中，男性负责在外打拼，是家庭的支柱和守护神；而女性则相夫教子，负责照顾家庭。

女性特征文化强调理解、关心别人的行为。在这种文化氛围中，男性无须行事果断，也应当担负起照顾别人的角色；强调性别平等，与男性特征文化的社会相比，性别角色容易变化。这种文化中的人，认为人与环境的和谐很重要，男性与女性都应该懂温柔、重感情，女性与男性的分工并不具有特别的意义。

在男性特征文化中，最典型的国家之一是日本，女性只占有 5%的与立法有关的职位；而在女性特征文化中，最典型的国家之一是瑞典，女性占有 41%的与立法相关的职位。霍夫斯泰德认为男性特征文化的国家还有奥地利、委内瑞拉、意大利、瑞士、墨西哥、爱尔兰、英国、德国等；女性特征文化的国家还有挪威、荷兰、丹麦、芬兰、泰国、秘鲁等。

三、高语境文化和低语境文化

传播的意义除了来自传播符号的赋予，还更多地来自语境。所谓语境，即传播活动的具体时空环境以及宏观的社会文化环境。从跨文化传播的角度看，文化就是最大的语境。

图 8－10　爱德华·霍尔

美国学者爱德华·霍尔（见图 8－10）根据语境在跨文化传播中的突出倾向，将文化分为高语境文化和低语境文化（又译“强势语境”和“弱势语境”）两大类。他认为：“强环境交流突出按预定程序传输的信息，这样的信息储存在受信者身上和背景之中；传达的信息中只包含极少量信息。弱环境交流则与之相反：大多数的信息必须包含在传达的信息之中，以弥补环境中失却的信息（包括人体内和人体外的信息）。”[①]这里的“预定程序”就是语境，包括各种风俗、制度、习惯、传统、社会心理等文化性因素。在高语境文化中，传播的意义在相当程度上需要根据语境而不是可见（听）的语言符号，因而传播是含蓄而模糊的，注重“意会”。与此相反，在低语境文化中，传播的意义主要依赖语言符号，语境对传播的意义并不明显，因而传播是直接而明确的，注重“言传”。

同一个文化下的农村和城市，又分别属于高语境文化和低语境文化。在农村社会，人与人相当熟悉，共享的信息很多，所以传播处于相对高语境文化中。例如，握一握手就可以做成一笔生意，甚至可以不用合同再加以说明；一句话、一个眼神就能传达许多意义，而无须多言。而在低语境文化中，对社会关系、周围环境考虑不多，重要的是通过语言全面、准确地表达意思。在大城市的银行、律师事务所、公证处等地方办事，传播便处于典型的低语境文化中。

中国属于高语境文化社会，在传播中对意义的获取，需要根据语境进行推测和揣摩。这一特征遍及中国文化及社会生活的诸多领域。例如“原则上不可以”和“原则上可以”，就都需要根据具体语境去揣测到底是可以还是不可以。

日本也是一个高语境文化社会，喜欢含蓄间接表达，话说得隐晦斯文。例如电影《入殓师》中，失意的年轻人小林大悟被一张条件惹眼的招聘广告吸引：“诚聘旅程助理。年龄不限，高薪保证，实际劳动时间极短。”直到应征时，事务所社长佐佐木生荣才向小林大悟说明：“我们要找人给去那个世界的人当助理。”“旅程助理”其实就是入殓师，负责将遗体放入棺木并为之化妆。又如，这位社长在形容河豚的美味时，不直接说“好吃”或者“味道真好”，而是婉转地说：“好吃得让人为难。”

---

① 霍尔．超越文化［M］．韩海深，译．重庆：重庆出版社，1990：121.

相反，美国是低语境文化社会，意义的展示主要依赖于直接的语言传播，直陈其事，强调传播双方对意义的直接交流。所以美国人很容易说“不”。因此，这两种不同语境文化间发生冲突的情形较多。比如谈判时美国人往往直抒胸臆、斩钉截铁，中国人视之为粗鲁、傲慢、缺乏教养；而美国人则认为中国人出于顾全面子、不伤和气的委婉表达是在耍花招——实际上这也体现出个人主义文化往往属于低语境文化，而集体主义文化往往属于高语境文化。

第三节　跨文化传播的障碍和冲突

跨文化传播可以看作一种文化旅行，在旅行途中能够见识各种人文风光。风景是客观的，对风景美丑的价值判断却因文化不同而异。文化本身是复杂的，因此影响跨文化传播的因素，即跨文化传播障碍也异常复杂。前述有关文化模式的差别，以及不同文化语言符号和非语言符号内涵的差异，都是造成跨文化传播障碍的因素。当然，通过进一步的交往，跨文化传播的障碍也可以消除。深入了解不同文化的差异所在，是突破跨文化传播障碍的前提。

一、文化休克

跨越文化进行交流时，原本熟悉的东西一下子变得陌生起来，心理上的种种不适也随之而来，这种情形被称为“文化休克”。

1960年，美国人类学家奥伯格（Kalervo Oberg，1901—1973）首次在一篇论文中提出“文化休克”（culture shock）的概念，他写道：“文化休克是由我们失去了所有熟悉的社会交流符号和标志所带来的焦虑引发的。这些标志和符号包括我们适应日常生活的各种方式：怎样订购、怎样购物、何时回答、何时不回答。它们可能是言语、姿态、表情、风俗或准则，是我们在成长过程中学会的，并且像语言和信仰一样常年成为我们文化的一部分，我们依靠这上百种符号来维持内心的平静和效率，尽管大部分的符号我们并没有意识到。”① 这种文化不适之症影响到人的心理，使人产生兴奋、焦虑、沮丧、不安、惊奇、气愤、失落、疲惫、无力等感觉。在同一篇论文中，奥伯格还分解了“文化休克”的心理演变过程（U形曲线）：蜜月期、沮丧期、调整期、适应期（见图8-11）。

蜜月期指新的环境给人们心理上带来兴奋的阶段。人们来到一个陌生的地方，一切都迥异于自己熟悉的环境，一切看起来都很新鲜，满足了人们的好奇心理。之前对异地的种种憧憬在刹那间变成了现实，兴奋之情溢于言表。就像新婚夫妇，蜜月期充满美好。

---

① OBERG K. Culture shock：adjustment to new cultural environments［J］. Practical anthropology，1960（7）.

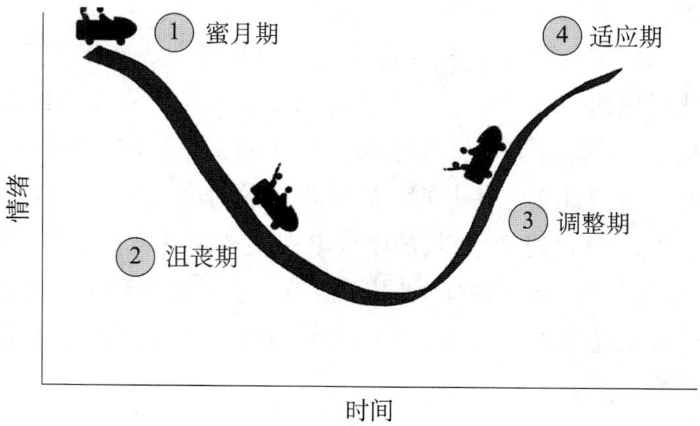

图 8-11 文化休克过程

资料来源：CUSSOTTO S. Culture S. H. O. C. K [EB/OL]. [2024-02-25]. https: //www. inspirethemind. org/post/culture-s-h-o-c-k-salut-hålla-olá-ciao-kumusta.

沮丧期是人们对异文化熟悉之后，心理上的兴奋消失的阶段。在这一阶段，文化适应问题提上日程，由此带来失落、失望和焦虑等消极心理。在异文化环境中，原有的社会支持没有了，人们或努力适应，或退避三舍、躲进自己的文化群体，或一意孤行将自己包裹起来……

克服了沮丧期就意味着进入调整期，这是人们对异文化进行努力适应的阶段。面对现实，人们放弃自己原有的文化习惯，强迫自己去吸纳、去适应异文化的种种规范；认同异文化的价值观，学着利用异文化的思维方式去生活、去待人接物；调整自己的文化心态，以开放的胸怀将自己融入异文化之中。这个过程会让人经历很多痛苦、失败，但就是在这种文化的撕扯、碰撞、冲击中，人们经历着蜕变。

适应期指人们经过调整，逐渐认同或接受了异文化的阶段。到了这个阶段，生活逐渐步入正轨，人们学会了按照异文化的种种规则来生活，变得越来越像“本地人”。心理上的焦虑和失落逐渐平复，心理也变得正常起来。

当适应异文化的人们结束跨文化之旅回到自己的故土时，新的文化休克又会出现，仍要经历蜜月期、沮丧期、调整期、适应期这样一个过程，才能逐渐地回到原有文化之中，这种现象被称为“重返原文化休克”。不过，这个返回的过程对多数回到原有文化的人来说较为短暂。美国女作家赛珍珠（Pearl Buck，1892—1973，见图 8-12）从小在中国长大，在中国生活近 40 年，是文化休克及重返原文化休克的体验者：“我在一个双重世界长大——一个是父母的美国人长老会世界、一个小而干净的白人世界，另一个是忠实可爱的中国人世界，两者间隔着一堵墙。在中国人世界里，我说话、做事、吃饭都和中国人一个样，思想感情也与其息息相通；

图 8-12 赛珍珠

身处美国人世界时，我就关上了通向另一世界的门。”①

文化休克与人们文化意识的强弱有关。在幼儿身上，文化休克一般不会出现，因为本民族文化对他而言也很陌生。文化休克在成年人中表现得比较强烈，甚至人到暮年，内心仍有一个解不开的文化之结。原来的文化烙印还在，新的文化又在不停打上新的烙印，被两种文化夹击的人需要很长的时间去磨合，这一磨合的过程甚至持续终身。所以，20 世纪 90 年代的中国电视剧《北京人在纽约》中有一句台词："如果你爱他，就把他送到纽约去；如果你恨他，就把他送到纽约去。"

文化休克的程度还与人们对异文化的了解程度、在异文化中生活时间的长短以及文化心态等因素有关。

二、跨文化传播的其他障碍

除文化休克之外，跨文化传播障碍还包括以下几个方面。

（一）认为别人看问题的方式与自己一样

在跨文化传播中，人们因缺乏对异文化的敏感度而下意识地认为别人看问题的方式与自己一样，按照自身文化的价值观、信仰、模式、风俗等规范去要求别人，当所期望的事没有发生时，就会形成传播障碍，让人产生挫败感。美国跨文化传播学者斯道蒂（Craig Storti，1947— ）在他的著作《跨越文化的艺术》（见图 8－13）中描述了这种认识过程：期望对方与自己一样—实际情况并非如此—现实与预期落差很大、引起文化冲突—感到愤怒、恐惧—决定退缩。② 这种认识误区是造成跨文化传播障碍的首要因素。

"人与人一样"这一预设是不可能的。跨文化传播并不像一个人对着镜子微笑，会同样得到微笑的回报。例如，微笑是一种常见的交际符号，在公共场合一般并不具有特别的含义；而在某些场合，如果无缘无故对他人微笑，就有被误解的可能。若想消除这种障碍，要培养对文化差别的敏感意识，换位思考、"感同身受"，从而在跨文化传播过程中形成较为开放和包容的心态。

跨文化传播学者布拉德福德·霍尔（Bradford J. Hall）谈到一个实例：一个加拿大人竞聘日本某学校的一个英语教师职位，他在简历中写上了他在中学、大学时担任过学生会领导，曾经是运动健将，取得了很多成绩，有很强的文化接受能力等。推荐他的美国教师认为写得很好，但日本教师们看了简历后对他的评价是"骄傲""这个人太自以为是""学校怎么能用这么不谦虚的人"。幸好这位新教师到任后的表

① 赛珍珠. 我的中国世界［M］. 长沙：湖南文艺出版社，1991：9.

② STORTI C. The art of crossing cultures ［M］. Yarmouth：Intercultural press，1990：49.

图 8-13　斯道蒂的《跨越文化的艺术》英文版封面

现很好，才最终消除了日本教师由于文化差异而对他产生的认识偏差。[①]

（二）文化刻板印象

刻板印象（stereotype）是社会认知的一类，指人们先入为主，对某个社会群体、事物、人物的一种简单而固定的看法。传播学先驱李普曼就此写道："多数情况下我们并非先理解后定义，而是先定义后理解。在庞杂喧闹的外部世界，我们会优先认出自己的文化里已经定义的事物，然后又倾向于按照文化业已在自己脑海中设定好的刻板印象去理解这些事物。"[②] 比如说法国人浪漫、犹太人精明、英国人绅士、德国人严谨等，便属于这类给定的结论。中国学者梁漱溟（1893—1988）也总结了中国人的性格特征："自私自利、勤俭、爱讲礼貌、和平文弱、知足自得、守旧、马虎、坚韧及残忍、韧性与弹性、圆熟老道。"[③] 这些显然不能扩展到具体种族的具体人身上，但又非完全没有根据。有时，这种刻板印象还在文学作品中被夸张地表现出来，并通过在社会中更广泛的传播而进一步强化。

在网络普及之前，对于他国的印象往往是通过文学获得的。而文学的传播常常会形成并助长社会中既有的刻板印象。这种影响往往是在交织着文学和文化传播的历史中逐渐形成的。

比如，在欧洲视野中，东方人常常被描述成"神秘的"。对于东方中国，意大利

---

① 霍尔．跨越文化障碍［M］．麻争旗，赵靳秋，张开，等译．北京：北京广播学院出版社，2003：113－114.

② 李普曼．舆论［M］．常江，肖寒，译．北京：北京大学出版社，2018：67.

③ 梁漱溟．中国文化要义［M］．北京：学林出版社，1987：323.

探险家马可·波罗在 13 世纪的旅行日志《马可·波罗游记》影响深远。尽管它并不完全是一部小说，但其在文学和文化上的影响力巨大，成为欧洲对“神秘东方”的早期描绘之一。其中关于神秘的财富、奇异的习俗的描述传递了一种“神秘东方”富裕而不可思议的感觉。他所描述的“异国他乡”的种种奇异现象，推动了欧洲对东方的幻想与刻板印象。

引起这种刻板印象的文学作品并不限于特定作者。如《一千零一夜》并非欧洲作者创作，但它通过叙述多种带有奇幻色彩的故事，建立了“神秘东方”的印象。它在欧洲的传播，形成了西方人对东方的刻板印象——充满魔力、危险与异域情调。在 19 世纪文学，尤其是英国和法国文学中，东方（特别是中国、印度和阿拉伯世界）常常被描绘为神秘、奢华、暴力、堕落的地方。西方作家常通过描绘一个神秘、残酷且不可预测的东方，来突显自己文化的“理性”和“秩序”。这一刻板印象在文学作品中被放大，导致欧洲读者对东方产生了误解，认为东方是无法理解、无法驾驭的异域。这一刻板印象不仅基于当时的殖民扩张，还受到东方哲学和宗教的复杂性的影响。

这种刻板印象与社会文化有着密切关联，并且相互作用。比如，19 世纪美国文学中的“懒惰和贪婪的黑人”这一刻板印象与当时美国实行的奴隶制相互呼应。在这些文学作品中，黑人被描绘成懒惰、贪婪、暴力的群体，许多作品用这些刻板印象来为奴隶制辩护，并强调白人社会的“优越性”。在许多作品中，黑人被描绘成需要白人引导或控制的“儿童”，其文化往往被简化为暴力、顺从或缺乏理性。甚至在一些较为进步的作品中，这种影响依然存在。例如，在马克·吐温的作品《哈克贝利·费恩历险记》中，吉姆是一个黑人奴隶，他被描绘为感性且忠诚的。然而，也有许多评论指出，尽管吉姆是主人公的朋友，但其形象仍然受到了“奴性”的束缚，这种依赖和顺从的特质成了刻板印象的一部分。这种刻板印象通常是通过将黑人描绘为“天生的奴隶”或不具备领导能力的群体来强化的。

刻板印象形成的过程本身，即概念形成的过程，符合人从“具体到一般”的认知规律。刻板印象来自社会个体的经验，比如通过自身与某个群体的亲身接触，对他们进行概括而形成的经验认识。如果相当多的人都有类似的共同经验，便会产生关于某一种族具有某种特点的认识。刻板印象是一种有效的思维方式，它为人们提供了一种认知的简化形式。面对纷繁复杂的外部世界，人们不可能也没有必要“事事亲为”，以获得认识。在这个意义上，刻板印象是不可或缺的。

但刻板印象毕竟是对社会事物的一种简略的概括，它仅局限于认知对象的总体特征，忽略了很多真实情形以及个体特征。虽然刻板印象不会完全一成不变，但具有较强的稳定性和情绪化特征，一经形成就很难根本改变。在跨文化传播中，刻板印象使人们戴着“有色眼镜”去看待传播对象的文化属性，忽略了其文化中其他更多的具体情况。只凭借刻板印象看待外部世界，就可能产生偏见和歧视，甚至导致缺乏理性依据的偏执。

当传播双方各自以刻板印象互相交流时，不同文化间的冲突就很容易产生。要避免刻板印象的消极因素对跨文化传播的影响，就要努力了解对方的文化，以一种“求同存异”的心态理解、包容、尊重异文化与母文化之间的差异；通过比较，有意识地培养对异文化的敏感度，承认差异的合理存在，不以“一统”的心态去感知世界；确立“每一次跨文化传播都是一次新的沟通”的意识。

（三）文化中心主义

文化中心主义是一种普遍现象，英国历史学家汤因比（Arnold Toynbee，1889—1975）从生理的角度对其进行了解释：“当人注视宇宙时，他对宇宙的奥秘不过是投以一瞥，而且这甚至可能是不可靠的。人类观察者不得不从他本人所在的空间某一点和时间某一点上选择一个方向，这样他必定是以自我为中心的，这是成为人的一部分代价。因此他的观点必然是片面的、主观的。”社会领域的其他中心主义实际上都是自我中心主义的投射和延伸。文化中心主义就是把自己所属的文化作为文化的中心，并作为评价其他文化的参照系和标准，用以衡量异文化价值观的优劣高下。文化中心主义往往会无意识地流露，想当然地认为本文化的价值观、社会规范等更正确、更合乎情理。

在跨文化传播中，文化中心主义有各种表现，例如对异文化不屑一顾、缺乏对异文化的敏感度、不与异文化的人交往甚至敌视他们等等。

文化中心主义若走向极端，可能催生出种族歧视、民族歧视，甚至演变成狂热的“爱国”沙文主义。如果事情发展到这个程度，就不是简单的文化交流的冲突，而容易造成惨绝人寰的种族屠戮。二战时期，德国法西斯对犹太种族灭绝式的迫害和清洗就是明证。

对文化中心主义的消解有利于消除跨文化传播的障碍，于是产生了文化相对主义。文化相对主义尊重文化的多样性，强调各种文化的和平共处，认为各民族文化都是在特定的自然环境和社会环境下形成的，每一种文化都有其存在的合理性和必然性，不存在“放之四海而皆准”的文化价值标准，特定文化的成员也没有权利对异文化指手画脚。美国文化人类学家赫斯科维茨（Melville Herskovits，1895—1963）说：“文化相对主义的核心是尊重差别并要求相互尊重的一种社会训练。它强调多种生活方式的价值，这种强调以寻求理解与和谐共处为目的，而不去评判甚至摧毁那些与自己原有文化不相吻合的东西。”①

坚持文化相对主义有利于树立平等、宽容的传播品质，使跨文化传播得以长久地发展和持续。

跨文化传播的障碍不限于上述几个方面，比如文化赖以形成的自然环境和社会环境也会对跨文化传播造成影响。除了自然的障碍，传播政策也是非常大的障碍，不同的政策会带来不同的效果。

---

① HERSKOVITS M J. Cultural relativism：perspectives in cultural pluralism［M］. New York：Random House，1972：32.

三、跨文化传播的冲突

（一）跨文化传播冲突的主要类型

布拉德福德·霍尔将跨文化传播中发生冲突的主要表现归结为三大类型。

1. 客体冲突

由具体的事件、问题引发的跨文化传播冲突被归纳为“客体冲突”。这类冲突的特点是围绕着客体发生有意无意的分歧和误解，在同一个事物或问题上，不同的文化得出不同的结论。

1967年，一家日美合资公司在日本出售树脂聚合物产品。日本顾客投诉产品有轻微的味道。起初，美方不重视这个问题——一来日本市场尚不够大，二来他们觉得味道对产品性能没有妨碍。随着日本顾客抵制产品，危机形成。客体问题是“产品卖不出去”，是什么原因造成了这个问题？日美双方的看法有着不同文化背景。日本人注重细节，美国人注重实用。所以日本人认为产品卖不出去是因为有异味，要改进配方；美国人则从销售管理方面找原因，提议建立新的管理结构，即聘用全职的经理人。最后是日方的意见被采纳，毕竟产品的市场在日本，但美方并非没有一定的道理。①

2. 关系冲突

“关系冲突”是指人们的行为对彼此的不同意义。跨文化的关系冲突主要表现为冲突各方在各自的文化框架内对权利、责任的不同认识，而这些认识是确立人的身份关系的基础。

例如，中国清代统治者以“天朝上国”自居，外国来使觐见皇帝必须行跪拜礼。1792年英国派马戛尔尼出使中国，发生了一次觐见礼仪之争。跪还是不跪？此事引发的争吵持续了几十年（历经乾隆、嘉庆、道光、咸丰、同治五朝）。最后清政府妥协，宣布公使觐见时不行跪拜礼，改为鞠躬礼（见图8-14）。

这种关系冲突更多的是发生在人与人之间。一位在太平洋法属岛屿工作的女人类学家回国后又返回该岛时，送给那里的邻居、一位对她提供了很多帮助的老太太一块漂亮的布料。她写道：“对我来说，送一件礼物没有什么可奇怪的，我们几乎天天都有礼物往来。可我绝没有想到老人会以那样的方式接受我的礼物：她把布扔到一边，然后开始朝我大声叫喊，其中的大意是‘为什么送东西？是因为你给我讲过传统吗？是因为你做的芋头被我吃了吗？’等等。她接着举出了一连串她为我做的事，问我为什么送她一件用不着的礼物。我回到房子里，差点掉下眼泪。我费了好多心思，千里迢迢带来的礼物竟被丢弃一边。我到底有什么错？过了一会儿，我去

---

① HAMADA T. American enterprise in Japan［M］. Albany：State University of New York Press，1991：122，203.

图 8-14　同治皇帝接见使臣

资料来源：赵省伟．西洋镜：法国画报记录的晚清 1846—1885［M］．张霞，李小玉，译．广州：广东人民出版社，2018：387.

见她的女儿。她在母亲那里看见了那块布，她问我她母亲是不是朝我大喊大叫。没等我回答，她说其实没关系，还说她母亲很喜欢那块布，下个礼拜她肯定会围着它去教堂。”这位学者后来才明白，在当地送一件特别的礼物会给人一种高人一等的印象，而那位老太太一直是她的老师，冲她大喊大叫，是为了提醒一下她做过的好事，拿出一副礼物无所谓、只是为了让送礼人高兴才接受的姿态，通过这些，老太太要重建她们之间的关系。而这位学者有责任接受这样的反应来维护她们已有的关系。①

由于文化背景不同，对一方来说，采用这种方式来维护某种关系是颇为特殊的，而对另一方来说，这可能属于常规做法。较为普遍的关系冲突，主要表现为跨文化传播中的人与人之间在对某种文化的理解上存在差异，由此引发误解性的冲突。

3. 权重冲突

权重冲突主要是指不同的文化相遇时关于道德判断的冲突。所谓“权重”，在这里即在遇到具体问题时，把什么置于重要的位置。显然，在不同文化背景下，人们对于同一件事情的看法常常相左。

1999 年，英属维尔京群岛遭遇飓风袭击，医疗救援队赶去救治受伤的人，医生宣布对重伤员和重病人优先治疗，但是很多受了重伤的年轻人就是不肯先接受治疗，非要一对只是受到惊吓的老夫妻先进医疗帐篷不可，结果双方发生冲突。直到一位在美国上大学的当地人从中做了说明，冲突才平息。原来在当地老人十分受尊敬，按规矩应该老人优先，关键时刻年轻人优先于老年人的行为是极端失礼的。医疗救援队顺应了当地的文化，才取得了满意的救援效果。②

---

① CARROLL R. Cultural misunderstandings［M］. Chicago：University of Chicago Press，1988：7-8.

② 霍尔．跨越文化障碍［M］．麻争旗，赵靳秋，张开，等译．北京：北京广播学院出版社，2003：206-207.

以上三种冲突不是截然分离的，客体冲突中会有关系冲突的因素，客体冲突和关系冲突中也会存在权重冲突的因素。在具体的冲突表现上，常常会有假象，容易使人看不清楚问题的实质。

（二）解决跨文化传播冲突的基本思路

个人间的跨文化传播，只要懂得文化休克的道理，在思想上有所准备，突破个人间的传播障碍还是不难的。但对于不同民族、种族、宗教、国家间的跨文化传播，则需要调整整体认识，以利于己方与外界的和谐沟通。

面对冲突，中断传播显然是不可取的，应该增进彼此了解、想办法解决冲突，让跨文化传播继续下去。解决冲突，首先要承认对方及对方观念的存在，不做是与非的绝对判断。其次，把问题具体化。一些冲突集中在抽象的概念上，其实可以暂时撇开概念的冲突，把文化差异的问题暂时搁置，回到讨论具体问题上来。最后，表明关心对方的诚意。尤其是在冲突发生以后，有必要设法表达这种诚意，以便跨文化传播得以继续。

跨文化传播的目的不在于为某一种文化谋求霸权地位，而在于各种文化的和谐相处和沟通。世界文化与发展委员会在《文化多样性与人类全面发展》中指出："文化全球化的过程并非为一个国家所控制——既非美国，也非'西方'或'北方'国家。来自孟买、里约热内卢、瓦加杜古、首尔的文学、艺术和音乐，与来自纽约、伦敦、利物浦和巴黎的艺术一样流行于世界。"①

第四节　加强国际传播能力，传播好中国声音

国际传播是跨文化传播中的一个具体门类，是主要以国别为单位的跨越性传播。广义的国际传播包括一切跨越国界的传播活动，包括以国家为主体的国与国之间的外交往来与合作，也包括以公民及群体组织为主体的跨国媒介交流活动。而狭义的国际传播仅仅指后者。这其中，国际传播又分为由内向外和由外向内的传播活动。长期以来，我国积极接收国际信息，同时传播中国声音，促进国际交流与沟通，但面对新时代的新情况，对由内向外的国际传播能力建设也有了新要求。

一、"三新"的要求和"三结合"的国际传播创新路径

2013年8月19日，习近平总书记在全国宣传思想工作会议上发表讲话，他指出："我们往往有理说不出，或者说了传不开。这个问题要下大气力加以解决。""要

---

① 联合国教科文组织，世界文化与发展委员会．文化多样性与人类全面发展：世界文化与发展委员会报告［M］．张玉国，译．广州：广东人民出版社，2006.

着力推进国际传播能力建设，创新对外宣传方式，加强话语体系建设，着力打造融通中外的新概念新范畴新表述，讲好中国故事，传播好中国声音，增强在国际上的话语权。”[①] 习近平总书记提出打造“三新”的要求，其重要性在于，它是“讲好中国故事”的前提，没有新的思路，所讲的故事只能沿袭陈旧的思路。

2015 年 5 月 4 日，习近平总书记就人民日报海外版创刊 30 周年做出批示，对如何讲好中国故事做了第一次具体阐释。他要求该报“总结经验、发挥优势、锐意创新，用海外读者乐于接受的方式、易于理解的语言，讲述好中国故事，传播好中国声音，努力成为增信释疑、凝心聚力的桥梁纽带”[②]。也就是说，国际传播的创新在于“用海外读者乐于接受的方式、易于理解的语言，讲述好中国故事”。

2016 年 2 月 19 日下午，习近平总书记在党的新闻舆论工作座谈会上再次论证了国际传播工作，再次提出了“三新”要求，并解答了如何实现“三新”的思路。他说：“讲故事，是国际传播的最佳方式……要创新对外话语表达方式，研究国外不同受众的习惯和特点，采用融通中外的概念、范畴、表述，把我们想讲的和外国受众想听的结合起来，把‘陈情’和‘说理’结合起来，把‘自己讲’和‘别人讲’结合起来，使故事更多为国际社会和海外受众所认同。”[③] 在这里，习近平总书记用“三结合”概括了国际传播创新的基本经验路径，而“融通中外的新概念新范畴新表述”，则需要体现在与不同历史传统、文化风俗、宗教背景的国家、民族的交往中。

2018 年 8 月 21 日，习近平总书记再次指出：“向世界展现真实、立体、全面的中国”；“把握大势、区分对象、精准施策，主动宣介新时代中国特色社会主义思想，主动讲好中国共产党治国理政的故事、中国人民奋斗圆梦的故事、中国坚持和平发展合作共赢的故事，让世界更好了解中国”[④]。

2021 年 5 月 31 日，中共中央政治局就加强我国国际传播能力建设进行第三十次集体学习，习近平总书记要求：“加强国际传播的理论研究，掌握国际传播的规律，构建对外话语体系，提高传播艺术。要采用贴近不同区域、不同国家、不同群体受众的精准传播方式，推进中国故事和中国声音的全球化表达、区域化表达、分众化表达，增强国际传播的亲和力和实效性。”“着力提高国际传播影响力、中华文化感召力、中国形象亲和力、中国话语说服力、国际舆论引导力。”“要注重把握好基调，既开放自信也谦逊谦和，努力塑造可信、可爱、可敬的中国形象。”在这次讲话中，习近平总书记再次提出“打造融通中外的新概念、新范畴、新表述”[⑤]。

2022 年 10 月，习近平总书记在中国共产党第二十次全国代表大会上的报告中

---

① 习近平．习近平在全国宣传思想工作会议上强调：胸怀大局把握大势着眼大事 努力把宣传思想工作做得更好［N］．人民日报，2013－08－21.

② 习近平就人民日报海外版创刊 30 周年作出重要批示：用海外乐于接受方式易于理解语言努力做增信释疑凝心聚力桥梁纽带［N］．人民日报，2015－05－22（01）.

③ 中共中央文献研究室．习近平关于社会主义文化建设论述摘编［M］．北京：中央文献出版社，2017：212－213.

④ 习近平．习近平谈治国理政：第 3 卷［M］．北京：外文出版社，2020：312，314.

⑤ 习近平．习近平谈治国理政：第 4 卷［M］．北京：外文出版社，2022：318，316，317.

提出："加强国际传播能力建设，全面提升国际传播效能，形成同我国综合国力和国际地位相匹配的国际话语权。深化文明交流互鉴，推动中华文化更好走向世界。"2024年7月，党的二十届三中全会通过的《中共中央关于进一步全面深化改革 推进中国式现代化的决定》提出："构建更有效力的国际传播体系。推进国际传播格局重构，深化主流媒体国际传播机制改革创新，加快构建多渠道、立体式对外传播格局。加快构建中国话语和中国叙事体系，全面提升国际传播效能。建设全球文明倡议践行机制。推动走出去、请进来管理便利化，扩大国际人文交流合作。"

国际传播是国家战略，也是全球化的大势所趋，在未来较长一段时间都将是传播学的重要议题。尤其要注意的是，国际传播本身并不是单纯的国家意志的传播，而是多渠道的复杂行为。2023年11月，习近平主席在美国友好团体联合欢迎宴会上发表演讲，强调"中美关系的希望在人民，基础在民间，未来在青年"。2025年年初，美国"TikTok难民潮"[①] 展现了民间交流的活力和未来国际传播的新动向，值得研究思考。

中国的国际传播，在较长时期内将外国受众视为"宣传对象"，"以我为主"的单向传播成为基本的传播模式。这种以传者为中心的传播思路忽视"他者"文化需求的背景，传播效果不尽如人意。20世纪80年代初，国家外文局的一位外国专家曾谈到，内容完全相同的《人民画报》有15种文字版本，这是不可思议的。[②] 现在对外的新闻、出版、影视、文艺，已经有了很大改进，但同一版本多种文字的现象尚没有根本改变，没有考虑中国以外的世界是一个文化极为多样的世界。

在跨文化交流中，每个国家都有独特的文化。要想克服文化差异，最大限度地实现传播效果，就需要因地、因时制宜。首先要了解所面对的交流对象，理解他们的信息需求和表达习惯是什么，然后再根据自身的传播需求与目的，缩短对方"想听"和我方"想说"之间的距离。唯有开放、包容、共享、多赢，尊重各地区和各国人民的愿望和选择，才能在世界上得到各国人民发自内心的尊重。

二、如何讲好中国故事

习近平总书记在二十届中央政治局第九次集体学习时强调："要讲好中华民族故事，大力宣介中华民族共同体意识。要大力宣传中华民族的历史，大力宣传中华民族共同体理论，大力宣传新时代党的民族工作取得的历史性成就，大力宣传中华民族同世界各国人民携手构建人类命运共同体的美好愿景。"这一重要论述贯通历史与现实、理论与实践，融通古今中外，为新时代讲好中华民族共同体故事指明了方向。

---

① TikTok公司于当地时间2025年1月18日晚通知美国用户，由于美国官方禁令自2025年1月19日起生效，TikTok软件暂时对用户停止服务。美国TikTok用户在短时间内大量迁移至其他社交软件，其中中国社交软件"小红书"是这批用户迁移的主要目的地。这些小红书新用户纷纷自称"TikTok难民"。

② 钟馨．中国对外传播受众观的转变［J］．新闻前哨，2010（3）．

在国际传播实践中，需要注意以下几点。

（一）量体裁衣，选对主题：外国人想听什么？

跨文化传播追求不同民族和国度受众认知和态度的改变，但传播效果只能以受众准确理解传播意义为前提。对于中国当下的国际传播目标而言，应该首先做到意义共享，这是一个从了解到理解，再从理解到认可的动态构建过程。“了解”是对接收到的信息能够有效解码；“理解”是解码后能够获得与传播者大致相同的意义解读；“认可”是对解码后的意义持基本接受的态度。只有实现意义的共享，才能产生进一步的传播效果。在跨文化传播中，实现意义共享是相对的，关键是要找到实现共享意义的路径。

在跨文化传播中，文化与意识形态相差巨大，同一符号到了对方那里，解码后的认知有时会南辕北辙，如中国的集体主义可能会被西方受众解读为压制个性；诸如“父母在，不远游”“卧冰求鲤”等中国的孝道观点和故事会使外国人不解。如果忽视外国受众的关注点和他们的文化与意识形态，中国的国际传播会因为“供需不对路”而收效甚微。

改革开放后的中国，其现代化的进程让外国人惊叹，中国历史变革中蕴藏着无数极具冲突与戏剧性的故事。但我们对这些故事没有深入挖掘，很少将中国故事较好地向国际传播，甚至有时还造成题材外流。譬如，迪士尼影业将目光投向了中国历史典故木兰从军，将这一故事拍成了古装动作电影《花木兰》；而《功夫熊猫》以熊猫和中国功夫为元素，唤起了中国观众的民族认同感，但同时也宣扬了美国的价值观念。

想办法尽可能扩展跨文化传播的共通意义空间，将文字符号转换为双方更容易接受的视觉符号、图像符号是一种可行的路径。2013 年在中国出版的漫画书《从小李到老李：一个中国人的一生》（法文版 2010 年出版，见图 8－15）是一个集中体现视觉符号这一人类共享符号的跨文化传播案例。这本书之所以获得了成功，首先是在媒介选择上找到了一个很好的切入口：连环画。因为法国和较多欧洲国家有悠久的连环画阅读传统和坚实的受众基础，以这种载体形式向欧洲读者讲述中国的故事，在载体上与受众兴趣相符。其次，它采用法国漫画家欧励行（Philippe Ôtié，1964—　）以西方人的视角看中国的路径，帮助作者李昆武选择中国人生活中西方人感兴趣的部分。这就应了习近平总书记所说，把我们想讲的和外国受众想听的结合起来。

尽管每个民族或国家的政治、经济、文化存在巨大差异，但是，人类基本的情感认同却很相似，如正义、善良、仁爱等。因而跨文化传播应该是一个“求同存异”的过程，可以绕开“文化折扣”的阻碍，寻求人类共同情感引起的共鸣，缩小文化产品的心理接受距离，削弱传播实践中可能出现的偏见和误解。正如电影《刮痧》的导演郑晓龙所说：“各种文化在表面上虽然千差万别，但当涉及人本身、人本性，比如亲情、家庭层面时，则是相通的。”①

---

① 郑晓龙．从《刮痧》寻找人类的家园［J］．中国电影报，2001（3）．

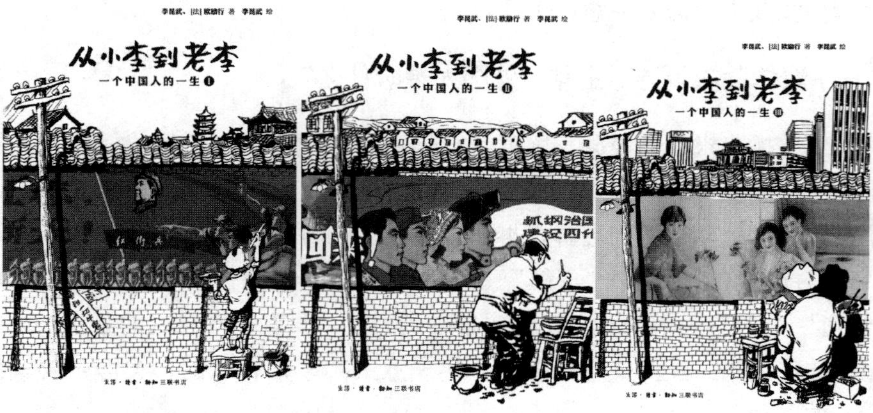

图 8－15　《从小李到老李：一个中国人的一生》中文版三册封面

相比于我们构想的西方人猎奇、抠伤疤的心理，欧励行在调研中发现，欧洲受众更感兴趣的是“中国是怎样成长的”。这正应了接受美学的理论，即读者并非进行被动的消费，而是显示赞同或拒绝。他们在消费作品之前，由于原有的经验、兴趣、素养和理想，对作品会有潜在的审美期待，当文本与他们的“期待视野”契合时，才会获得认可。正如接受美学研究者伊瑟尔在《读者作为小说结构的重要部分》一文中所说的：“在文学作品的写作过程当中，作者头脑里始终有一个‘隐形的读者’，写作过程便是向这个隐形的读者叙述故事和对话的过程。”①

（二）中国故事，国际表达

斯图亚特·霍尔讲过：“意义生产依靠于诠释的实践，而诠释依靠我们积极地使用符码，将事物编入符码，以及靠另一端的人对意义进行翻译或者解码来完成。”②因此，中国的国际传播要减少不同语境中我方“编码”的障碍，就得考虑对方受众的文化背景和思维习惯，将“中国故事”讲述成“包含中国元素的国际故事”。

要避免急于求成，给足耐心和舆论铺垫。国务院新闻办公室原主任赵启正说过，与外国人说中国的事情，大的方面如中国的社会进步、经济发展、文化传统、城乡面貌和环境保护等情况，小的方面如中国人的衣、食、住、行，婚、丧、嫁、娶，等等，他们都会听得津津有味，就好像接受了主人随手从自己果园中摘下的苹果。可是，有的人往往喜欢把原生态的苹果加工成果酱、果脯或果干，甚至为了简捷高效，只把苹果中的维生素 C 提炼出来送给客人。③ 这样就把现实中丰富多彩的生动故事，变成了单调的数字和政治结论；把中国优秀的文化变成“中国文化博大精深”“历史上下五千年”几句话。与其如此，还不如让外国人直观地了解“原汁原味”的中国。

---

① 郭宏安，章国锋，王逢振．二十世纪西方文论研究［M］．北京：中国社会科学出版社，1997：333.

② HALL S. Representation：cultural representation and signifying practices［M］．New York：Sage，2002：62.

③ 王更喜．向世界说明中国：赵启正对外传播理念述要［J］．运城学院学报，2011（3）：6.

《从小李到老李：一个中国人的一生》选择一个普通人的成长和生活作为切入点，叙事“草根化”，描述一个普通人的亲情、友情、爱情……其中包括对人性的悲悯、对愚昧的反思、对故乡的眷恋、对国家的期盼等等。这种叙事方式注重表达人类共通的情感和价值，不是简单化的国家主旋律宣传，而是建构普通的民主话语，从而引发不同文化背景下观众的共鸣。一位德国老人说，在书里他看到了他自己，“虽然在讲一个中国故事，但却让人想到了自己的生活”①。

中国故事进入“国际表达”的路径可以有以下的思路：

（1）对接，即通过挑选合适的话题，找到双方共同的关注点。例如赵启正、帕罗合著的《江边对话》，2016 年 BBC 播出的纪录片《中华的故事》……

（2）嫁接，即把中华文化的碎片镶嵌到外国故事的大框架里。例如新闻报道《梅根与中医》，通过报道英国王妃梅根使用中医疗法，介绍了中国的传统医学。

（3）重构，即按照对方的话语方式，装进我方的内容。例如 2000 年李安导演的电影《卧虎藏龙》，荣获第 73 届奥斯卡金像奖最佳外语片奖等 4 项大奖。

（4）融构，即综合双方的话语和故事，创造新的话语共同体。例如 2008 年史蒂芬森和奥斯本导演的电影《功夫熊猫》。

多一些具体的说明，少一些抽象的概念；多一些人文色彩，少一些政治煽情：这是中国对外传播需要谨记的。

（三）避免刻意打扮，要平衡、客观、细腻

我们常说“正面宣传为主”。“正面宣传为主”不是说只能讲正面，不能讲负面，关键要处理好主流和支流、全局和局部、成就和问题的关系，把握好平衡。我国的国际传播较长时间内受制于片面理解“正面宣传为主”，于是养成一种习惯：给外人看时，特别是给外国人看时，太想把自己打扮得漂漂亮亮的。这种裹挟着政治意识形态和官方色彩的传播，往往造成国外受众的“对抗性解读”，不仅没能向外国受众呈现正面形象，反而成为人家批评的靶子。追求百分之百地传播中国正面形象，必然造成刻意避讳缺陷与不足，这种传播思维导向下的国际传播是难以取信于国外受众的。

2016 年 2 月 19 日上午，习近平总书记视察中央电视台，与对外传播记者进行连线，“希望他们客观、真实、全面介绍中国经济社会发展情况，讲好中国故事”②。

漫画书《从小李到老李：一个中国人的一生》，大到时代背景中的历史事件，小到人物生活中的柴米油盐，绘者不试图宣传，也不试图辩解，只是通过真实细腻的笔触，再现云南的风土人情和普通中国人的生活，获得了极大的成功。这本书的出版形式是“非官方”的，使得欧洲受众绕过心理排斥的“官方”，看到了一个普通中

---

① 昆明漫画家自传作品记录 50 年时代烙印［EB/OL］.（2013－10－30）［2024－02－25］. http：//www. ynradio. com/index/2013－10/30/cms146814article. shtml.

② “与党和人民同呼吸，与时代共进步”：习近平总书记主持召开党的新闻舆论工作座谈会并到人民日报社、新华社、中央电视台调研侧记［N］. 人民日报，2016－02－21（01）.

国老百姓呈现的中国。在外国人眼里，中国原来很穷，怎么一夜之间就成了世界经济实力较强的国家？这些解答、评判，书里都有所涉及，但没有结论，也没有宣传。“历史会晤”国际漫画大奖的评委，曾为《从小李到老李：一个中国人的一生》的政治意识形态发生争论，最终一致认为，绘者没有批判也没有赞颂，而是真实地呈现了在那个年代一个普通中国人的真实经历和感受。政治只是所有故事中的元素之一，而不是宣传。“我只是讲述自己的亲身经历和故事”①，绘者和编剧尽可能将镜头放低，聚焦普通中国人的衣食住行和喜怒哀乐，再现历史原貌。因而，它成功地让具有不同政治意识形态、宗教信仰的人都接受了它。

其实外国的国际传播也很注意这个问题。例如法国国际电视五台的工作指南就是“去民族化”和“去区域化”，以适应不同的受众。其前任台长多次谈道：“我们要使用国际性的语言……我们要警惕，节目中的每一个词、每一个分析，都有可能被误解。”②

（四）接长中国国际传播的“短板”

中国的对外传播的“短板”有以下几点：

（1）强调基于国家利益的现实政治（realpolitik）较多且有规模，但忽视基于共同福祉的观念政治（noopolitik）的传播。这类传播需要耐心和毅力，是奠定中国良好国际形象的传播基础。2021—2023年，国家主席习近平先后提出的“三大倡议”——2021年提出的“全球发展倡议”、2022年提出的“全球安全倡议”、2023年提出的“全球文明倡议”便属于基于共同福祉的观念政治传播。

（2）中国政府主导国际传播的规模效应，这本身没问题，但主要以单音模式呈现，忽视了民间和社区参与国际传播的配合作用。

（3）中国对外传播中的短期性政策宣传很多，且大多是后端阐释，忽视中国事务的前端介入，忽视长效性的战略传播，即让我方的议题设置成为对方的。而后者，才是中国对外传播形成“以我为主”议题格局的基础。

（4）有时候不能坦诚面对质疑和批评。不是任何指出我方问题的言论或报道都要严正驳斥。这类报道有不客观的，也有客观的。对一般性的质疑或批评性的报道，回应要坦诚。温和的语言力量胜过雄辩。例如有一次记者问：“据报道，某国的电脑遭受的黑客攻击来自中国，中方对此有何评论？”一种回答是：“一些人将有关黑客攻击与中国相联系，完全是无中生有、别有用心的。希望这些人放弃偏见，停止无端攻击中国的错误言行。”这样的驳斥不严谨且有害，让人觉得中国方面不坦诚。另一种表态就显得很有智慧：“黑客攻击是国际性问题，中国也是黑客袭击的受害者。中国政府反对和严禁任何网络犯罪行为，在这方面我们有严格的法律法规，我们愿

---

① 从小李到老李：一个漫画家的私人生活史［N］．新京报，2013-10-21.

② 雷霏．法国对“法语世界”的传播策略解析：以TV5MONDE电视台为例［J］．国际新闻界，2010（10）：93-98.

与各国在共同打击网络犯罪方面加强合作。”这样的表态容易让人接受。

（五）国际传播的垂直体系与水平体系间的协作

信息传播的渠道和方式影响着受众对话语的理解和接受程度，有关中国故事和国家形象的传播同样如此。目前新媒体传播系统中“官博”“官微”的引领作用，是一种垂直体系的传播体系。新媒体传播的扁平化特征和匿名性，使得信息的可信度降低。官媒及时供给正规而权威的声音，满足公众对真实信息的需求，可以为非官媒的众多新媒体的国际传播提供引导。问题在于官媒如何转型到新媒体传播。

水平体系包括两方面的理解。一是中国主流媒体与国际主流媒体的对接，要研究国外媒体在什么情况下会将中国媒体作为信源采纳。2021 年有关云南大象的国际报道中，较多国际知名媒体援引中央电视台、中国国际电视台、新华社、《环球时报》、云南省林业和草原局和云南省森林消防总队的消息作为信源，展示了中国对生态文明的重视和保护。这一国际传播现象值得我们关注。二是自媒体间的国际水平传播。近几年，越来越多的公众通过自媒体进行生活展示和评论互动，包括诸多国外的社会生活与风土人情。本国、本民族的故事是由无数个人的故事聚合起来的，向国外公众讲述贴近生活的诸多生动的中国社会生活的故事，是构建和传播立体国家形象的有效方式。

国际传播必须懂得国际形象的美学回归，可信、可爱、可敬的中国形象有赖于情-理并重的新媒体国际传播。情感共鸣源于故事的吸引力和感染力，而后者与审美的认同和归属息息相关。美学价值和情感共鸣是不同文化背景受众的共同取向，中国美学在塑造中国形象方面有独特的资源，可以为中国故事的国际传播赢得情感支持。2021 年轰动世界的中国河南郑州歌舞剧院的舞蹈《唐宫夜宴》（原名《唐俑》，见图 8－16）和河南广播电视台的歌舞《洛神水赋》（原名《祈》）便是成功的案例。

图 8－16　《唐宫夜宴》演出剧照

资料来源：《唐宫夜宴》演出剧照［EB/OL］.（2021－02－22）［2024－02－25］. https：//baijiahao.baidu. com/s?id＝1692385659770125423&wfr＝spider&for＝pc.

《唐宫夜宴》的创作灵感来自1959年河南安阳张盛墓出土的13件隋代乐舞俑。《洛神水赋》再现了曹植名篇《洛神赋》。它们没有停留在介绍、解说的层面，而是选取传统文化的标识性元素，运用现代媒介技术对其进行“集成重装”，因而取得了“破圈”的传播效果，在海外社交媒体上掀起了“国潮风”。联合国教科文组织官方微博转发视频并配文“翩若惊鸿，婉若游龙，荣曜秋菊，华茂春松。髣髴兮若轻云之蔽月，飘飖兮若流风之回雪”。外交部新闻发言人在推特①账号上转发视频，赞叹“美源于创造力”。YouTube平台上，相关视频的累计播放量达百万次。

当下短视频已经成为各类文化、文明传播的交汇点，受到全世界青年一代的欢迎。它的优势在于用户可以自主生产和选择信息，并进行即时的交流互动。2021年9月中国日报网和大连外国语大学联合发布的《2020—2021年度中华文化国际传播十大案例》中，有一半案例与短视频传播有关。根据近年的经验，在中国国家形象的国际传播过程中可以适时、适量地推出“网红”，使流量流向有益于国家形象构建。

要点思考

1. 简述对文化的四点把握。
2. 简述霍夫斯泰德提出的衡量价值观的四个文化维度。
3. 简述高语境文化和低语境文化的内涵。
4. 简述东西方两个文化系统的宏观差异。
5. 简述“萨丕尔-沃尔夫假说”。
6. 简述奥伯格的“文化休克”概念。
7. 理解并说明文化中心主义。
8. 简述跨文化冲突的三大类型以及解决冲突的三点思路。
9. 简述国际传播的“三新”要求。
10. 简述国际传播的“三结合”创新路径。

① 推特（Twitter）已于2023年7月更名为X。

第九章
传播的控制

传播的控制是一个相当复杂的行为，涉及方方面面的传播主体以及各种传播手段。社会的运转中总会发生对传播行为和内容的控制，不论是自然而然的控制，还是外在的法治控制或组织内控制、内在的道德控制，可以说，任何传播都存在着控制的因素，即使是自我传播，传播主体也面临内心自我表达什么和隐藏什么以及如何表达的选择。

第一节　把关人理论：从大众传播到互联网

大众传播的社会控制指社会上的各种因素和力量对大众传播实施的控制。它有两个层面：第一层是大众传播媒介及其传播者对信息生产、加工和流通的干预和影响；第二层是外在政治、经济、法律、文化压力对大众传播媒介及传播者的控制和影响。显然，第一层是内部控制，第二层是外部控制。

一、传统媒体的把关人

把关人无处不在，把关人的存在也标示着传播控制的遍在性。

在传播学中，较早提出把关人（gatekeeper）概念的是美籍德裔心理学家库尔特·莱文（见图 9-1）。1943 年，他在艾奥瓦大学研究战时家庭主妇购买食物的习惯，在《食物习惯背后的力量和改变的方法》一文中提出了“把关人”的概念。他认为，在社会群体的传播活动中，信息的流动是在一些含有“门区”的渠道里进行的，在这些渠道中，根据公正的规则或者是把关人的标准，信息被决定是否可以进入渠道或继续在渠道里流动。1947 年，他在《群体生活的渠道》一文中重申了这一观点，认为“信息的传播网络中布满了把关人”，同时他还对大众传播中新闻活动的“守门行为”和“守门人”做了研究。

图 9-1　库尔特·莱文

1950年，莱文的学生、波士顿大学新闻学院教授戴维·怀特对美国一家小报的一位通讯编辑的工作进行了为期一周的个案调查，发表了《“把关人”：一个新闻选择的个案研究》一文，提出了“把关人”的思想。怀特发现，该报编辑在调查的那一周共接收了11 910条通讯稿，但只选用了1 297条，采纳率不足11%。[①] 那么，通讯稿中90%的稿件被编辑淘汰的原因是什么呢？怀特询问值班编辑，得知有两个理由：(1) 不值得发表（占被淘汰稿件的40%左右）；(2) 已选登其他稿件（占被淘汰稿件的60%左右）。在“不值得发表”的具体理由中，有许多为主观理由，如编辑认为“没有趣味”“写得枯燥、含糊”“不好”等，显然对于这些稿件来说，除了受报纸版面和新闻时效性的影响外，编辑选择的一个重要标准就是个人的喜好和情绪。在这里，编辑作为把关人的作用得到显现。

其实不仅是新闻传播，在文学作品的问世中，我们也会发现很多知名作家在成名前，其作品可能会被编辑退稿。比如美国长篇小说《笨蛋联盟》多次被退稿，甚至导致作者约翰·图尔自杀，但最后该书获得了1981年普利策小说奖。劳伦斯的《查泰莱夫人的情人》、惠特曼的《草叶集》、福楼拜的《包法利夫人》也曾遭遇过退稿。

1966年，美国记者和传播学者斯尼德（Paul. B. Snider，1924—1990）对怀特调查过的该报进行了与怀特几乎完全一样的调查，他的结论是：“通讯稿服务社和把关人在工作中都更加注重‘平衡’。”[②] 但总体结果与17年前相差不大。

不过，怀特把选择和判断的标准单纯归结为编辑个人的主观价值判断，显然忽略了传媒的所有者、传媒组织本身和更大的社会背景对新闻传播的影响。美国传播学者麦克内利（John T. McNelly，1923—2003）纠正了怀特把关模式的这一缺陷，他在1959年发表的文章《国际新闻流动中的中介传播者》中指出，在整个信息流通过程中，存在着一条由许多关口组成的把关链，不同的把关人对经过他们的大量信息一层一层地加以筛选，这些把关人包括编辑，也包括记者甚至最初的接收者，所以最重要的把关行为可能在新闻抵达报纸编辑之前就已彻底完成。他也进一步补充了怀特提出的编辑对稿件的选择和拒绝，认为把关行为还包括改变新闻报道的形式和内容，并且把关行为并不随着新闻媒介的结束而结束，因为最初的接收人经常在将消息传给其他人之前充当把关人。

麦克内利的新闻流动模式也有缺陷，他把每个把关人及其作用都等同起来，认为每个关口都是处于同一层次上的，不分主次，这显然与现实不符。关于这一点，美国新闻学者巴斯（Abraham Z. Bass，1940—2018）在1969年发表的论文《重新定义守门人概念》中提出了“双重行动模式”。在巴斯看来，信息流通中的把关环节固然很多，但关键的把关人是传媒组织。他指出，传播媒介的把关活动分为前后相

---

① 黄旦．传者图像：新闻专业主义的建构与消解［M］．上海：复旦大学出版社，2005：176.

② 斯尼德．回访把关人：1966年对1949年案例的再研究［M］// 博伊德-巴雷特，纽博尔德．媒介研究的进路．汪凯，刘晓红，译．北京：新华出版社，2004：352.

连的两个阶段或两个步骤，即他所说的“双重行动”。其中的第一阶段是新闻采集，这里的把关人主要是记者，记者不会有闻必录，而会对材料进行取舍和加工。第二阶段是记者交稿后的新闻加工，这里的把关人主要以编辑为代表。这一阶段的把关活动（编辑）比第一阶段的把关活动（采写）更具有决定性意义。经过新闻传媒组织程序中的双重把关之后，一幅人工参与的现实图景便呈现在受众眼前，这幅图景同世界的本来面貌并不完全一致，就像传播学者李金铨写的：“大众媒介中的大部分音讯从来源地到目的地，都是历尽沧桑，而失去了本来面目的。任何一个大众传播组织都没有办法避免守门人的干扰；所以没有一家大众传播媒介——不管报道网如何普遍，设备如何完美，态度如何真诚——有办法把世界的本来面目十分准确地表现出来。”①

图 9-2　约翰·加尔通

关于把关的标准，挪威社会学家加尔通（Johan Galtung，1930—2024，见图 9-2）和玛丽·鲁格（Mari Holmboe Ruge，1934—　）在 1965 年 3 月发表于《和平研究杂志》上的文章《外国新闻的结构》中提出了选择性把关模式，对怀特的个人价值判断的把关论进行了补充。他们认为，有若干因素影响着信息是否进入下一个阶段（即被看中），包括：时间跨度（time span）、强度或阈限价值（intensity or threshold value）、明晰程度（clarity）、文化相近程度（culture proximity）、一致性（consonance）、出乎意料程度（unexpectedness）、连续性（continuity）、构成/组合性（composition）、社会文化价值观念（socicultural value）。这些内容，基本上就是新闻选择的标准（新闻价值）。即刚刚发生（发现）的、强刺激或好接近的、清晰的、文化上相近的、与自身和谐一致的、新奇的、具有故事连续性的、组合性强的、社会文化价值观念接近的信息，有可能通过把关。

影响把关人选择与否的标准远不止这 9 点，还包括后文涉及的政治和法律因素、经济因素、技术因素，它们对把关人选择行为的影响更为广泛和深远。

二、传媒组织内部的惯性控制

1955 年，美国社会学家沃伦·布里德（Warren Breed，1915—1999）为了研究报社内部的官僚机构和实际流程，对美国几十家报纸、120 名报业工作人员进行了调查，并在当年 5 月的《社会力》杂志上发表文章《新闻编辑部的社会控制》，提出

① 李金铨．大众传播理论［M］．台北：三民书局，1984：29.

了“制度化状况”（institutionalized statuses）或“结构角色”（structural roles）的概念，也被称为“潜网理论”。

布里德发现，一定社会环境中的传媒编辑部，一方面要确保传媒组织的宗旨和规范得到贯彻，另一方面要防止初出茅庐者对传媒组织规则的破坏。这类控制往往是一种潜移默化、不易察觉的过程，刚踏入新闻界的年轻记者可能无所顾忌、敢冲敢闯，但最终会受到编辑部内无形的惯例控制，变得同老记者一样循规蹈矩，将自己逐渐融入“制度化状况”或“结构角色”之中。记者要了解编辑的要求，而消息最后是否被采用，还要由主编或者负责人决定，有些甚至要由该传媒的决策机构来决定。

这是一种传媒组织内部运作的无形控制网络，又是特定社会环境中更大范围的社会控制体系的折射。社会控制体系有些是有形的（行政管理和司法行为），有些是无形的（道德与信仰，如国家或民族的文化传统、宗教规条），传媒是这一体系的组成部分，同时也受到这一体系有意无意的制约，以维护社会秩序，保持社会价值观念的大体一致。

这也是传媒组织运作过程中的一套潜规则。通过阅读自己所在媒体的内容，可以知道什么可能上头版；通过受到的训斥和赞美、通过从同事那里获得的各种经验、通过非正式的新闻稿件的讨论、通过内部刊物和工作信件、通过观察总编们的行为及倾听他们的评论等方式，新人知道自己该做什么、不该做什么以及该如何做。

布里德发现，遵循潜规则的具体原因有若干项：具有责任心理和对上级的尊重；期望与直接上司保持良好工作关系；具有上进野心；没有其他外部的精神支持；向往团队工作的良好状态；新闻专业精神至上的心理。当媒体内部士气高涨的时候，几乎没有人会违背潜规则。传媒内部的这种控制机制在不同政治体制下表现的形式有很大的差异。发达国家传媒内部的控制通常是软性的、间接的。

马克思主义政党的出版物，要遵循党纲、党章、党的策略决议，这也是一种内部的无形控制。即使党的约束的外在形式没有了，还有党的意识的自觉约束。1852年，共产主义者同盟因遭到破坏而宣布解散，但马克思仍然将与他和恩格斯经常联系的人群视为精神上的“党”。1859年，德国工人运动领导人拉萨尔（Ferdinand Lassalle，1825—1864）计划就当时的政治形势出版一本小册子，而他与马克思的认识并不一致。马克思就此致信他说：“形势可能不久又要面临危机。在这种情况下，我们党内应当在两者中择其一：要么任何人在同别人商量之前，均不得代表党讲话；要么人人都有权发表自己的意见，而不管其他人。当然，后一种方法不值得推荐，因为在人数这样少的党内进行公开辩论（希望党通过自身的活力来弥补其数量上的不足）绝对是不利的。”①

列宁谈到马克思主义工人政党出版物遵循的原则（即出版物的党性）时写道：

---

① 马克思．马克思致斐迪南·拉萨尔（1859年11月22日）[M] // 马克思恩格斯全集：第50卷．2版．北京：人民出版社，2021：655.

“结社也应当有充分的自由。为了言论自由，我应该给你完全的权利让你随心所欲地叫喊、扯谎和写作。但是，为了结社的自由，你必须给我权利同那些说这说那的人结成联盟或者分手。党是自愿的联盟，假如它不清洗那些宣传反党观点的党员，它就不可避免地会瓦解，首先在思想上瓦解，然后在物质上瓦解。确定党的观点和反党观点的界限的，是党纲，是党的策略决议和党章……党内的思想自由和批评自由永远不会使我们忘记人们有结合成叫做党的自由团体的自由。”[①] 这里他谈的便是党组织内部对党的出版物指导思想的控制问题。

三、网络时代的传播把关

把关人理论在发展中不断融合学界的新见解，因而关于大众传播模式下的把关行为，现在已经有了较为充分的论述。在互联网时代，传播形态或模式的变化带来了把关主体和把关手段的变化，传统的把关人理论受到挑战。

在网络传播条件下，“把关”成为全民行为，把关权分散了，除了传统媒体各层的把关人，网站编辑、网络平台管理方以及网民个人都是不同层面的把关人。网民成为把关权的最大瓜分者。

在大众传播时代，传播者因为拥有信息和传递信息的渠道，所以才有可能成为把关人，而受众基本上无法成为把关人。互联网传播是以个人通信为基础发展起来的巨大传播体系，网民成为网上信息的最大传播者，他们自然成为自己所掌握的信息的把关人、加工者和发布者。分散在不同地点的网民可以不经批准而发布信息，如果有一定的共同目标的话，还会在网上形成一种“围墙坍塌效应”：此前，作为“门卫”的大众传媒守在院子门口，进入院子的人都要经过门卫的把关方可进入。现在原有的围墙坍塌了，门卫还守护在院子门口，但过往行人可以从院子四周进入院子。开放的网络平台是围墙坍塌后的巨大无比的交流空间，虽然传统媒体组织依然履行着把关职能，但与它并无直接关联的网民可以不经传统媒体，从坍塌的围墙处涌入，成为传统媒体组织之外的大而庞杂的另一社会新闻源。于是人人都可以是记者。“泛记者”分散在社会各个阶层，他们是具有不同知识结构、不同文化背景，掌握不同信息的网民个体，社会信息传播的把关行为重心，由传统媒体组织逐渐转移到网民个体及微组织（网民自发形成的小型联合体）。当然，从新闻等信息获取的途径和资源层面考虑，传统媒体比普通受众有更为丰富而方便的信息来源。传统媒体基于职业性的资源积累和获取通路的便利，在有较广社会影响力的重要话题上仍然保持着重要的把关人身份，决定着普通受众接受某一信息的时间和内容。

网上的把关行为比较复杂。网民个体和微组织的流动性，使把关个体和微组织不断出现新的融合。每一次阅读、转发和编辑，都是网民在使用自己的信息把关能力，当网民个人的把关行为叠加到一定程度后，就形成了协同把关。个体把关人和

---

① 列宁．列宁全集：第12卷［M］．2版（增订版）．北京：人民出版社，2017：95－96．

微组织构成有意无意的联合行为，通常按照某种意图（标准）对信息进行交叉印证，去粗取精，去伪存真，这样整合后的信息可能会接近于真实，形成一个信息层面的“优胜劣汰”。在新闻传播中，一个人提供的信息是微小的、不可靠的，作用很微弱，但若很多人的信息和意见整合到一起，就会形成一种全面、立体的信息。网民间的互相纠偏、复合印证以及网络所呈现的结构性的信息提纯能力（所谓“无影灯效应”），让微内容、微价值的力量聚合壮大。当然，经过多人加工处理的内容也可能会变成一种“完善的假信息”。这种假信息往往有极大的传播面，经多人多次反复传播，这种极广的传播范围使其自带一定的说服力，因此社会危害性更强。

有传播的地方就有控制，对细碎事务的传播与控制，似乎网民可以参与一些，但网络传播的控制权仍主要在资本企业或政府权力机构手中。例如 2021 年 1 月，美国第 45 任总统特朗普的个人推特账号因“煽动暴力”被推特公司封停。2022 年 11 月，该账号又被解封，恢复使用。封停账号的行为本身就是一种对言论的控制，一封一解之间足以窥得言论的把控权力重心落在何处。网络世界信息的控制和审查愈发隐蔽，在“自由”的表皮下变得愈发不可察觉。网络平台对传播的管理手段也是多样化和多角度的，部分社交媒体上发布的文字信息及图片会由技术手段提前进行审查，从源头上切断不良信息传播的可能。2004 年中国教育部和共青团中央制定了《关于进一步加强高等学校校园网络管理工作的意见》，提出推进高校 BBS 实名化工作。随后，中国通过进一步的政策规范，实现了互联网实名制，旨在减少网上不良信息，促进网民对网络行为负责。对内容主题相对集中的敏感内容，相关部门还会以专项治理的方式在某一时间段对相关内容进行集中的管理，部分内容甚至会被永久下架。对网络信息的治理与审查，也不可避免地出现部分问题。如实名制造成的个人信息泄露、言论受限等。因此，网络信息的控制与管理，是多方长期协调的结果。

与传统媒体信息发布的流程相比，网络传播流程更为快捷，在删帖或查封之前，相当多信息已被传播出去。互联网的无限链接原理，也使得对网络传播内容的控制和审查充满了不可预测性。把关人或组织作为传播主体发生了变化，外延扩展了，手段也丰富了，但传播中的把关现象始终是存在的。

第二节　传播的五种自然控制情形

一个人张口说话之前，其实大脑在控制着他说什么和不说什么，这是传播的一种自然控制。在人际传播中，何时聊天，在哪儿聊天，聊什么，以怎样的话语或方式来聊，都要经过每个参与传播者的大脑，这便是一种泛化的自然把关。

大众传播和综合了各种传播形态的网络传播中的当事人，面对无限丰富的世界，对于报道什么或不报道什么，说什么与不说什么，即使没有任何外在的刚性要求，也需要经过自己的判断和选择。对职业新闻工作者而言，选择是这一职业的工作程序。有选择，就要有标准，于是传媒的职业控制由此而生。这类控制在一定意义上也是自然的，但时间久了则会转变为职业规范上对传播内容和形式的一种把关。

一、选择的控制

选择是任何传播都不能避免的一种自然控制。在大众传播中，选择是主要工作环节之一。社会中发生的很多事件可能含有多种意义，记者只能依据情境和自身的观察，选取一种或不多的几种来制作新闻文本。因而，选择对事件的再现格外重要。例如，以色列与巴勒斯坦对本区域内冲突事件的历史背景的陈述，经常大相径庭。以色列媒体强调犹太人历史上的失国之痛和建国的艰辛，而巴勒斯坦媒体强调巴勒斯坦人流离失所之苦。对同一事件的报道，由于选择的背景和解释不同，就会建构出不同的意义，出现关于同一事件的很多不同的报道版本。有的学者因而强调："新闻框架概念中最重要的部分，就在于了解新闻媒体为何选择某个特殊内容且选择的比重如何。"①

有选择就有遗漏，选择了 A，也就意味着对所有非 A 的遗漏。遗漏（或排除）与选择是相辅相成的。在大众传播中，对特定事实有意无意的忽略和排除，反映了传播者或有意或无意的意图。在大众传播中，遗漏什么和选择什么同样重要。

二、时间的控制

以传媒的重要产品新闻为例，它要求传播的时效性，被选择加以报道的事实，除了要具备新闻价值外，还要符合传媒运作的时空限制要求。新闻媒体的周期性传播给新闻选择带来了时间上的压力：发生在截稿时间之后的事实，至少在发布之时无缘得到传播；而发生在截稿之前很短时间内的事实，即使有较大的新闻价值，也会被打折扣地采用，甚至因为时间紧迫不能被采用。在此意义上，新闻依时间而生存，任何社会事件要转化为被人们报道的新闻，都要适应媒体运作的周期时效，虽然这很不合理，因为很多事件的发生是不以人的意志为转移的，但无论如何，职业新闻传播中的时间，对新闻传播形成了一种自然的控制。

网络传播的随时和同步性质，终于打破了时间对大众传播的这种自然控制。但是，人是网络的控制者，人是有昼夜活动规律的，因而时间仍然会或多或少地对网上信息的传播产生影响，夜间发生的事实随时被呈现的时效不如白天同类事实被处理的时效快。

---

① 臧国仁，钟蔚文，黄懿慧．新闻媒体与公共关系（消息来源）互动［M］//陈韬文．大众传播与市场经济．香港：炉锋学会，1997.

三、材料组合框架的控制

在选择了具体事实以后，随之而来的是对事实素材的组合，以建构适合媒体传播的新闻文本。同样的事实内容，通过不同的组合方式所表达的意义有时会有较大差异。如在新闻文本中，新闻记者习惯将某些素材置于新闻报道内容的首段（新闻导语），编辑则总得将某些重要新闻置于报纸的头版头条或广电新闻节目的首条，这是传媒必要的工作程序。但让受众特别注意并记忆这些信息本身，便是一种对传播的控制。

长期的大众传播实践已经形成了一系列组合事实素材的业务规范，这些规范有利于传播者工作的迅速开展，同时也不可避免地形成某种不言而喻的控制，并进而为各种利益主体所运用，形成固定的新闻框架。

图 9-3 欧文・戈夫曼

框架研究（framing research）由英国社会学家格雷戈里・贝特森（Gregory Bateson，1904—1980）、美国社会学家欧文・戈夫曼（Erving Goffman，1922—1982，见图 9-3）引入文化社会学，而后再被引入大众传播研究，成为质化研究中的一个重要观点。框架包含了选择和凸显，即把认为需要的材料挑选出来，在报道中特别处理，以体现意义解释、归因推论、道德评估以及处理方式的建议。社会对于特定议题会有不同的诠释框架，而传媒则是各种框架出现的场域。不同立场、位置的行动者对情境与议题有不同的解释，拥有话语权者掌握着对事件的形塑权力。某种框架被选取，也就基本决定了事件意义的解释方式和内容。

有学者研究了《人民日报》与《纽约时报》关于 1980 年美国迈阿密种族动乱的报道，发现两家报纸因为不同的材料组合而产生了完全不同的意义框架。[①]《人民日报》的报道段落安排大致符合事件发生发展的顺序：首先是黑人受害者遭殴打致死，而后是被交付审判的白人警察无罪释放，由此引发黑人暴动，最后是警察与国民兵出动。在如此段落安排下，《人民日报》的报道以"警察无罪释放导致抗议示威"的标题联结事件因果。这是消息的"时间顺序结构"，虽然较为清晰，但场面的轰动性可能会有所损失。《纽约时报》的报道则以黑人暴动的结果与发生背景为导语，接着叙述警方发言人的评论；然后报道四名警察被交付判决，法庭审判，以及暴动的细节；最后是检察官的评论、黑人受害者如何遭袭击致死，以及审判细节。这种将暴乱、审判场景先行

---

① CHUNG，TSANG. News frame reconsidered［C］. Paper presented at the AEJMC convention，Kansas City，MO，1993.

报道，以及将各方当事人的评论来回穿插叙述的编排方式，将原生态的事实适当打乱，造成了不连续的时间序列，迫使读者扫描新闻事件的一个场面或仅阅读导语，具体细节生动，可视性强，但同时弱化了事件之间的因果关系，使读者无法与新闻文本深入互动。

四、话语符号的控制

媒体的新闻对事实的选择与组合，还体现在新闻文本制作者对话语符号的运用上。新闻文本是一种语言现象，被报道的事实并非完全原生态，而是一种由语言建构的符号真实。新闻工作者的符号组合设计与受众的个人记忆及意义建构行为互动，从而产生符号意义。虽然存在互动，但这些符号的选择权被掌握在传播者手中。

新闻话语的结构以及文本制作过程中的遣词造句、修辞、语体色彩、语境等，都会通过选择与组合获得特定的含义。在对争议事件的报道中，媒体会使用具有褒贬色彩的词汇来指称事件中的行动者，这些带有明显倾向的词汇所强调或忽略的部分均有特殊语言意涵，并非自然发生，而是文本制作者有意无意通过对文字、画面的选择与组织，来传递其认知的重点，推动受众朝自己意图传递的意义方向去理解。

新闻文本经常使用主动词态或语态以表示语气强弱或对事件、过程及参与者的安排，从而凸显或忽略某些方面。有学者对一则西印度洋群岛人在伦敦举行狂欢节的新闻报道进行句法分析，发现主动句和被动句的使用方式可以用来隐晦地反映传媒的态度。如果警方等权力当局是负面行为的实施者，那么这些传媒就以被动的命题短语（“由警方”）来表现，或者以无施动者的句子结构（“许多示威者受伤”）来表现，以此淡化或回避警方等权力当局在负面行为中的责任。① 对话语符号的运用，在相当程度上是当事人无意中进行的，因为当事人自身养成的文化和观念体系会使其对具体事件持有某种潜在认识。若这时还有外在的意图指令，就从传播的自然控制转为社会控制了。

五、接收信息过程中主体对信息的无形控制

现代认知心理学研究表明，人类的行为不能被简单视为对外部刺激的纯粹的被动反应，其中存在主体的选择、加工。怎样对外界信息进行处理，与主体的认知结构密切相关。“人对于世界的表征并非必然与世界的真实本质完全相同。外来的信息受到人们已有的过去经验的影响，被抽象地甚至可能是歪曲地储存在人的记忆系统之中。”② 在这个意义上，具体传播者的认知结构，也会对传播的信息产生一种控制，这种控制的程度因传播者在传播中所处的位置而有所不同。

---

① 迪克．作为话语的新闻［M］．曾庆香，译．北京：华夏出版社，2003：83－84.

② 杨鑫辉．西方心理学名著提要［M］．南昌：江西人民出版社，2005：509.

从个体的层面看，传播的内容是个人选择、解释、强调或组织外在事物的过程，随后形成的信息作品（如新闻）实际上是这个人选择社会事件的某些成分与排除其他成分的结果。美国报刊专栏作家李普曼就此种情形在《舆论》一书中肯定了刻板印象在人认知世界时的积极作用，因为这有利于每个人方便而快捷地感知世界。“由于我们要从零开始并细致入微地观察和认识所有事物，却又由于精力不济或生活繁忙而无法将其归入各种类型中去……由于我们时常迫切地需要在认知过程中节省精力，于是便很难在认知的过程中全然抛却刻板印象。离开了刻板印象，我们的生活将寸步难行。”① 这种对刻板印象的认知，与认识世界要克服刻板印象的要求恰好相反，因为谈论的角度不同。刻板印象是一种知觉形式，它塑造了人们心目中的图景，协助处理无法直接经验的世界，但也在无形中形成了对事物理解的控制。

传播者在长期工作中形成并得到内化的认知结构，在其中起到了无形的控制作用，在选择事件、选择报道角度和背景材料时（这时他又是外界信息的接收者），习惯以其认知结构中的惯用方式进行，符合其原有思考模式的被选择和突出，凡是与原有思考模式不符合的部分通常不被选取或不被重视，有时甚至完全被忽略。

就职业传媒工作而言，选择与组合是传媒产品生产的一种职业性控制方式，一则新闻得以发表，是传播者选择与组合的结果，代表了传媒或具体工作者观察事物的方式或观点。这种选择与组合的基础有一部分来自具体工作者的个人心理状态或经验，还有一部分肇因于新闻组织的规范和更宏观的传播政策。

第三节　传播的社会控制方式

“社会控制”作为社会学的一个概念，最早由美国社会科学家爱德华·罗斯（Edward Ross，1866—1951，见图 9－4）提出。芝加哥学派的罗伯特·帕克发展了这一概念的内涵。他认为，一切社会问题都是社会控制的问题。从人与社会的双向运动过程看，社会控制使社会成员不偏离行为规范，保证社会的正常运转。而社会控制的重要手段便是对传播的控制。

图 9－4　爱德华·罗斯

控制论的主要论点之一，即任何系统的发展都会由于主客观因素的影响而偏离预期设定的目标，要使其有序，就要通过获得信息反馈来进行调整。所以在经验-功能主义的传播学学派中，“反馈”这一概念相当重要。从早期的观众来信到受众市场调查，再到现在的网络舆

① 李普曼．舆论［M］．常江，肖寒，译．北京：北京大学出版社，2018：72－73.

情调查，政治利益集团和商业机构对其都极为重视，因为只有掌握了这些，才能对信息的传播进行有效控制，进而达到政治目的或商业目的。控制是有效的，但也是有限的。一味地强调控制或许能够获得短期的效果，但给社会以及政府公信力带来的却可能是难以估量的损失。

下面就社会控制信息传播的各方面，做一般化的阐述。

一、政治控制

政治控制集中地体现在权力组织（诸如政府、议会、法院、执政党和其他拥有社会权力的组织）对各种传播方式、路径的行政或党务管理上。管理的手段种类繁多，如给予倾向权力组织的传播者提供内幕新闻的优惠或特权，反之则做出种种限制和处罚；又如直接或变相地资助某一传播机构，在传播渠道和信源方面给予方便，反之则堵塞信息渠道，征收高额保证金和知识税（这种方式主要发生在19世纪）。最严厉的政治控制是宣布终止宪法赋予公民的言论出版自由权利，军事政变当局通常采用这种专制的控制手段，并以暴力对违反者加以严惩和清除。

政治控制的常规方式是制定法律和颁布法规、行政规章。法律的控制是一种刚性控制，与传播特别是大众传播有关的法律目前主要涉及以下几个方面：（1）表达自由和新闻自由；（2）信息公开和保护国家安全；（3）禁止淫秽与色情；（4）新闻传播活动与公民、法人的人格权（包括名誉权、隐私权等）；（5）著作权；（6）新闻传播业的行政管理（包括报纸、期刊、广播、电视、电影、互联网新闻传播的管理）；（7）广告管理；（8）传媒产业的管理。在我国，随着改革开放和民主法治建设的完善，涉及传媒侵犯公民权益的新闻纠纷呈增多趋势，体现了法律控制对传媒与社会的调整。

由于法律法规的不同，以及每个国家的文化传统的差异，这种控制的表现形式也是多样化的。例如美国宪法第一修正案规定了保障公民的表达自由权，因此在2003年伊拉克战争期间，美国政府只能对主要传媒施加影响以营造支持政府的舆论，而不能直接禁止反战观点的传播，反战的示威游行也是自由的，所以有大量的反战意见出现在众多传媒上。但在对传媒的宏观控制方面，当权者对形势是有基本估计的。

而在法西斯国家，情形就很不一样。意大利处于墨索里尼（Benito Mussolini，1883—1945）的法西斯党统治期间，政府曾颁布所谓的“新闻记者登记法”，规定“凡不对法西斯效忠者，均不得从事新闻事业”[①]。此外，从地方到中央成立了法西斯记者公会，从组织上系统地控制新闻工作者。意大利报纸还须经常接受内政部新闻管理处的工作指示，并且为保证言论一致，一个地区只允许有一种报纸。[②] 二战时期的德国法西斯政府也是这样。“人民教育与宣传部”部长戈培尔（Paul Joseph Goebbels，1897—1945）建立了一套极为严格的管理思想领域的制度，把思想领域（包括新闻、

---

① 李瞻．世界新闻史［M］．台北：三民书局，1983：431－432.

② 同①432.

广播、电视、戏剧、电影、书籍、展览会等领域）完全置于宣传部的控制之下。1933年10月，他颁布了所谓的“写作领导法”，所有新闻作品都被概括为“由国家……管理的公开出版发行物”。新闻工作者成为“类似国家公务员的、与政府有密切关系的职业”，新闻工作者不被允许发表不符合政府意志的言论，新闻工作者及其配偶甚至必须具有雅利安人种的证明书。①

鉴于以上历史教训，我们要警惕通过法律形式实行的专制统治，努力实现法治。“法制”作为名词，即法律制度的简称，这是中性概念；但作为动词，它的英文对应词组是 rule by law，即通过法律进行统治，主语是统治者。法制带有制定者任性的性质，在中国历史上并不缺乏，秦朝的时候就有了。秦始皇制定了很多法律，而且想怎么变动就怎么变动，虽然国家形式上有法，但那个法就是他说的话，只不过相对固定、成文而已。而“法治”的概念，英文对应词组是 rule of law，指用法来治理政治，“法”在这里是主体的所有格，即依法而不是依具体政治领导人的主观意志办事，法治社会不会由于领导人的更迭而轻易改变法律制度。法治是一种稳定的社会状态，隐含所有人都在法的治理之下的意思。“法治”是“人治”的对立面，反对社会政治中的个人独裁，强调人民主权和法律治理。它以法律来防止“人存政举，人亡政息”的发生；它主张法律面前人人平等，反对法律之外和法律之上的特权。“法制”则不具备这种特性，可能出现“人治底下的法制”。

在关于传播的法律中，“保守国家秘密”是一个通例。每个国家出于自身的安全和利益，都把保守国家秘密视为维护国家安全的重要方面，例如英国有《官方保密法》，《法国刑法典》有关于泄露国家秘密罪的规定，中国有《中华人民共和国保守国家秘密法》等。

在战争时期，政府通常是实行新闻管制的主体。1991年第一次海湾战争期间，美国国防部对新闻报道制定了一系列规则，这些规则包括：不许对海湾作战人员进行即时或不做记录的采访，不许拍摄士兵“痛苦或极度震惊的”影像，不许造成“会极大损害军人形象的印象”等。这些规则均要求记者签字遵守，并发给每名记者一份基本规则表，违反规则的记者将受到相应的惩罚。试图混到作战部队中的记者一经发现，就会被宪兵逮捕并拘留。对记者进行管制和监督的主要是军方的公共事务部门。战争期间部队的伤亡情况，完全由军方提供。记者报道团的成员进行采访时，都要有军方的公共事务军官陪同（见图 9－5），其新闻稿件须当场接受检查。海湾战争中，大多数新闻稿件被批准发出，但不少稿件遭到有意无意的拖延，从而失去了发表的意义。从这些规定看，美国的战时新闻管制有两条原则：一是处理好与新闻界的关系，以争取舆论的支持；二是限制记者的行动，既保证作战行动的安全，又消除舆论对战争的不利影响。

政治控制还体现在对传播的间接操控上。政府部门因控制着社会的重要资源而成为大众传媒的重要信源，因此，操纵新闻发布、控制消息来源就成为一种常见的政府

---

① 魏岷．戈培尔传［M］．长春：时代文艺出版社，2003：153.

控制新闻传媒的手段。政府通过新闻发布会、记者招待会、吹风会这些软性调控手段，控制着较大的公关网络，从而控制着公务信息，无形中引导了舆论。有的国家的政客熟谙新闻传播的特征，将其转化为控制新闻的手段。例如，安排“有时间性的人为制造的事件”。又如，如果不想让媒体大张旗鼓地报道，就延迟至周五晚间发布消息，让记者没有充分的时间和机会采访求证，因而使公众较易接受发布方的观点。在截稿时间的压力下，记者不得不依赖消息来源，造成报道的肤浅或片面。反之，则在白天稍早发布消息，以方便记者多方收集材料进行深入报道，从而扩大议题的影响力。

图 9－5　伊拉克战争时期受到限制的中国记者采访美军

资料来源：唐师曾．WalkieTalkie，我是 IDF［EB/OL］．［2024－02－25］．https：//mp. weixin. qq. com/s/KVgSkp2pJFMY0AtoERgiAQ.

二、经济控制

在市场经济条件下，谁拥有传媒，谁就有话语权，有传播什么和不传播什么的决定权。经济控制的关键是传媒的所有权。目前世界上对传媒所有权的控制一般分为三类：第一类是公营体制，即某些传媒被确认为公共财产。欧洲一些国家的部分广播电视台为公营体制，这类体制的代表公司是英国的 BBC。公营是指社会所有，公营并不等于国营。第二类是商业体制，即传媒民营的体制。美国和拉丁美洲国家（除了古巴）的传媒绝大多数为民营体制。欧洲的平面传媒也均为民营体制；电子传媒则公营、民营并存。第三类是国营体制，即传媒为政府所有，政府的财政拨款为传媒的主要经济来源。苏联的传媒、我国现在党的各级机关报刊和中央政府直接管理的媒体，以及发达国家极少数的对外广播电台，属于这类体制。

对传播的经济控制主要表现为资本控制。一些经济实力雄厚的跨国资本看准了大众传播媒体带来的巨大利润，以资本作为杠杆掌控大众传播。起家于澳大利亚的跨国公司新闻集团董事长鲁伯特·默多克（Keith Rupert Murdoch，1931—　，见图 9－6）说：“政策由我来定，编辑可以提出建议，但最后还是我说了算。”① 这典型地显露出

① 端木义万．美国传媒文化［M］．北京：北京大学出版社，2001：57.

资本对传媒的强大控制力。

图 9-6　鲁伯特·默多克

广告收入目前仍然是传媒的主要经济来源。基于这个缘故，传媒传播的内容中，一些并不重要但却有利于广告商的信息可能会被有意放大，而不利于广告商的信息则被无声无息地抹掉，这与大众传播从业准则，诸如客观、公正、平衡等是相悖的，但也是新闻传播活动中常见的现象。美国学者阿特休尔（J. Herbert Altschull，1924—2009）就此指出，经济控制对传媒是有害的。传媒若为私人谋利，就会丧失自由。“在商业形式中，新闻传媒内容反映广告商及其商业伙伴的思想观点，这些人常常本身就是新闻传媒的所有者和出版商。甚至在计划经济中，一些商业影响仍然有所表现（尽管这种影响只是通过间接的途径产生）。在利益关系形式里，新闻传媒的内容反映金融企业、政党、宗教团体或追求特殊目标的其他各类组织的利益。在非正式形式中，新闻传媒的内容则以反映亲朋好友的利益为目的，他们或者直接提供资金，或者运用他们的影响来确保人们能聆听到吹笛手演奏的乐曲。”①

三、文化控制

文化是特定社会集体意识的表征，经由世代积累传承而成，对于社会个体来讲具有先赋性，人和社会无不浸润于特定的文化传统中。文化因此是一种规范力量，实施着控制功能。就传播过程而言，文化是大众传播活动的情境因素。传播的意义除了符号本身确定的意义之外，更多的意义来自特定情境。而作为承载意义的符号，传播文本本身亦是文化的产物。因此，文化作为人类的“胎记”，对传播形成了潜在而强大的社会控制。

文化的宽泛导致对传播的文化控制分析也显得极为复杂。在此，我们仅在道德层面上阐述文化对传播的控制。

媒介组织通过制定规范以及内部的奖惩措施，来维持社会道德与传媒行动之间的

① 阿特休尔．权力的媒介［M］．黄煜，裘志康，译．北京：华夏出版社，1989：287.

平衡。新闻职业规范对行业内和跨行业的个人（如自由撰稿人）具有一定的约束力，但远没有法律、法规、行政规章那样具有强制力，它需要内化为传播者的自觉意识和行为准则。

传媒的职业道德和工作规范的内容，受制于不同国家的不同政治制度和文化背景，但还是具有一些共通的原则。例如，法治国家的传媒职业道德通常包括：维护新闻自由，具有独立精神；献身正义、人道，为公共利益服务；恪守新闻报道真实、客观、公正、平衡等职业工作标准；为新闻来源保密；不诽谤、侮辱他人；拒绝收取馈赠以及其他各种影响客观报道的酬谢；不参与商业和广告活动。

世界上许多国家建立了新闻评议会，作为传媒职业道德的评判机构（社会组织），它可以对违规的当事人和传媒进行行业内的裁定和惩罚。较早建立这类机构的国家是瑞典。二战以后，各国的新闻自律组织普遍建立并得到发展。例如，成立于1991年的英国报业投诉委员会（Press Complaints Commission）接待和处理对任何一家英国报纸和杂志的报道内容的投诉。它成立的初衷是抵制通过政府管制或法律手段解决传媒职业道德问题的提案。英国报业投诉委员会的成员中，除少数是英国报纸或杂志的编辑外，大多数是报业以外的社会知名人士和学者，这是为了保证报业投诉委员会独立于报业之外，不受后者控制。报业投诉委员会的经费通过各家报纸、杂志募捐筹集，在运作上保持了很强的独立性。该会平均每年收到3 000多起投诉，其中大量投诉都直接由报刊编辑以令投诉者满意的方式迅速解决。对于报业投诉委员会的所有批判性裁定，涉嫌出版物必须在显著位置全文发表。尽管如此，还是发生了2011年的《世界新闻报》窃听事件，该事件导致英国报业投诉委员会解散。但不管怎样，这样的自律组织还是能够实现一定的行业自我控制的。

要点思考

1. 简述传播的五种自然控制情形。
2. 简述“把关人”理论及其发展。
3. 简述传播的社会控制方式。

第十章

传播现象的批判视角

1932 年，英国小说家奥尔德斯·赫胥黎（Aldous L. Huxley，1894—1963）在科幻小说《美丽新世界》（见图 10-1）中以讽刺的手法描写了他心目中的未来世界：到 2532 年，人们会渐渐爱上压迫，崇拜那些使他们丧失思考能力的工业技术；文化成为充满感官刺激、欲望和无规则游戏的庸俗文化；没有人再愿意读书，在汪洋大海般的信息中变得越来越自私盲目……这个因技术发展和政治压制而变得无人性的世界是否会是今天的写照？

图 10-1　《美丽新世界》英文版封面

人类的现代化进程创造出了一系列不同形态、不同渠道的媒介，媒介带给人们种种新奇和快乐，例如这样的隐喻："媒介是使我们看到身外世界的窗口，是帮助我们领悟经历的解读员，是传递信息的站台或货车，是包括观众反馈的相互作用传播，是给予指示和方向的路标，是去伪存真的过滤器，是使我们正视自己的明镜。"[①] 但是，当媒介变得无处不在，并渗透到日常生活中、与人们融为一体的时候，人们却难以清醒地认识它，可能会沉溺在它营造的繁华世界里，不去思考它给人的良性发展带来的潜在威胁。

① 小约翰．传播理论［M］．陈德民，叶晓辉，译．北京：中国社会科学出版社，1999：575.

第一节 大众传媒批判

人们所处世界的庞大、复杂与人自身认知能力的有限，使得行为决策的前提——信息的获取必须有所依凭。德国学者恩斯特·卡西尔（见图 10－2）从符号的角度对此进行了描述：“随着人们符号性活动的进展，物质现实似乎在成比例地缩小。人们没有直面周遭的事物，而是在不断地和自己对话。他们把自己完全包裹在语言形式、艺术形象、神话象征或宗教仪式之中，以致不借助人工媒介他们就无法看见或了解任何东西。”[①] 在工业社会，这种依凭主要是大众传媒。

图 10－2 恩斯特·卡西尔

从 19 世纪中叶起，大众传媒逐渐担当起“信息代理者”这一中介角色，人们通过媒体了解社会，并从中获取各类新闻、其他信息和谈资。正如李普曼所言：“人类正不断学习用其大脑去观察世界更广袤的部分，这部分世界原本是人看不清、摸不着、闻不到、听不见，也记不住的。就是在这样的前提下，人们开始逐步在自己的脑海里形成一个关于那个自己不可企及的广袤世界的‘可靠’图景。”[②]

美国媒介批评家谢昂（Robert Shayon，1912—2008）说：“批评大众媒介就是对人类的探索，这在孕育人类命运的用意上，比登陆月球重要。”[③] 因为从事信息

---

① 波兹曼．娱乐至死［M］．张艳，译．桂林：广西师范大学出版社，2004：12－13.

② 李普曼．舆论［M］．常江，肖寒，译．北京：北京大学出版社，2018：24.

③ 黄新生．媒介批评：理论与方法［M］．台北：五南图书出版公司，1987：3.

采集与传播的媒介组织营造的拟态环境同现实世界相吻合的程度与人类利益攸关。

以下是几种有关对大众传媒批判的观点，提供了“另眼”看传媒的洞见。

一、异化的文化世界

“异化”是德国古典哲学家黑格尔（Georg Hegel，1770—1831）使用的一个概念，在马克思著作中出现过200多次，意指人被自己的创造物控制和支配。当下，媒介信息与媒介产品充斥现代人的精神和生活，人们生存于媒介创造的环境中而远离真实生活，习惯于浮华的表层娱乐而不再追问深层意义，失去了人应有的批判精神与超越维度。从这个角度来说，媒介营造的拟态环境与客观世界相对应，但在一定程度上又是异化的力量。

（一）作为工业的大众文化

传播学批判学派中的法兰克福学派，将批评纳粹德国的法西斯社会与批评美国的消费社会的语境混合起来，提出“文化工业”理论。这一理论被视为批评由大众传媒造就的“大众文化”的主要理论。狭义的批判学派通常就是指法兰克福学派。这个学派的学者认为，从神话到科学、从野蛮到文明的启蒙过程，同时也蕴含着从文明到野蛮的异化过程，启蒙精神由于自身逻辑而走向反面。这个问题的核心在于，用科学的、工具的理性来控制社会，将一种新的秩序、控制和支配的体系强加给人们。

在该学派的概念中，“文化工业”基本上是“大众文化”的代名词。文化工业是技术理性的产物，它的一个重要手段就是机械复制。艺术本是超越的，通过表现另一个世界给人以心灵的自由；机械复制虽然对艺术生产有促进作用，但却破坏了艺术作品的“韵味”和“独一无二的权威性”，使艺术流入现代工业文明和商品之中。

对于大众来说，文化工业凭借技术的复制对艺术进行框定，文化产品变得一体化、标准化，人们只能在既定的框架内进行无本质差别的选择和接受，这束缚了大众的创造力和辨别力，抹杀了人的个性。人们的意识和情感被纳入统一的标准形式之下，也会在不知不觉之中变得偏狭和粗俗。

文化工业还制造了大众的“虚假需要”。在文化工业之下，人永远只是被规定需求的消费者、知识文化产业的对象。[①] 经过有组织的策划和管理生产出来的大众文化有“伪个人主义”的欺骗性，看起来繁华多样，能投大众所好，在耗费人的时光的同时还使大众认同文化工业的合理性，认为文化工业可以满足自己的一切需要。例如阿多诺在批判流行音乐（见图10-3）时说：“人们在听轻音乐时，从听到的流行歌曲的第一个音节，就可以猜出后来的续曲，往往因为乐曲果然如所猜想的，也就

① 霍克海默，阿多尔诺．启蒙辩证法［M］．洪佩郁，蔺月峰，译．重庆：重庆出版社，1990：133. 霍克海默即霍克海默尔，阿多尔诺即阿多诺。

自得其乐。短小故事的字数也是不变的，不多不少老是那么多。甚至逗乐的技术、效果、幽默讽刺方式都是按一定格式设计出来的。”① 实际上，大众自认为得到满足的这些需求都是预先规定的，是被刺激起来的消费欲望，并非人的本性。人本来有着真正的需要，那就是创造的、自由的和独立的需要以及完善自我、实现自我的需要，但它们却因“虚假需要”而受到了压抑。

图 10-3 阿多诺关于流行音乐的批判文集英文版封面

文化工业还造成了资本主义统治下人的异化。人不仅迷失了自己的真正需要，而且失去了想象力、否定和批判精神，成为与西方单向度社会和单向度思想同流合污的人，即法兰克福学派的另一代表人物马尔库塞所指的“单向度人”。

大众文化产品之所以标准化和模式化，一方面是因为大众文化与高雅文化、民间文化不一样，是一种自上而下的商业文化，需要服务于利润动机。另一方面，机械复制本身就蕴含着意识形态：“当艺术创作的原真性标准失灵之时，艺术的整个社会功能也就发生了改变。它不再建立在礼仪的根基上，而是建立在另一种实践上，即建立在政治的根基上。”② 对商品形式上的自由消费演变为政治意识上对现状的顺从，罪魁祸首便是文化工业。③ 文化工业在大众传媒和精巧技术的协同下，营造出一种“总体化”概念，极力掩盖严重异化的社会中主客体间的尖锐矛盾，同时提供商品消费的形式自由，使人在其中陶然自得，产生接受的快感，被湮没在包装精美的意识形态之中而不自知，在无形中屈从和顺从。

就此阿多诺说：“文化工业的整体效果是一种反启蒙的效果，就像霍克海默尔和

---

① 霍克海默，阿多尔诺．启蒙辩证法［M］．洪佩郁，蔺月峰，译．重庆：重庆出版社，1990：147.
② 本雅明．机械复制时代的艺术作品［M］．王才勇，译．北京：中国城市出版社，2002：93，94.
③ 马尔库塞．单向度的人［M］．张峰，吕世平，译．重庆：重庆出版社，1988：7.

我注意到的那样，其间本应是进步的技术统治的启蒙，变成了一场大骗局，成为束缚意识的桎梏。它阻碍了自主的、独立的个性发展，这些个性本来是很明智地为自己做出判断和决断的。”①

大众传媒在这场反启蒙的大骗局中起着重要作用。如果说大众文化是巩固现行秩序的“社会水泥”，那么，大众传媒就是社会水泥的生产机器和搅拌机，控制着大众的生活行为风格、消费习惯乃至内在需求和内心愿望。

（二）乐观的大众文化

不过，也有人认为大众并不纯然是无意识的，不是麻木不仁、对屏幕上的东西不做分析全盘接受。② 代表人物之一是英国传播学者约翰·费斯克，他在《理解大众文化》一书中对文化工业理论进行了反拨，阐释了乐观的大众文化观点（见图 10－4）。

图 10－4　费斯克和他的《理解大众文化》中文版封面

有别于文化工业理论对大众文化所有者、产制者以及大众文化文本的关注，费斯克将视点聚焦于大众文化的受众及其消费。他认为，承载大众文化的文本，其意义在进入流通领域之后就脱离了文本制作者的控制，而成为受众创造自己意义的文化资源。因此，大众文化研究不仅要研究文化商品及其制作，更要研究大众使用文化商品的方式，后者更具有创造性而且变动不居。

在费斯克看来，大众文化在资本主义与日常生活提供的文化资源的交接处形成。③他承认大众文化在现代社会是一种商品，并蕴含着统治阶级的意识形态，但也认为文化是一个活生生的、积极的过程，它只能从大众内部发展出来，而不能无中生有，或从上面强加而来④，所以大众文化不是工业促成的，而是由大众创造的。虽然大众不能直接生产和流通自己的文化产品，但大众在文化消费中创造着其意义。一个文本要成为大众文化，除了包含社会主导观念外，还包含反驳这种主导观念的机会。大众无

① ADORNO T. The culture industry [M]. London: Routledge, 1991: 92.

② 陆扬，王毅. 文化研究导论 [M]. 上海：复旦大学出版社，2006：102.

③ 费斯克. 理解大众文化 [M]. 王晓珏，宋伟杰，译. 北京：中央编译出版社，2001：154.

④ 同③28.

法直接生产自己的物资或文化商品，但他们可以利用传媒提供的文本积极创造属于自己的大众文化。

大众的艺术是“权且利用”（“有啥用啥”）的艺术，他们对待文本的态度是不尊重的，有时甚至是粗暴的。在大众眼里，文本不是精英眼里需要仰视和膜拜的东西，而是一种可以被偷袭或被盗取的“资源”。所谓资源，既指符号资源或文化资源，也指物质资源。大众文化的文本就像一个菜单，受众可以从中点出自己想要的菜肴；文本也像一个超级市场，受众穿梭其中选择自己喜欢的东西。或者，大众就像租房的房客，房东以房屋的所有者身份为其提供住所（大众文化的文本），而“居住”则完全是房客私人化的行为，房间的布局摆设风格也完全由房客依个性随意决定。当大众暂时“居住”在某一文本中时，对其的解读有自己独特的方式，并且只为己所有。

曾热播的美国电视连续剧《查理的天使》（又译《霹雳娇娃》），其文本分析表明，这部剧虽然有女性解放的符号，但目的却是巩固父权制的社会主导观念。但是调查显示，许多女观众是有选择地对该连续剧进行解读的，她们关注的是女警探的英勇表现，几乎完全忽略了父权制的符号。显然，大众在消费大众文化时是积极、主动和富有创造性的。

如果一个文化资源不能提供切入点，使大众产生共鸣，那么它就不是大众的。“要成为大众的，一个大众的文本必须能够在各式各样的社会语境中，对于各式各样的读者具有相关点。因此，它本身必须具有多元的意义，任何一种解读方式都必须是有条件的，因为它必须被它解读的社会条件所决定。相关性要求意义的多元化与相对性，拒绝封闭性、绝对性和普遍性。”① 费斯克以肥皂剧《囚犯》（1967 年上映的英国电视连续剧）为例，他的学生在观看了该剧后，用身处监狱的犯人与管理者之间的控制和反控制的情形，来表达机构化体制里被支配和无权力的日常体验。正是在这个意义上，《囚犯》被学生们改造成了自己的文化。

费斯克的大众文化观开创了大众文化研究的乐观视角，它揭示了大众在消费文本、接受意义时的复杂性，并赋予大众以强大的力量。但是，大众不能凭空创造自己的文化，而要依赖于传媒提供的文化资源，因而其创造力不可能摆脱既定资源的设计。大众对大众文化消费的主动性、积极性、创造性是一种弱小者的艺术，面对强势的体制权力，显得有限与无力。

二、被操纵的权力世界

传媒作为一种社会力量，被喻为“第四权”，但其独立性是有限的。当它在社会中的作用显得强大时，各种权力集团都企图掌控它。德国媒介学者恩岑斯贝格尔（Hans Enzensberger，1929—2022）就此甚至说得有些极端：“没有一部不受操纵的作品、电影或广播电视。因此，问题不在于媒介是否受到操纵，而在于媒介受到谁

① 费斯克．理解大众文化［M］．王晓珏，宋伟杰，译．北京：中央编译出版社，2001：167.

的操纵。”①

在批判学派看来，在由统治者构筑的权力世界里，大众传媒是被统治者操纵的工具，为现存体制的强化和巩固摇旗呐喊。当这种操纵跨越国家和民族的界限时，大众传媒就成了另外一种“殖民”的手段。

（一）文化领导权

法国马克思主义哲学家阿尔都塞的意识形态理论，常被用来分析大众传媒的文本及其所蕴含的意识形态内涵和运作的方式。他认为，意识形态国家机器给个人定位的主要方式之一是对其进行“召唤”。大众传媒和其他文本“召唤”受众，在这个过程中将受众和所消费的东西联系起来，使大众由此获得“自主”和“独立”的意识。大众自我陶醉在“主体”的愉悦之中，成为意识形态的积极支持者而不自知，也意识不到自己所获取的自由选择，只是在统治阶级自身利益的许可范围之内。通过这样的一种“自然化”过程，统治阶级主导的意识形态才得以推行和稳固。

在意识形态分析中，意大利共产党创始人葛兰西（Antonio Gramsci，1891—1937，见图10-5）的文化领导权理论影响更大。“文化领导权”（hegemony，译为“霸权”是错译）也是批判学派意识形态理论的主要概念。

图10-5　安东尼奥·葛兰西

文化领导权，是指将统治阶级的意识形态自然化，赋予人以常识的形式。这一理论的主要观点是：在一定历史阶段，统治阶级为确保自身在社会和文化上的领导权，利用文化领导权作为手段和机制来劝诱被统治阶级接受其政治、文化、道德等价值体系。统治阶级的意识形态经过精心包装，看起来自然而然、无从质疑和争辩，从而得到被统治阶级的认同和顺从。具体而言，这套机制包括国家、法律、教育制度、传媒和家庭，它们大量生产着知识和意义，发挥着各自的功能，但以再生产现存制

---

① 伯杰．媒介分析技巧［M］．李德刚，何玉，译．北京：中国人民大学出版社，2005：63.

度为共同目标。

区别于国家机器的武力统治，这种领导权不是依赖武力而是靠被统治阶级的积极认同来维持对整个社会的统治。它以一种非政治的形式表现在文化和意识领域，从而避免了强制和压迫等统治色彩，以得到被统治阶级心悦诚服的支持和拥护。

在这方面，英国学者哈特利（John Hartley，1948—　）做了一些实例分析。他认为，电视的新闻播报总是试图把观众置于和新闻内容相关的立场上，向观众展示一种意识形态立场，让他们从这个角度进行预设。在这种模式中，被引导的观众将这种意识形态立场看成是自然而然的，并且是符合他们自身利益的。达到这种效果的方法之一就是将观众"放置于"正在报道的事件之中。他提到英国独立电视台主持人报道英国特种空勤团突袭受到劫持的伊朗大使馆时的旁白，指出："迈克·萨利文在报道中运用的旁白评论全是现在时态，在夹杂着尖叫、枪击声、进攻场面、狗吠、警报、大火、消防队员和人质的混乱中直接向我们报道。"正是这种"现在时态"的旁白，使其所呈现的新闻看上去像是没有经过人工构建的，自然而极具真实性。通过这种方式，新闻报道的意识形态内容被电视新闻形式的成规掩盖了。人们仅仅简单地假定新闻就是以这种方式呈现和表述的，所以没有人要求，也没有理由去质疑它的新闻构建。①

这种领导权机制的运作具有动态性，在矛盾丛生的冲突斗争中，统治阶级可能会在不危及自身根本利益的范围内对被统治阶级做出让步。例如，1977—1983 年风靡英国的电视系列剧《职业阶层》，对社会犯罪问题给予了前所未有的关注，有学者认为从中可见支配集团如何通过对加强法律和秩序的呼吁，来恢复他们在政治和文化上的统治地位，虽然这样做仿佛是为了迎合大众要求社会安全稳定的基本愿望。②

（二）文化帝国主义

还有一种比"文化领导权"激进得多的概念，即美国批判学派的代表席勒（Herbert Schiller，1919—2000，见图 10－6）提出的"文化帝国主义"。这个概念的内涵是：发达国家基于强大的传媒资源优势，在全球范围内推行和普及自身文化，至少在客观上造成同化他国或他民族的文化、思想、价值观等，同时实现自身的经济利益。文化帝国主义不仅指涉发达国家与发展中国家之间的关系，也关涉到发达国家之间的关系，如美国与法国、美国与加拿大等国家之间的关系。美国传媒输出的内容占全球流通量的三分之二，其中讲英语的其他发达国家接受美国电视节目的数量，远远高于发展中国家。

由于大众传媒在当前社会中具有最大的传播优势，文化帝国主义也被称为"媒介帝国主义"。

文化帝国主义是"一个综合的过程，通过这个过程，把一个社会带入现代世界

① 泰勒，威利斯．媒介研究：文本、机构与受众［M］．吴靖，黄佩，译．北京：北京大学出版社，2005：32.
② 陆扬，王毅．文化研究导论［M］．上海：复旦大学出版社，2006：185.

图 10-6　赫伯特·席勒

体系。这个过程具有一种社会机制，即通过吸引、压迫、强制，有时是贿赂手段使该社会主导的社会阶层形成符合现有世界体系统治中心的价值观，增强现有世界体系统治的结构”[①]。它有三个特点：首先，它是一个以强大的经济、资本实力为后盾，主要通过市场占有而进行的扩张；其次，这种扩张是一种文化价值的扩张，其实现的途径是含有文化价值的产品或商品的全球化销售，其目的或者说结果在于实现全球化的文化支配；最后，由于信息产品的文化含量最高（或者说信息本身就是文化产品），这种文化扩张的过程主要通过信息产品的传播而得以实现。[②]

席勒的说法吸引了周边不同立场的观点。美籍巴勒斯坦裔学者萨义德（Edward Said，1935—2003）在文化控制和支配的意义上探讨文化帝国主义，提出了“东方主义”（Orientalism）的概念（见图 10-7）。他认为西方在对东方进行话语编织和塑造的背后，是“一种权力关系、支配关系、霸权关系”。他甚至认为：“每一个欧洲人，不管他会对东方发表什么看法，最终都几乎是一个种族主义者，一个帝国主义者，一个彻头彻尾的民族中心主义者。”[③] 这种说法，显然有些绝对。

图 10-7　萨义德和他的《东方主义》英文版封面

美籍日裔学者福山（Francis Fukuyama，1952—　）在1992年《历史的终结与最后的人》一书中提出“历史终结论”。他认为，冷战结束后，西方自由主义的价值观和意识形态标志着历史的终结，“战斗圈内的竞争者只留下一个，即自由主义-个

① 关世杰．国际传播学［M］．北京：北京大学出版社，2004：100.
② 张跣．文化帝国主义［J］．国外理论动态，2006（8）.
③ 萨义德．东方学［M］．王宇根，译．北京：生活·读书·新知三联书店，1999：260.

人自由和人民主权的学说”[①]，人类在此历史进化发展的终极状态下实现了大同。这种历史终结于一元化的西方文明的观点被认为是典型的文化帝国主义观点。

美国学者亨廷顿（Samuel Huntington，1927—2008）在1996年《文明的冲突与世界秩序的重建》一书中提出“文明冲突论”，认为文明是放大了的文化，冷战结束后，全球政治正沿着文明分界线进行分化重组。“在全球和宏观层面上，核心国家的冲突发生在不同文明的主要国家之间”[②]，世界冲突的主导因素不再是经济和意识形态，而是“文明的冲突”，建立在文明基础上的世界秩序才是避免世界战争的最可靠的保证。

文化帝国主义假设文化具有极强的单向灌输功能，主张文化是一个全球性的斗争“场域”，这种观点受到了另外一些学者的批评。荷兰学者洪美恩（Len Ang，1954—　）对曾经风靡全球的美国电视肥皂剧《达拉斯》进行受众接受研究后发现，许多人收看电视节目的愉悦享受，与文本的所谓意识形态并无关联，而原来对《达拉斯》的批判，将对这一文本的意识形态内容解读，简单地等同于文本的实际文化效果，忽略了观众的接受过程及观众在此过程中的主动性。[③]

1991年，英国学者汤林森（John Tomlinson，1949—　）在《文化帝国主义》（见图10－8）中基于“文化”和“帝国主义”概念的歧义，对文化帝国主义这个命题本身进行了质疑。他认为，文化帝国主义“就是一个国家有那样一种权力，可以把他们的文化转置到别的国家。这牵涉到对文化的理解。在我看来，文化是人们对自身的日常生活的理解，即他们怎么看待自己的生活。它的传播与扩散是非常复杂的。就像我在书中所说，一个国家经济的强大并不意味着有转置文化的可能”[④]。所以，他认为文化帝国主义不是一个清晰的概念。

图10－8　汤林森和他的《文化帝国主义》英文版封面

① 福山．历史的终结与最后的人［M］．桂林：广西师范大学出版社，2014：59.
② 亨廷顿．文明的冲突与世界秩序的重建［M］．周琪，刘绯，等译．北京：新华出版社，1998：229.
③ 罗钢，刘象愚．文化研究读本［M］．北京：中国社会科学出版社，2000：376.
④ 王玮，宋晶．从文化帝国主义到全球化［N］．光明日报，2002－04－18.

他分四点谈了自己的看法。第一，大众传媒不是文化的核心，传媒主要是作为载体提供便利，对文化意义的理解，更重要的是文化消费者自身经验这个“中介”，这个中介显示出了个体经验的复杂性。第二，由于现代社会的庞大和复杂，所谓民族和文化，只停留在人们意识的想象之中，文化的认同更多来自私人领域。“我之所以认同英格兰人，是因为他们是我的家人与朋友等，而不是因为他们是我的国人。”① 因为认同来自个人的想象，因而这种认同就不会构成文化帝国主义的威胁。第三，文化帝国主义的观点突出了消费主义对人们的蒙蔽，却忽略了消费者选择的主动性和选择自由。资本主义本身所蕴含的现代社会应该具备的民主、自由、法治等思想，对发展中国家并非百害而无一利。第四，对文化帝国主义的批判意味着对现代性的批判。现代性大致表征为理性、民主、都市化、大众传媒等。现代性将全球紧密联系在一起，不会造成全球文化和价值观的一体化和同质化。

第二节　当代信息社会批判

信息社会是继农业社会和工业社会之后的新的社会形态，它的形成除了物质生产力所提供的强大支撑外，传播科技的工具价值显得尤为突出。信息与物质、能量一起被视为共同构成社会存在和正常运转的基本要素，互联网发展到从 Web 2.0 向 Web 3.0 转变的阶段，整个社会信息化了，连传统的大众传媒也被网络传播裹挟其中。在信息社会，人们沉浸在信息的海洋，尽享海量信息的同时，也在经历着诸种信息异化现象。

一、信息异化的诸种表现

如本章前文所述，异化是指人自己创造的事物反过来控制了人本身。信息社会是人类智慧发展的产物，信息获取便捷同步，地球人之间真正变成了“天涯若比邻”。然而当人们为之兴奋的时候，信息社会产生的新问题同样不少：“新媒体对传播时效的推进，加快了社会的整体节奏，快节奏、高效率成为新型的生活方式，新媒体的全时性特点使人们不得不时时保持一种待命状态。……新媒体的传播方式对传统传播形式是一种解构。其话语方式更多地表现出反规则、碎片化、去中心的特点。恶搞、嘲讽、质疑权威成为新媒体中一种常见的内容风格，并且能够迅速得到追捧和传播。……渠道的多元与内容的短缺、信息相对过剩与优秀资源的稀缺，是目前的新问题。新媒体造就的趋向无限快节奏的生活方式，也可能会将人们引向精神的泯灭。”② 这也使得信息社会中异化现象频发，例如人们创造了网络、电脑和移动终

① 汤林森．文化帝国主义［M］．冯建三，译．上海：上海人民出版社，1999：167.

② 陈力丹，曹文星．山中一夜雨，树杪百重泉：新媒体十年发展评述［J］．编辑之友，2012（1）.

端，并基于这些硬件平台开发出了供人们使用和消费的视频、游戏等产品。不少人陷入网络不能自拔，或罹患手机成瘾症。人们创造了现代科学技术，但是又成了自己创造的科技世界的奴隶。对于这些问题的批判和认识，构成了传播学研究的一个领域。下面分别阐述这些问题。

（一）信息过载

信息过载（见图 10－9）是指信息的巨量复制和传播形成的量化态势，其表现包括五个方面：第一，新闻信息飞速增加。第二，娱乐信息急剧攀升。第三，广告信息铺天盖地。第四，科技信息飞速递增。第五，个人接收的信息严重“超载”。由于传播技术的改进，信息总量呈几何级数增长。每天海量的信息涌来，而人们接收和使用信息的能力是有限的，这造成信息过载，以致有些人为躲避过量信息的侵扰而远离各种现代信源。

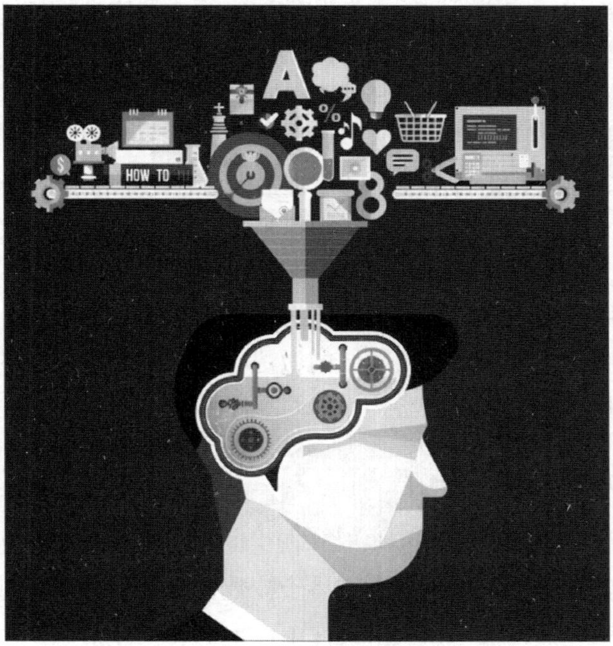

图 10－9　信息过载

资料来源：CHINA INTERNET WATCH. Paid content is becoming a mainstream in China［EB/OL］.［2024－02－26］. https：//www.chinainternetwatch.com/25045/paid-content-is-becoming-a-mainstream-in-china/.

信息过载是相对于人们处理信息的能力而言的。人们处理信息的时间、精力和能力有限，在信息过载的态势下，信息生产的无限性使人们面对海量信息无能为力。原本有利于丰富和完善人们的信息现在变成了对人的一种压迫。

信息过载在使信息丰裕的同时，也导致了新的信息匮乏问题。在大量无序信息泛滥之下，人们想寻找有用信息反而变得犹如大海捞针，信息利用率低下。这也造成了社会资源的极大浪费。

（二）信息垃圾

信息垃圾是从内容的角度对信息的判定，指那些混在大量有用信息中的无用信息、有害信息，以及对人类社会各个方面带来危害的信息。信息垃圾对信息的安全应用和传播构成了威胁。2006 年，中国已超过韩国，成为仅次于美国的世界第二号垃圾邮件发源国。在不到两年的时间里，来自中国的垃圾邮件增长了 150.6%。[①]

个人作为信息的接收者，很难应对有组织的信息垃圾，特别是网络上的垃圾邮件。电子邮件是网络时代的一种通信方式，以其方便、快捷的特性而在现代生活中被人们广泛接受和使用，但随之而来的垃圾邮件使人不胜其烦。

信息垃圾中被雇用的“水军”信息和广告邮件占很大比例。广告商之间的商战造成网上存在大量冗余信息；由于互联网低成本、高扩散的信息传播特性，广告商开始转向在网上发布广告，各网站为赢得广告客户，千方百计迫使网络用户接受以各种形式出现的广告，造成时间的浪费和减损带宽、妨碍通信等实质性损害。1997 年 10 月，美国发生了第一起垃圾邮件诉讼案——帕特奈斯（Bigfoot Partners）诉沃莱斯（Sanford Wallace）滥发垃圾邮件案。原告对被告提出 13 项指控，包括邮件来源错误的指定和描述、服务商标侵害、电脑欺诈和普通法欺诈、挪用原告的名称和身份、错误担责、诽谤、不公平竞争和欺诈消费者、不当得利、侵犯动产、强占等，认为被告严重侵犯了自己各类有形和无形财产权。最终，纽约南区法院支持了原告的绝大部分诉请，做出了要求被告停止侵权，向原告赔礼道歉，并赔偿损失的判决。[②] 广告是一种商业性的言论表达，同样享有言论自由的权利，但传播要基于双方的自愿，这种强行闯入信息私人领域的做法，显然侵犯了用户的通信自由，因为自由不仅指发送信件的自由，也指接收信件的自由。

（三）网络病毒

网络病毒（见图 10 - 10）是信息时代产生的又一新的传播问题，它是一种人为恶意编造的程序，具有自我复制能力，易于被数据、文件携带而进行传染，通过非授权入侵而隐藏在可执行程序和数据文件中，干扰和破坏信息系统的正常运作。计算机系统一旦遭遇病毒袭击，轻则文档丢失、死机，重则系统瘫痪，其损失不言而喻。

网络病毒是传播科技发展中人创造的一种邪恶的智慧成果，它在相当程度上控制了人。这是一种最为典型的信息传播中的异化现象。制作和传播网络病毒已经成为国际社会公认的一种犯罪行为。

---

① 中国成亚洲头号垃圾邮件发源地［N］. 每周电脑报，2006 - 02 - 13.

② Bigfoot Partners v. Cyber promotions consent order［EB/OL］.（2006 - 11 - 23）［2024 - 02 - 25］. http://legal.web.aol.com/decisions/dljunk/bigfooto.html.

图 10－10　网络病毒

资料来源：FLICKER. Seven types of popular ransomware and how to get rid of them on your PC［EB/OL］.［2024－02－26］. https：//www. flickr. com/photos/84046270@N02/30866243962/.

二、鲍德里亚的后现代传媒观

“后现代”是一个缺乏确定性的概念，一般是指现代工业社会以后的信息社会。20 世纪 90 年代以后，随着传播科技的急遽发展和各种媒介形态、渠道的扩张，“后现代”在很大程度上成了当代信息社会的同义语。对于信息社会的批判性分析，尤以法国哲学家和社会学家鲍德里亚（Jean Baudrillard，1929—2007）的思想最为深刻。他的学识广博，其论著中与传播批判相关的有《消费社会》（1970，见图 10－11）、《符号政治经济学批判》（1972）、《生产之镜》（1973）、《象征交换与死亡》（1976）、《拟像与仿真》（1978）等。

图 10－11　鲍德里亚和他的《消费社会》英文版封面

（一）对物的消费聚焦于物的符号价值

鲍德里亚认为，传统社会对物的消费着重于其功能性目的，而现代社会的特征之一是消费社会，对物的消费聚焦于物的符号价值。这是一个高度符号化的社会，人们通过消费物的符号意义而获得自我与他人的身份认同。整个社会对商品的盲目崇拜，转为对符号的崇拜。符号意义作为一种社会身份、地位、价值的区分系统，渗透到了社会生活的各个层面。

由此，资本主义的社会控制也更趋全面、系统和隐蔽，符号提供了"一种比剥削更为精巧和更为专制的控制与权力结构"。他说："消费时间即生产时间。"当人们在工作之余，兴奋地光顾各种消费场所时，他们实际上是在进行另一种生产劳动。即使去度假，也是为旅游商人勤苦劳作，甚至连看电视都是在为广告商工作。异化现象在当代消费社会中更加突出和严重。

（二）传媒已不是再现真实的工具

在鲍德里亚看来，后现代社会是一个由符号、代码和模型控制的模拟的时代，传媒的推波助澜，加速了从现代生产领域向后现代拟像（simulacres）社会的堕落。他认为后现代社会是一个由符号、代码和模型控制的模拟的时代，是一个"内向爆炸"（implosion，简译"内爆"）的场所。在此，高雅文化与低俗文化、现象与实在、传统哲学与社会理论所主张的一切二元对立之间所有的边界、范围和差别悉数消失。在这一过程中，传媒为拟像的生产和传播创造了一个超现实的独立领域，令现实与现实的象征之间的界限愈益模糊和可疑。鲍德里亚发表了"海湾战争从未发生"的言论。在他看来，"所谓海湾战争实际上是媒体的战争，不是实际的战争"①。"拟像"区别于"摹本"（copy)。摹本依原作而存在，是对原作的模仿。拟像是没有原作的东西的摹本。在此意义上，"原作"也是一种拟像，幻觉与现实相混淆，现实不存在了，没有现实坐标的确证，人类不知从何处来、到何处去。

内爆最早是由麦克卢汉于1964年在他的《理解媒介》一书中提出来的概念。他认为，机械的技术使得西方世界爆炸性增长，现在它正在经历内向的爆炸。在机械时代，我们完成了身体在空间范围内的延伸，时间差和空间差已不复存在。我们正在迅速逼近人类延伸的最后一个阶段——技术上模拟意识的阶段。在这个阶段，创造性的认识过程将会在群体中和在总体上得到延伸，并进入人类社会的一切领域。内爆是对生产力发展后果的一种分析，是对文明进步的一种批判。

鲍德里亚借用麦克卢汉的内爆概念指出，当今的内爆首先是真实与虚构之间界限的内爆，即意义的内爆。他举过这样一个例子：1971年，美国进行了一次电视直播的实验，对一个家庭进行了七个月不间断的录像，并连续播放300小时。实验的初衷是展示一个美国家庭逼真的日常生活。然而鲍德里亚指出，这在实质上是不真实的，或者说这一真实只能说是一种媒介真实，因为一切都是经过挑选的：这家人住在加利福尼亚，有三个车库和五个孩子，有精心打扮的家庭主妇，是一个标准的上等之家。不经意之间，媒介已经颠覆了真实，意义也就无从谈起了。这是对意义

---

① BAUDRILLARD J. The gulf war did not take place [M]. Bloomington: Indiana University Press, 1995.

真假的界限进行内爆分析的典型一例。

在现代社会里，媒介形态本身具有意义；但在后现代社会，媒介变得无意义，因为媒介“参照的并非某些真实的物品、某个真实的世界或某个参照物，而是让一个符号参照另一个符号、一件物品参照另一件物品、一个消费者参照另一个消费者”①。

（三）世界的意义只在媒体的符号复制中获得

有鉴于此，传媒的功能、目的和效果也发生了根本性的转变，一切都在媒介中存在，一切都在媒介中被感觉，媒介成为后现代超真实社会的超级制造者。

鲍德里亚认为，传媒将“拟像”与“仿真”作为塑造现实的手段，凭借其先进的技术手段构建了一个几乎以假乱真或真伪难辨的影像符号世界。在这个由传媒构建的符号世界里，真实在从媒介到媒介的复制过程中挥发，数字化的影像、符号或景观替代了真实生活，人们从前对“真实”的那种体验，以及真实的基础随之消逝，真实与非真实之间的区分已变得日益模糊不清。

真实不再是单纯的现成的东西，而是被人为生产出来的“真实”，就像模拟环境一样，但模拟的东西变得比真实更真实，成了名副其实的“超真实”。“所有事物都有一层不假思索地戏仿的色彩，这是一种策略性的仿真，就像一场无法定夺的游戏……”②

既然超真实是一种以模式和符号取代真实的状态，那么模式和符号就成了真实的决定因素：电视剧中的理想爱情成了人们在现实生活中的择偶选择标准，商品的电视广告宣传成为人们在超市与商场购物的理想首选目标，生活类杂志中所鼓吹的家居成为人们理想的家居……由此，大量由媒介操纵带来的超真实，以一种歇斯底里的方式控制着这个世界，世界的意义只在媒体的符号复制中获得，并以时尚和广告的形式呈现出来。

鲍德里亚通过展开符号与象征的关系，对后现代文化生产过程最终为象征秩序所代替的过程进行了阐释。但其偏颇之处也极为明显，美国加利福尼亚大学洛杉矶分校教育哲学研究所所长凯尔纳（Douglas Kellner，1943— ）教授就此写道：“鲍德里亚夸大了现代与后现代的断层，把未来的可能性当作现存的实在，给现实描绘了一幅未来主义图景，很像反乌托邦的科幻小说传统，从赫胥黎到赛博朋克③。的确，我宁可把鲍德里亚的著作当作科幻小说，它通过夸张现实的趋势来预示将来，从而事先警告假若现实的趋势发展下去，会是何种局面。”④

尽管鲍德里亚曾被讥为“技术决定论者”，但他对社会现实某种特征的揭示应当得到重视。在后现代社会，视觉符号的急剧扩张导致日常生活形式发生了深刻变化，

---

① 鲍德里亚．消费社会［M］．刘成富，全志钢，译．南京：南京大学出版社，2000：135.

② 汪民安，陈永国．后现代性的哲学话语［M］．杭州：浙江人民出版社，2000：327.

③ “赛博朋克”一词由英文“控制论”的前缀（Cyber）加上反叛的生活方式（Punk）构成，除了指一派科幻作品外，还指美国硅谷等地大批青年科技精英的生活方式。这些人沉溺于个人电脑制造、软件开发以及网络生活体验，有的还有吸毒、黑客行为。

④ 陆扬，王毅．文化研究导论［M］．上海：复旦大学出版社，2006：221－222.

人们如此全面地为各种最新的媒介形态或渠道所控制，不管是“单向度”的接受还是“有机”的抵抗，人们都无法摆脱各种象征符号。借用传声头像乐队（Talking Heads）的一句话来形容后现代媒介空间里的状态，那就是：

> 我们走在大路上却不知何往，
> 我们肯定不在进步的康庄大道上。[①]

三、德波的《景观社会》

针对媒介技术革新所带来的种种社会异化现象，法国思想家居伊·德波于 1967 年在其著作《景观社会》（见图 10－12）一书中提出，当代资本逻辑中最重要的构序要素是景观（spectacle）。他认为：“在现代生产条件占统治地位的各个社会中，整个社会生活显示为一种巨大的景观的积聚。直接经历过的一切都已经离我们而去，进入了一个表现。”[②]

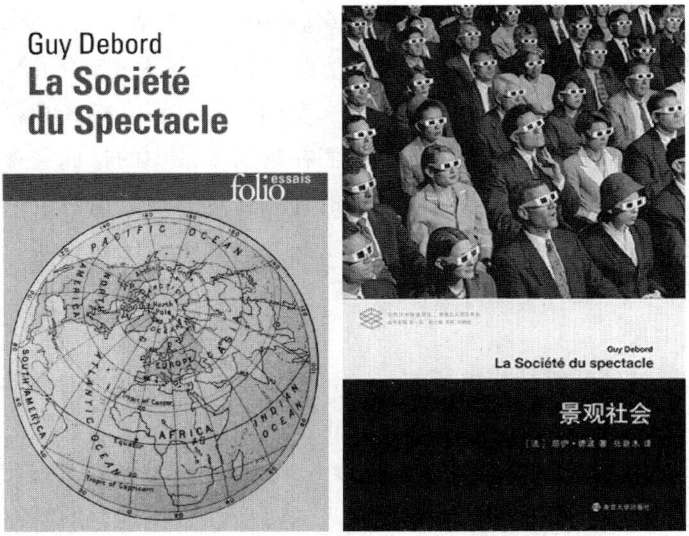

图 10－12　居伊·德波《景观社会》1967 年法文版封面和 2017 年中文版封面

德波所提出的“景观社会”是一种新的社会批判理论，在他看来，景观指一种可视的景象，也可指代一种具有主观性、有意识的表演或作秀。[③] 这是由少数人演给多数人看的，而多数人往往是默默欣赏。这里的少数人，指代的是幕后操控的资本家，多数人则是被支配的受众。景观的特性有以下两点：其一，景观的作用并不是强制性的，也不是一种政治的意识形态控制，更不是强买强卖，但它却能造成一种不干预的隐性控制，从而形成了一种深刻的“奴役”。其二，在景观所带来的广泛

---

① 波斯特．第二媒介时代［M］．范静哗，译．南京：南京大学出版社，2001：72.

② 德波．景观社会［M］．张新木，译．南京：南京大学出版社，2017：1.

③ 张涵．德波的“景观社会”理论评析［J］．山东大学学报（哲学社会科学版），2009（3）．

的“迷惑”之下，多数人会偏离自我的创造性和批判性，沦为“景观控制”的奴隶。景观社会理论诞生的社会背景是，电子传媒的高速发展，使得时尚与广告弥漫，大众的主要消费逐渐为广告所引导，大众开始将广告中所塑造的产品的意象，作为自己消费的依据，因此，消费者们购买的不仅仅是商品的使用价值，人们会优先考虑该商品是否符合时尚，以及能否带来积极的“身份”引导。例如香水广告不是告诉你实物有多香，而是宣传其能够让你成为“完美的人”，人们购买的动机也从获得香味转为对“完美的人”这一意象的追求。这在德波看来，正是“意象统治一切”，也就是景观社会。

德波特别论证了景观社会中“真-伪”的二重性。在早期的商品社会中，人们的消费是为了满足自身的基本需要，购买的是商品本身的有用性，这被称为真实的消费。但随着生产力的发展，人们生活富足，消费不再仅仅满足基本需要，还要满足为意象所激发的需要，德波称之为“伪需要的满足”，这就使得真实的消费变成了幻觉的消费，从而形成了“伪存在的二次方”。

此外，德波所提出的景观概念所构成的理论构境十分丰富，其可被阐释为五层含义：一是景观的表象构境层面，即可见的外观，包括影像、画面、文字等，除此之外，也指代在生活场景中的由城市建筑和其他交通物流等设施建构起来的具有一定关系性的空间景观。总结来说，一切能够作用于人的感官层面，并用以生产捕捉心灵的表象建构和制作，都是景观生产。而在网络信息媒介技术的加持下，今天的各类景观都获得了网络远程登录和智能手机界面的重构，景观无时不在、无处不在。二是景观的存在论层面，即由景观的表象所构建出来的个体和共在的伪构境及日常生活的伪场境共同存在。三是由存在于景观的表象中的有形和无形的表演构式所赋形的隐性支配关系。四是对于景观双重伪境的无批判性认同的接收者，其是景观软暴力施暴的关系受动方。五是革命性的情境建构，即打破伪场景中存在的“伪交往”关系，将主动性和参与性重新引入。

随着媒介技术的发展，德波的思想也得到了进一步的延伸。美国传播学者凯尔纳便将德波的“景观”发展为“今天横行全球的”“媒体奇观”，即“能体现当代社会基本价值观、引导个人适应现代生活方式，并将当代社会中的冲突和解决方式戏剧化的媒体文化现象，它包括媒体制造的各种豪华场面、体育比赛、政治事件”[①]。他将景观理论具体化，分析了奇观文化中存在的种种矛盾如何产生相互冲突的意义和效应。与德波不同，凯尔纳认为“当代媒体文化奇观本身构成了一个推行霸权和抵抗霸权共存的话语场”[②]。而在互联网时代，景观社会理论仍然具有强大的生命力。互联网的传播模式不是外部的政治强制，也不是商业上的强买强卖，一切都是自愿发生的。从疯狂的网上追星和追随大V的巨量粉丝，到各类信息中间商对人们信息接收的控制，一切都说明网民是被支配着的。所以，形式上不干预的隐性控制，

---

① 凯尔纳．媒体奇观［M］．史安斌，译．北京：清华大学出版社，2003：2.

② 同①14.

是互联网景观的特色。但这是一种更深层的无形控制，消解了主体的反抗和批判意识。现在的互联网景观，已经不是附加于现实世界的装饰或补充，而是主导性的生活模式。近年来，内奥米·巴伦（Naomi Baron）的《读屏时代：数字世界里我们阅读的意义》、安德鲁·基恩（Andrew Keen）的《网民的狂欢：关于互联网弊端的反思》、希瓦·维迪亚那桑（Siva Vaidhyanathan）的《谷歌化的反思》等许多著作，都从不同的视角对网络传播景观进行了深入批判。

第三节　培养媒介素养

在传统社会，人们对外在世界的把握依靠亲身参与和感知；在当代信息社会，丰富的信息本应为人们决策和实践提供更大的自由，但人们陷入信息的重重包围之中，为此背上了沉重的信息负担。这使人不由得想起英国诗人艾略特（Thomas Eliot，1888—1965）提出的问题：

> 到哪里去找回我们在信息中丢失的知识？
> 到哪里去找回我们在知识中丢失的智慧？

面对不可确知的世界，除了通过制度力量对信息传播加以道德规范外，更重要的是提升大众自身的内在媒介素养。

2010年，科瓦奇（Bill Kovach）和罗森斯蒂尔（Tom Rosenstiel）在《真相：信息超载时代如何知道该相信什么》中提出了信息时代全民新闻素养的六要素：

（1）我碰到的是什么新闻内容？

（2）我得到的信息是完整的吗？假如不完整，缺少了什么？

（3）信源是谁/什么？我为什么要相信他们？

（4）提供了什么证据？是怎样检验或核实的？

（5）其他可能性解释或理解是什么？

（6）我有必要知道这些信息吗？

他们强调在面对信息时，我们首先应当对信息本身的性质和类型进行评价，并强调在碎片化信息泛滥的互联网时代，信息的完整性尤为关键，这是相较于传统媒体时期信息接收和获取方面较大的改变之一。相对地，与传统媒体时代一脉相承的是对于信源的判断和把控，要更好地获取信息，就必须对媒介有所了解，知道从特定的媒介上获取相关的信息。

一、传统媒介素养

传统的“媒介素养是指使用和解读媒介信息所需要的知识、技巧和能力”[①]，着

---

① BUCKINGHAM D. Media education［M］. Cambridge：Polity Press，2003：36.

重帮助人们，尤其是青年人成为谨慎、理性的媒介信息消费者，在有关健康、购物和价值判断上能做出明智的选择；同时，也帮助人们成为媒介的创新消费者，有效地传递他们的所思所想和优势。

培养媒介素养的目标是让公众熟悉大众传媒运作流程，保持对其的批判意识。因为对没有机会接触大众传媒运作流程的大多数公众来说，传媒具有一些神秘色彩。因此，“祛魅”是媒介素养教育的第一步，通过让公众熟谙大众传播信息的生产、方法、程序来实现。在此基础上，媒介素养教育要致力于对大众媒体商业和政治宣传手段、技巧的公开揭示，使公众知道大众传媒作为社会的信息系统，并非完全自足自为，而是组织的产物，有自身的利益诉求。

随着人们对传媒功能和传媒影响特征的认识的深入，媒介素养教育的内涵已经从单纯的反抗媒介的控制，逐渐扩展到对媒介的识别和运用能力（即获取、分析、评价与传播信息的能力）方面。从媒介获取信息和通过媒介传播信息的能力并不是每个人天生就具备的，需要后天习得，不同的能力有着不同的内涵与要求：

（1）分析能力偏重的是一种客观的认定，即：能够判断媒介信息是否符合事实；能够判断信息中的因果关系是否合乎逻辑；能够辨别记者和媒体的意图和观点，认识信息产生的政治、经济和历史语境，以及媒介自身发展与社会进程之间的互动关系。

（2）评价能力表现为对媒介信息进行价值观层面的分析与判断，包括所提供的信息持何种立场、代表了哪一种倾向、维护了哪个阶层的利益、体现了一种什么样的价值标准、是否客观、在多大程度上体现了公正、隐含着怎样的世界观等等。

（3）传播信息的能力是对现代人在信息社会中发展的更高要求。互联网的出现为这一能力提供了平台，同时也使之成为一种必然要求。

总的来说，传统媒介素养主要指两方面能力：实践性的批判能力和带有批判性的实际操作能力，它不仅包括接受媒介产品的能力，用独立的、批判的眼光看待媒介内容和建设性地利用媒介的能力，还包括对媒介机构的生产活动及受众的接受过程的了解，以及对整个媒介传播活动的社会历史语境的认识。

具有媒介素养的人，能够对媒介影响的各种因素进行分析和研究，知道何种信息会对人的观点和行为产生何种相应的效果，从而正确运用媒介。这种情形就如美国学者詹姆斯·波特（W. James Potter，1926—2004）所言：“媒介传播效果对人的影响就像天气对人的影响一样，它无处不在，无时不有，且存在形式多种多样。……然而个人却能有效地控制气候对自身的影响。”①

二、媒介素养教育历程

加拿大媒介素养教育专家庞金特（John Pungente，1939—2023，见图 10 - 13）

① POTTER W J. Media literacy［M］. Second edition. New York：Sage，2001：260.

图 10-13　约翰·庞金特

阐释了媒介素养教育的理念：

第一，媒介是建构的。媒介不是现实世界的映像，而是对现实的反映。媒介素养教育致力于分解和辨析这种建构。

第二，媒介建构现实。人们对外部世界的观察和体验都是经由媒介获得的，对此要清晰并持怀疑态度。

第三，受众选取媒介中所传递的信息的意义。

第四，媒介总是蕴含商业动机。

第五，媒介包含意识形态和价值观。

第六，媒介暗含政治诉求和社会诉求。

第七，媒介的内容和形式紧密相连。

第八，媒介有其独特的美学形式。

上述观点为开展媒介素养教育提供了操作的切入点。

媒介素养教育的发展经历了范式的变迁，大致可以分为以下四个发展阶段。

（一）“免疫”范式阶段

1933年，英国文学批评家利维斯（Frank Leavis，1895—1978，见图10-14）和他的学生汤普森（Denys Thompson，1907—1988）在《文化和环境：培养批判意识》一书中，首次就学校引入媒介素养教育进行了阐述。他们认为，新兴的大众传媒在商业动机的刺激下所普及的流行文化是在推销“低水平的满足”，这将误导社会成员的精神追求，尤其会对青少年产生诸多不良影响。因此，教育界应以系统化的课程或训练，培养青少年的媒介批判意识，使其能够辨别和抵御大众传媒的不良影响。

图 10-14　弗兰克·利维斯

媒介素养教育的提出与20世纪三四十年代大众传媒对社会的影响有直接关系，人们对新兴媒介的力量既恐慌又不信任，认为媒介对大众尤其是青少年有负面影响。当时的大众文化研究学者以及德国法兰克福学派，对大众文化和大众媒介普遍持否定和批判的态度，大众媒介被看作社会“疾病”。因此，这一阶段的媒介素养教育事实上是一种反对媒介的教育，鼓励公众甄别和抵制大众文化的欺骗，提防大众媒介的“迷药”。

（二）“分析”范式阶段

20世纪五六十年代，媒介素养教育理念发生变化，人们逐渐意识到媒介是人们获取信息的重要途径，不再简单排斥和盲目批评媒介，开始强调理解、判断和欣赏媒介，强调培养人们对媒介的辨别、鉴赏能力。

这与当时的英国文化研究有直接关系。英国文化研究学派认为文化是一种整体生活方式，大众文化与精英文化虽然在内容上有差异，但在审美价值上无高下之分，都是人类生活的有机组成部分，因此不加选择地批判作为大众文化主要载体的大众媒介是不合适的。由此形成媒介素养教育的适度开放范式。

如前所述，从媒介中获取信息的能力，并不是每个人天生就具备的，而是一个后天习得的结果。为了更好地获取信息，人们必须对媒介有所了解，知道如何从特定的媒介上获取相关的信息。分析能力偏重的是一种客观的认定：

（1）判断媒介信息是否符合事实以及信息中的因果是否合乎逻辑；

（2）辨别记者和媒体的意图和观点；

（3）认识信息产生的政治背景或经济背景；

（4）了解历史文化语境以及媒介自身发展与社会之间的互动关系。

（三）“解码”范式阶段

20世纪70年代，媒介素养教育强调要培养公众对媒介“建构现实”功能的“解码”能力，即能够通过对媒介内容的符号学分析来辨别媒介的表现，从而将获得的知识为我所用。

这一教育范式同样与文化研究领域有直接关系。20世纪六七十年代，符号学成为文化研究领域的新研究工具，文化研究学者们认为大众媒介的内容是通过符号编码而来，在编码过程中夹杂了社会、政府、权力等各种因素的作用，但受众也不是完全被动的，受众的解码方式决定了意义产生的特性。

（四）自主范式阶段

20世纪80年代以后，媒介素养作为一门独立的课程被较多的国家和地区纳入正规课程教育系统中，由此学校的媒介素养教育开始形成规模。这主要是各国官方和联合国教科文组织介入的结果。

从20世纪二三十年代开始，英国开展与电影媒介相关的课程，推行媒介素养教育。澳大利亚20世纪70年代通过法令，使媒介素养教育成为从幼儿园到12年级教育的一部分。与此同时，美国也以教授批判性地收看电视的技巧为切入点，开始了媒介素养教育，并逐渐纳入教育体制。芬兰于1994年将媒介素养教育纳入官方教育体制。加拿大、日本、中国香港、中国台湾等地的媒介素养教育也开展得较好。

中国大陆新闻传播学界从1994年起，将公众的媒介素养教育提上日程。1997年，中国学者卜卫发表《论媒介教育的意义、内容和方法》一文。当前我国学界对媒介素养的内涵、对象、方法等尚没有完全达成共识，但在重视信息社会媒介的影响、媒介素养教育的意义方面，观点是一致的。

三、新媒介素养

《美国新闻与世界报道》前主编雷恩尼（Lee Rainie）和加拿大社会学家威尔曼（Barry Wellman，1942—　）在他们2012年的著作《网络化：新的社会操作系统》（见图10-15）中提出了新媒介素养（networking literacy）的要求，具体内容包括：图像处理能力、导航能力、信息组织和联通能力、专注能力、多任务处理能力、怀疑精神以及道德素养。

图10-15　雷恩尼、威尔曼的《网络化：新的社会操作系统》英文版封面

新媒介素养更强调公众作为传播者的角色。它的提出与新媒体的出现和快速发展密不可分。互联网以信息通信技术为核心，为公众提供了传播者角色的平台。公众要想成为合格的传播者，需要具备基本的图像处理能力、导航能力、信息组织和联通能力以及多任务处理能力等。

新媒介素养虽然没有提及传统媒介素养中的获取、分析与评价能力，但是它以传统媒介素养为前提，因此这些能力也就成了新媒介素养的题中应有之义。

新媒介素养不仅仅是一种网络技术上的强调，更包含了对道德素养的要求，这是传统媒介素养中所忽略的。人们只要具有信息的传播能力，就能轻而易举地通过网络发布信息、言论和发表作品，与他人进行沟通交流。然而，具备传播能力、搜索能力并不意味着可以利用网络为所欲为。从弱者走向恶者并不是媒介素养的目的，比如人肉搜索和网络暴力，便是对新媒介素养的一种违背。

媒介素养培养过程与媒介发展背景相关。当媒介环境发生变化的时候，对公众媒介素养的要求会更高。但是，媒介素养的基本要素不变，这些基本要素包括：

（1）一种方法——通过媒介观察世界的方法；

（2）一种手段——利用媒介认识世界的手段；

（3）一种技巧——掌握媒介、使用媒介的技巧；

（4）一种能力——解读、鉴别信息的能力；

（5）一种观念——批判、驾驭媒介的观念。

四、受众控制

受众指传播过程中信息的群体接收者，对大众传播来说，受众是传媒的读者、听众和观众的统称。在现代社会，大众传媒具有很强的公共性，传播内容的真实与否、品位高低都会影响到受众的利益。所以，受众有权要求传媒的新闻报道和其他信息真实、准确、客观、公正，有权要求传媒提供高品位的传播产品。受众控制不论外在形式如何，实质上都是一种经济控制。大多数传媒依赖广告生存，实际上将读者、听众或观众“出售”给广告商，而广告商看中的是受众的购买力（表现为发行量、收听率、收视率）。对于大多数传媒来说，拥有在质（例如白领阶层是其主要受众群）或量上突出的受众，是获得广告商青睐的关键。

在二次售卖的逻辑下，受众对于传媒的态度就是一种无形的控制。1996 年创立美国福克斯电视新闻频道的罗杰·艾利斯（Roger Ailes，1940—2017）就此说道：“如果有来生，我希望拥有真正的权力——我要成为‘焦点问题讨论小组’的一员。”因为“焦点问题讨论小组”是市场调查时精心挑选出来的消费者群体，他们可以就某一焦点问题发表感想和看法，而正是他们正在越来越多地对新闻节目提出意见。[①]在这里，可以清晰地看到受众作为传媒产品的消费者对传媒拥有的某种“权力”。受众控制主要体现在这种信息反馈上的受众态度。

受众对大众传媒的控制主要通过以下几种手段进行：（1）以来访、信件、电话、电子邮件以及参与传媒受众调查的方式表达对传媒的评价。（2）采取法律手段要求传媒纠正错误。如果传媒的虚假报道和虚假广告损害了公民的利益，或者传媒内容侵犯了公民的名誉权、隐私权，公民可以向法律机构或仲裁机构提交诉讼，要求传

---

① 班尼特．新闻：幻象的政治［M］．9 版．杨晓红，王家全，译．北京：中国人民大学出版社，2018：106.

媒或当事人补偿自己的损失，并对传媒的违法行为进行法律的制裁。（3）通过订阅率、视听率等市场指标来制约传媒活动。受众是否订阅报刊、是否收听收看某个频道的广播电视节目，直接关系到传媒的经济收入，因为传媒的订阅率、视听率等指标是广告商进行广告投放的重要依据。

一直以来，受众在总体上处于被动地位是一种常态，以离散化为特征的受众对大众传播的控制力显得相当微弱。但网络时代的到来改变了原来大众传播中受众的被动地位。网民不是原来意义上的受众。2006 年，网民成为美国《时代》周刊年度风云人物，这是自 1927 年《时代》周刊开展评选活动以来第一次由并非知名个体的对象当选。该刊编辑在颁奖词中说："2006 年也有许多新闻事件主角引人关注，但换个角度，却可以看到事态发展的另一面。它与冲突或伟人无关，它是一个以前所未有的规模进行交流和合作的故事。它是知识的大汇集——一个百万视频的人民网络 YouTube 和一个在线大都会 MySpace。它是人们无偿地互相帮助的故事。它不仅改变了世界，而且改变了世界变化的方式。""由于你驾驭着全球媒体，建立并塑造了新的数字化民主社会，无偿提供内容并击败了专业媒体从业人员，《时代》周刊 2006 年的年度风云人物就是你。新一期《时代》周刊即将在今天上市，其封面是一个电脑屏幕及键盘。所谓的电脑屏幕其实是一面镜子，你可以通过反光看到自己的样子。《时代》周刊希望通过独特的设计表达：没错，就是'你'，成为今年的年度风云人物。"[①]（见图 10 - 16）

图 10 - 16 《时代》周刊 2006 年的年度风云人物——你

资料来源：HOCHSTEIN A，JONES S. Yes，You. TIME［EB/OL］.［2024 - 02 - 25］. https：//content. time. com/time/magazine/09263760106122500. html.

随着 2010 年后社会化媒体时代的来临，大众传播也在平台化的背景下具备了社交性倾向，"受众"获得了显著的主动性而成为"用户"。从"两微一端"的平台格

① 互联网使用者当选美国《时代》周刊年度人物［N］. 南方都市报，2006 - 12 - 18.

局，到所谓的“短视频时代”，包括大众媒体、各类组织和个体用户在内的多元传播主体，都成了数字互联网中的数据节点，以互动为显著特性展开传播活动。因此，用户对大众传播的控制，也不再是原来意义上的受众控制，而是以一种广泛存在的网络舆论形态，作为一种独立的力量与大众传媒相对。时兴的舆情监测与公关服务等产业，正是当下互联网用户控制各类传媒活动的重要中介环节。

五、技术控制

Web 1.0 时代有一句话传播很广：“在网络上没有人知道对面是不是一条狗。”那时人们对互联网的美好想象是理想化的。然而在从 Web 2.0 向 Web 3.0 过渡的时代，这句话变成了“即使一条狗踩了键盘，也能迅速找到它”。显然，现在人们意识到了现代传播科技对人们传播内容和形态的控制达到了何种程度。

传媒技术对大众传播的控制主要体现在两个方面。一方面，新的传播技术打破了传统的传播模式，产生了新传播效果。例如，P2P 技术便是网络传媒分权的一种技术基础，它使得作为“中心”的新闻网站的权力受到削弱。此外，博客技术、信息聚合技术、微博技术、微信技术等，也都具有一种赋予个体权利的能力。另一方面，技术的发展也给传播的控制提供了新的方式和可能。现在在技术上已经基本实现了对网络的全面监管，在网上通过发送端口找到发出信息的任何人，比查找在印刷传媒上发表意见的人，更加轻而易举。技术提供了对 IP 地址的锁定功能，配合网络实名政策，在互联网上“寻人”的难度正在大大降低，甚至比在真实世界锁定某个人还要容易许多。

随着技术的进一步发展，有更多的先进技术手段如人脸识别、LBS（location based system）等也逐渐加入到日常生活的应用中来，在为使用者带来便利的同时，也造成了许多自然人与技术之间的权利纠纷问题。以人脸识别技术为例，小区门口、宿舍楼或地铁口都常有相应的扫描设备支持，通过人们提前录入的面部信息，机器只需扫描面部特征便可进行身份识别。但这一技术可能引发侵犯肖像权的问题。技术与生活的融合越深，就会产生越多问题，不少用户旗帜鲜明地反对微博、抖音等社交软件显示个人 IP 地址，却依旧无法阻止技术侵入。相关法律在隐私权保护上的局限以及个人信息事后保护的欠缺，也是技术便利之后不可忽视的重要问题。

此外，技术带来的“算法”“大数据”等关键词也逐渐进入大众视野，带来许多业界与学界都颇为关心的重点问题。网络世界的信息极为庞杂，如果不加以挑选，互联网受众极难在无数信息中有效获取对自身而言有较高相关度的内容。这一问题催生了用户画像，即依据用户个人信息及心理浏览偏向创建的个人“独有”的信息内容推送模型。选择本身就是一种把关行为，而在信息时代，把关者由人让渡给了机器算法，信息控制被藏匿于更为隐蔽的技术面纱之下。是谁决定了受众能看到的信息？是谁决定了某些信息应露出几次？在看似自由方便的信息浏览行为之下，是更加扑朔复杂的人与技术的交互与黑箱问题。

2022年底，ChatGPT进入人们的视野，它的技术本质是基于大量文本内容和特定数学方法进行迭代训练而得到的概率模型。它的成功表明了深度学习在自然语言处理中的巨大潜力，具有深入各类产品和服务的强大技术渗透性和扩展性，在多个领域都有广泛的应用前景。但若运用不当，智能传播技术就有可能极大地剔除“人”的因素，如果人工智能可以长驱直入人类思想和创作领域的中枢，或者更进一步，人类退化到被人工智能控制，那么我们看到的将不是人工智能的“深度”，而是人类思维深度的消失。这种技术控制，是目前需要警惕的。

图10-17　乔治·奥威尔《一九八四》民主与建设出版社版本封面

关于利用传媒技术实施控制，乔治·奥威尔在《一九八四》（见图10-17）中设想的独裁者“老大哥”就是通过具有监视与监听功能的“电幕”（telescreen）来控制人们的。在关于传播技术的讨论中，信息与传播科技能否推动民主政治的发展，一度成为议题。悲观者认为，传播科技有可能使权力组织集中控制信息，权力更为集中，扩大信息富者与贫者的落差；而对乐观者来说，传播科技具有促进民主政治、展开平等对话的潜力。技术可以开创一个时代，却无法造就一个理想的社会，真正的理想社会的建立依赖的并不是技术，或者并不单纯是技术的控制。

要想认识对传播的诸多控制因素，不妨循着批判学派的学术路径，对何以传播、谁在传播、为谁传播等传播背后的问题多问几个为什么。

要点思考

1. 简述对“异化”“异化的文化世界”概念的理解。
2. 简述“文化工业”概念的内涵。
3. 简述费斯克的大众文化观。
4. 简述关于“文化（媒介）帝国主义”的两方面观点。
5. 简述“信息过载”概念。
6. 简述鲍德里亚关于后现代传媒传播特征的观点。
7. 简述信息时代全民新闻素养的六要素。
8. 简述庞金特阐释的媒介素养教育理念。
9. 简述媒介素养教育的四个发展阶段。
10. 简述新媒介素养的要求。

图书在版编目（CIP）数据

传播学纲要 / 陈力丹，胡易容著. -- 3 版. -- 北京：中国人民大学出版社，2025. 3. --（新编 21 世纪新闻传播学系列教材）. -- ISBN 978-7-300-33701-2

Ⅰ. G206

中国国家版本馆 CIP 数据核字第 2025C0P364 号

北京高等教育精品教材

新编 21 世纪新闻传播学系列教材

传播学纲要（第 3 版）

陈力丹　胡易容　著

Chuanboxue Gangyao

出版发行	中国人民大学出版社		
社　　址	北京中关村大街 31 号	**邮政编码**	100080
电　　话	010－62511242（总编室）		010－62511770（质管部）
	010－82501766（邮购部）		010－62514148（门市部）
	010－62515195（发行公司）		010－62515275（盗版举报）
网　　址	http://www.crup.com.cn		
经　　销	新华书店		
印　　刷	北京溢漾印刷有限公司	**版　　次**	2007 年 6 月第 1 版
开　　本	787 mm×1092 mm　1/16		2025 年 3 月第 3 版
印　　张	18 插页 1	**印　　次**	2025 年 3 月第 1 次印刷
字　　数	374 000	**定　　价**	49.80 元

关联课程教材推荐

书号	书名	第一作者	定价	出书时间
978-7-300-11125-4	传播学教程（第二版）	郭庆光	49.9	2011-04
978-7-300-30290-4	传播理论导引：分析与应用（第6版）	[美] 理查德·韦斯特	149	2022-03
978-7-300-08629-3	大众传播理论：范式与流派	刘海龙	59.8	2008-02
978-7-300-21789-5	大众传播学研究方法导论（第二版）	陈阳	48	2015-09
978-7-300-31972-8	网络传播概论（第5版）	彭兰	69.8	2023-09
978-7-300-32887-4	理解新媒介：变化与挑战（第2版）	[爱尔兰] 尤金妮娜·希尔佩拉	99.80	2024-07

配套教学资源支持

尊敬的老师：

衷心感谢您选择人大版教材！相关的配套教学资源，请到中国人民大学出版社官网（www.crup.com.cn）下载。部分教学资源需要验证您的教师身份后，才可以下载。请您登录出版社官网后，点右上角“注册”，填写“会员中心”的“我的教师认证”项目，等待后台审核。我们将尽快为您开通下载权限。

如您急需教学资源或教材样书，也可以直接与我们的编辑联系。

联系人：龚洪训　　电话：010-62515637　　电子邮箱：6130616@qq.com

欢迎加入全国新闻教师QQ群2群（群号：723715191），开展学术讨论，交流教学心得。

俯仰天地　心系人文

www.crup.com.cn

中国人民大学出版社

欢迎登录浏览，了解图书信息，下载教学资源